智財系列

著作權法研究(一)

第三版

蕭雄淋 著

五南圖書出版公司 印行

第三版序

　　本書是著者在民國75年9月初版，民國78年9月增訂再版的論文集。該論文集在民國80年間，已經絕版，並無再印，30餘年來無存書。許多著作權法研究者，並不知道我有該論文集。

　　十幾年前，我到北京參加「中國著作權一〇〇年」的國際研討會，遇到不少中國大陸著作權法學者，據他們說，過去他們在博士班時，都讀過本書，是有人把它翻印出來，每本賣人民幣5元，我啞然失笑。

　　著作權法的立法與理論，是長期累積的。每一個階段的論述和爭辯，都有其意義，本書也是著作權法的立法史和理論史的一部分。如今，我已年逾古稀，乃乘出版新的論文集之便，就原來民國78年增訂再版的論文集重印數百本，供圖書館收藏，仍定名為《著作權法研究（一）》，而其後發表的論文所收編之論文，定名為《著作權法研究（二）》。

　　感謝讀者長期的支持，也感謝五南圖書重印此書，以及編輯伊眞的詳細校稿。

蕭雄淋 律師

於北辰著作權事務所

2024年12月

增訂再版序

　　本書所以定名為《著作權法研究（一）》，是希望不斷發表有關著作權法論文，每兩、三年結集一冊，一本一本寫下去。但自民國75年9月本書初版迄今，已歷三年，我的大部分著作權法文章，均蒐集在我出版的《中美著作權談判專輯》（民國77年元月出版）及《錄影帶與著作權法》（民國77年12月初版）二書中。另翻譯《日本電腦程式暨半導體晶片法令彙編》，已由財團法人資訊工業策進會出版；翻譯「日本特許法」、「日本實用新案法」及「日本意匠法」條文，則由行政院經濟建設委員會健全法規小組出版。因此，三年來較重要的作品未蒐集成冊的，只有〈共有著作權之研究〉（約3萬字）及〈論半導體晶片之保護〉（約3萬字）二文。茲乘本書再版之便，將該兩篇論文蒐集入本書。另外，本次再版對伯恩公約及世界著作權公約中譯文若干錯誤之處，也略加修正，並順便對伯恩公約及世界著作權公約的締約國作個一覽表，以供參考。

　　讀書、教書、思索、寫作是我一生最大的興趣。自高中時起就曾立志不管職業是什麼，「寫作」是我唯一的事業。像康德、羅素般一生過著思索與寫作的生活，迄今仍是我嚮往追求的目標。自民國73年7月脫離公務員生涯以後，比較接近這種生活，但距離「作家」的標準，仍有一段相當的距離，有待長久的努力。感謝多年來支持我的讀者、朋友、同學及師長。在我研究著作權法的歷程中，特別要感謝我著作權法的啟蒙老師楊崇森教授，引領、栽培我，使我繼續不斷研究

著作權法的老師甘添貴教授，以及不斷鼓勵與支持我的林誠二教授。
面對師長的愛護與栽培，我只希望多摒除俗務，使讀者每兩、三年能
夠看到一本新的「著作權法研究」論文集，而不再是本書的增訂版。

蕭雄淋

民國78年9月
於中興大學法律系

自序

本書收錄論文15篇，譯作3篇。其中論文第一篇至第九篇係民國73年11月迄74年6月所發表，時正值民國74年著作權法修正草案在立法院一讀至二讀期間，故以上9篇主要係針對民國74年著作權法修正草案之討論。至於第十篇至第十五篇則係民國74年新著作權法修正後所發表，故後6篇係對民國74年現行著作權法之研究。另譯作3篇係民國69年間在大學雜誌所發表。

以上文章文集成冊之目的，除為講課參考方便外，旨在對多年來教導我、鼓勵我的師長、朋友，再提出一點研究成績，表示感謝。著作權法近年來在國內漸受重視，佳構甚多。惟法學發展，原須有不同理論與觀念不斷發表，互相激盪、衝擊，方能成熟進步。我國著作權法在立法上及實務判決上，較諸先進國家仍有相當差距，專題研究及判決批評，仍有待加強，如此始克帶動國內立法及判決之進步。本書主要針對我國著作權法立法及實務見解加以批評討論，所提問題，或有可供參考之處。惟著者學殖未深，若干理論見解，恐有未當，尚祈先進賢達，不吝賜正，無任感幸。

蕭雄淋

民國75年8月

於中興大學法律系

作者簡介

一、現　任

1. 北辰著作權事務所主持律師。
2. 經濟部智慧財產局著作權法修正諮詢委員會委員。
3. 經濟部智慧財產局著作權法諮詢顧問。

二、經　歷

1. 以內政部顧問身分參與多次台美著作權談判。
2. 參與內政部著作權法修正工作。
3. 行政院新聞局錄影法及衛星傳播法起草委員。
4. 行政院文化建設委員會中書西譯諮詢委員。
5. 台灣省警察專科學校巡佐班「著作權法」講師。
6. 內政部、中國時報報系、聯合報系、自立報系、大成報等法律顧問。
7. 內政部「翻譯權強制授權」、「音樂著作強制授權」、「兩岸著作權法之比較研究」等三項專案研究之研究主持人。
8. 財團法人資訊工業策進會「多媒體法律問題研究」顧問。
9. 行政院大陸委員會「兩岸智慧財產權保護小組」諮詢顧問。
10. 台北律師公會及中國比較法學會理事。
11. 全國律師公會聯合會律師職前訓練所「著作權法」講座。
12. 台灣法學會智慧財產權法委員會主任委員。
13. 行政院文化建設委員會法規會委員。
14. 國立台北教育大學文教法律研究所兼任副教授。
15. 教育部法律諮詢委員。
16. 全國律師公會聯合會智慧財產權法委員會主任委員。

17. 教育部學產基金管理委員會委員。
18. 財團法人台灣省學產基金會董事。
19. 教育部國立編譯館、中央研究院歷史語言研究所法律顧問。
20. 國防部史政編譯室、國立故宮博物院等法律顧問。
21. 內政部著作權法修正諮詢委員會委員。
22. 內政部頒布「著作權法第47條之使用報酬率」專案研究之主持人。
23. 經濟部智慧財產局「著作權法第47條第4項使用報酬率之修正評估」專案研究之主持人。
24. 經濟部智慧財產局委託「國際著作權法合理使用立法趨勢之研究」專案研究之共同主持人。
25. 經濟部智慧財產局委託「著作權法職務著作之研究」專案研究之主持人。
26. 南華管理學院出版研究所兼任副教授。
27. 國立清華大學科技法律研究所兼任副教授。
28. 國立台北大學法律系博碩士班兼任副教授。
29. 財團法人台北書展基金會董事。
30. 社團法人台灣文化法學會理事。
31. 經濟部智慧財產局委託「出版（含電子書）著作權小百科」之獨立編纂人。
32. 經濟部智慧財產局委託「中國大陸著作權法令判決之研究」之研究主持人。
33. 經濟部智慧財產局著作權審議及調解委員會委員。
34. 應邀著作權法演講及座談七百餘場。

三、著　作

1. 著作權之侵害與救濟（民國68年9月初版，台北三民書局經銷）。
2. 著作權法之理論與實務（民國70年6月初版，同上）。

3. 著作權法研究（一）（民國75年9月初版，民國78年9月修正再版，同上）。

4. 著作權法逐條釋義（民國75年元月初版，同年9月修正再版，同上）。

5. 日本電腦程式暨半導體晶片法令彙編（翻譯）（民國76年9月初版，資訊工業策進會）。

6. 中美著作權談判專輯（民國77年元月初版，民國78年9月增訂再版，台北三民書局經銷）。

7. 錄影帶與著作權法（民國77年12月初版，同上）。

8. 著作權法修正條文相對草案（民國79年3月初版，內政部）。

9. 日本著作權相關法令中譯本（翻譯）（民國80年2月初版，同上）。

10. 著作權法漫談（一）（民國80年4月初版，台北三民書局經銷）。

11. 翻譯權強制授權之研究（民國80年6月初版，內政部）。

12. 音樂著作強制授權之研究（民國80年11月初版，同上）。

13. 有線電視與著作權（合譯）（民國81年1月初版，台北三民書局經銷）。

14. 兩岸著作權法之比較研究（民國81年12月初版，民國83年9月再版，同上）。

15. 著作權法漫談（二）（民國82年4月初版，同上）。

16. 天下文章一大抄（翻譯）（民國83年7月初版，台北三民書局經銷）。

17. 著作權裁判彙編（一）（民國83年7月初版，內政部）。

18. 著作權法漫談（三）（民國83年9月初版，華儒達出版社發行）。

19. 著作權法漫談精選（民國84年5月初版，月旦出版社發行）。

20. 兩岸交流著作權相關契約範例（民國84年8月，行政院大陸委員會）。

21. 著作權裁判彙編（二）上、下冊（民國85年10月初版，內政部）。

22. 著作權法時論集（一）（民國86年1月初版，五南圖書公司發行）。

23. 新著作權法逐條釋義（一）（民國85年5月初版，民國89年4月修正版二刷，五南圖書公司發行）。

24. 新著作權法逐條釋義（二）（民國85年5月初版，民國88年4月二版，五南圖書公司發行）。

25. 新著作權法逐條釋義（三）（民國85年12月初版，民國88年6月二版，五南圖書公司發行）。

26. 著作權法判解決議令函釋示實務問題彙編（民國88年4月初版，民國89年7月二版，五南圖書公司發行）。

27. 著作權法論（民國90年3月初版，民國113年9月十版，五南圖書公司發行）。

28. 著作權法第47條第4項使用報酬率之修正評估（民國97年12月，經濟部智慧財產局）。

29. 國際著作權法合理使用立法趨勢之研究（民國98年12月，經濟部智慧財產局）。

30. 著作權法職務著作之研究（民國99年8月，經濟部智慧財產局）。

31. 出版（含電子書）著作權小百科（民國100年12月，經濟部智慧財產局）。

32. 電子書授權契約就該這樣簽（民國102年4月，文化部補助，城邦出版）。

33. 著作權法實務問題研析（一）（民國102年7月，五南圖書公司）。

34. 中國大陸著作權法令暨判決之研究（民國102年12月，五南圖書公司）。

35. 職務著作之理論與實務（民國104年6月，五南圖書公司）。

36. 著作權法實務問題研析（二）（民國107年6月，五南圖書公司）。

37. 著作權登記制度之研究（民國112年7月，五南圖書公司）。

目 ◆ 錄

第一章
我國著作權法之立法演變及其修正方向

壹、前言

　　著作權法係一門新興的法律。自1710年，英國女皇安娜治世第八，以第19號法律頒布全世界第一部著作權法法典（Statute of Anne）以來，迄今不過270餘年。在這200多年來，科學、文化、藝術急速發展，著作權法之保護，功不可沒。蓋著作權法保障人類精神之創作，使創作者勞心之結果，依其社會需要的程度，而有相當之回報，因此而刺激與鼓勵創作者作更進一步之創造活動，從而人類文明即因之而加速進步。美國憲法第一章第八節即明示其旨：「美國國會有權……對著作人或發明人，就其個人著作權或發明人之專有權利，賦予一定期間之保障，以促進科學及藝術之發展。」世界著作權公約（Universal Copyright Convention）前言亦明白承認：確保締約國文學、科學及美術著作物之著作權，將易使人類智彗的創作更廣泛地傳播，並有助於促進文學、科學及美術的發展[1]。由此可見，著作權之保護與科學、文化、藝術之發展，具有密切關係。

　　換言之，著作權之保護周密者，其科學、文化與藝術必定發達；著作權之保護簡陋者，其科學、文化與藝術必定落後。著作權之保護與一國之科學、文化與藝術成正比。我國恆以有悠久博大文化自傲，對與文化發展密切攸關之著作權法之立法演變及其修正，尤應深切注意。

---

[1] 詳拙譯，世界著作權公約全文，大學雜誌，第137期，頁73-80。

貳、我國著作權法之立法沿革

一、前清宣統2年之著作權律

　　由於印刷術之發明，肇始於我國，故我國在極早，即感到有著作權保護之必要，間亦有著作權保護之觀念與措施[2]，惟我國第一部成文之著作權法爲清朝宣統2年（1910年）頒布之著作權律，共五章，凡55條條文。

　　清朝宣統2年頒布之著作權律，其特點如下：

（一）**採註冊主義**：凡著作物歸民政部註冊給照（第2條）；著作物經註冊給照者，受本律保護（第4條）。著作物之註冊機關雖爲民政部，但爲便民起見，凡人民在外省者，則呈送該管衙門，隨時申送民政部（第3條）。

（二）**受保護之著作物之範圍狹小**：受保護之著作物的範圍限文藝、圖畫、帖本、照片、雕刻、模型等六種。

（三）**規定著作權存續期限**：著作權歸著作人終身享有之，並延續至著作人死後30年（第5條）。照片之著作權，得專有至10年，但專爲文書附屬者，不在此限（第10條）。

（四）**規定著作權設定質權須登記**：將著作權轉售抵押者，原主與接受之人，應連名到該管衙門呈報（第20條）。

（五）**規定編輯權**：蒐集他人著作編成一種著作者，其編成部分之著作權，歸編者享有之，但出於剽竊割裂者，不在此限（第25條）。

（六）**規定不得爲著作權標的之著作物**：下列著作物不得有著作權：1.各種善會宣講之勸誡文；2.各種報紙記載政治及時事上之論說新聞；3.法令約章及文書案牘；4.公會之演說（第31條）。

（七）**侵害著作權刑罰輕微**：凡假冒他人之著作，科以40元以上400元以下罰金；知情代爲出售者，罰與假冒同（第40條）。

（八）**規定告訴乃論及告訴期間**：凡侵損著作權之案，須被害者之呈訴，

2　詳施文高，著作權法概論，頁7-8，商務印書館，民國64年初版。

始行准理（第44條）；又凡犯本律之罪，其呈訴告發期間以二年爲斷（第50條）。

綜觀前清宣統2年頒布著作權律，其規定除受保護著作物之範圍較現行著作權法爲狹外，其餘規定與現行著作權法並無遜色之處。其中採行註冊主義並無連帶審查、規定質權設定之登記以及承認編輯權等，較現行著作權法更爲進步。

二、民國4年北洋政府之著作權法

民國4年，北洋政府參政院代行立法院於第二期常會議定，由大總統於同年11月7日公布著作權法。共五章45條。內容與前清著作權律大抵相同，僅條文文字較現代化而已，其略有不同者如下：

（一）**受保護著作物之範圍擴大**：受保護著作物之範圍擴大爲：1.文書、講義、演述；2.樂譜、戲曲；3.圖畫、帖本；4.照片、雕刻、模型；5.其他有關學藝美術之著作物（第1條）。

（二）**將出版法與著作權法之性質分離**：著作權法係保障著作人權利之法律；出版法係審查管理著作物之法律，二者性質各殊，不容混淆。本法雖採註冊主義，非經註冊，不得有著作權，但著作物之註冊，不審查內容如何，僅規定依出版法之規定不得出版之著作物，不得享有著作權（第24條）。

（三）**明文承認著作權之設定質權，非經註冊，不得對抗第三人**：著作權之轉讓及抵押，非經註冊，不得與第三者對抗（第26條）。

三、民國17年國民政府頒布之著作權法

北伐統一後，國民政府定都南京，於民國17年5月14日公布著作權法，共五章40條。

其與民國4年北洋政府頒布著作權法主要不同如下：

（一）**規定著作物註冊前須先經審查**：著作物之註冊，由國民政府內政部

掌管之。內政部對於依法令應受大學院審查之教科圖書，於未經大學院審查前，不予註冊（第2條）。另內政部於著作物呈請註冊時發現其有上列情事之一者，得拒絕註冊：1.顯違黨義者；2.其他經法律規定禁止發行者（第22條）。

（二）**縮短翻譯著作權保護年限**：翻譯著作權之保護年限在民國4年著作權法規定與一般著作權之保護相同，即著作人終身及死亡後30年，本法則僅20年（第10條）。

（三）**刪除著作權設質之規定**：僅規定著作權之移轉及承繼非經註冊，不得對抗第三人（第15條）。

（四）**規定揭載報紙雜誌之事項不得轉載**：揭載於報紙雜誌之事項，得註冊不許轉載，未經註冊不許轉載者，轉載人須註明其原載之報紙或雜誌（第21條）。

（五）**規定冒名著作物為侵害著作權**：冒用他人姓名發行自己之著作物者，以侵害他人著作權論（第26條）。

綜觀民國17年公布之著作權法，較民國4年北洋政府頒布之著作權法，顯有遜色。其與民國4年頒布之著作權法不同之處，均係退步或不當之規定，容後再述。

四、民國33年著作權法之修正

民國33年4月27日，國民政府就民國17年頒布之著作權法加以修正。其修正主要之點如下：

（一）**擴大著作物審查之範圍**：將民國17年著作物審查限於教科書而擴大至所有「依法令應受審查之著作物」。

（二）**受保護著作物之範圍重新擬定**：本次修正受保護著作物之範圍限於：1.文字之著譯；2.樂譜、劇本；3.發音片、照片及電影片。

（三）**違反著作權法加重刑責**：除罰金加重外，凡以侵害著作權為常業者，亦得處一年以下有期徒刑、拘役得併科5,000元以下罰金（第30條第2項）。

五、民國38年著作權法之修正

民國38年1月13日，政府又對著作權法作第二次之修正，此次修正幅度極小，僅有二點：

（一）增設美術之製作為受保護著作物範圍之一。

（二）降低罰金之上限。

六、民國53年著作權法之修正（即現行著作權法）

民國53年7月10日，政府對著作權法又作第三次之修正，此次修正，重點有三：

（一）**增加製版權之規定**：無著作權或著作權年限已滿之著作物，經製版人整理排印出版繼續發行並依法註冊者，由製版人享有製版權10年；其出版物，非製版所有人不得照像翻印（第22條）。

（二）**增設行政機關對違反著作權法者取締干涉之規定**（第31、32、36、38條）。

（三）**違反著作權法者，加重處罰**：違反著作權法者，除提高罰金外，並因其情形不同，科處一年、二年或三年以下之有期徒刑（第33條以下）。

參、現行著作權法之缺失

由上述我國著作權法之沿革，顯然可見，我國著作權法堪稱「古老」，自前清宣統2年著作權律制定迄今，已70餘年，如自民國17年國民政府公布著作權法迄今，亦已50餘年。此數十年來，著作權法並無重大修正。尤其現行著作權法，較前清宣統2年之著作權律及民國4年北洋政府公布之著作權法，不僅無進步，在若干觀念上，反而有退步之現象（例如註冊連帶審查內容、刪除質權設定登記及編輯權規定等）。際此科技發展一

日千里，人類知識每三、五年即倍增之時代，進步緩慢即屬落伍，何況無進步，反而退步！

綜觀我國現行著作權法，其主要缺失如下：

一、**著作權之取得採註冊主義**：著作權之取得本與著作權之註冊無關，著作物之註冊，僅推定有著作權，使權利人易於舉證而已。世界兩大著作權公約之一伯恩公約（Berne Convention, Paris Text – July 24, 1971）第5條第2項前段即規定：著作權之享有及行使，無須履行任何方式[3]，係採創作主義。該公約迄今已有70餘國參加。該公約締約國之著作權法，得成立著作權登記制度，但著作權之登記，不得成為著作權取得之要件，著作權自著作物創作時，即已發生[4]。目前採創作主義為世界各國立法上一致的趨勢。即使非伯恩公約之美國於1976年新著作權法亦採創作主義（第302條第1項）。蓋採註冊主義弊端極多，對著作人保護極不周全，輿論及學者已迭有所論[5]。

二、**著作權之註冊採審查主義**：依前清宣統2年之著作權法及民國4年北洋政府公布之著作權法，著作物之註冊，不採審查主義。民國17年國民政府公布之著作權法開始採審查主義，可謂立法思想倒退。蓋著作權法與出版法性質不同，審查著作權之內容是否妥當而決定是否享有著作權，使著作權法與出版法功能混淆，極不合理。

三、**受保護之著作物之範圍過於狹窄**：許多新興科技的產物（如電腦軟體）以及建築藍圖、地圖等，均未規定。

四、**著作權之內容未詳為規定**：著作人權利之內容，世界各先進國家多有詳細規定，例如日本著作法規定著作權分為著作人格權及著作財產

3　詳拙譯，伯恩公約──關於文學及藝術的著作物保護之公約（條文全文），大學雜誌，第133期，頁82以下。

4　詳日本文化廳，著作權法ハソドブック，頁87-88及148-155，日本著作權資料協會，昭和55年。

5　詳楊崇森，著作權法論叢，頁47-54，華欣文化事業中心，民國72年；拙著，著作權法之理論與實務，頁118-128，著者發行，民國70年。

權（第17條）。著作人格權分為公表權、姓名表示權及同一性保持權
（第18條至第20條）；著作財產權分為複製權、上演權、演奏權、
廣播權、有線廣播權、口述權、展示權、上映權、頒布權、翻譯權、
改編權（第21條至第27條）[6]。西德1965年著作權法亦有類似之規定
（第12條至第27條）[7]。我國著作權法對著作人權利之規定，十分簡
陋，適用上易滋疑義。

五、**著作鄰接權之規定，均付闕如**：著作鄰接權（neighboring right）係保
護表演人、發音片製作人及傳播機關之權利，我國著作權法尚未承認
鄰接權之觀念，西德、日本等國，已均有專章規定[8]。我國亦應及早
確立此制度。

六、**何種情形利用他人著作物不構成著作權侵害（即所謂著作權之限制，**
limitation on exclusive rights）：現行著作權法範圍過狹，一般人利
用著作物動輒得咎。蓋依現行著作權法，為教學研究用影印一頁資
料，為個人欣賞用轉錄錄音帶、錄影帶均違反著作權法。

七、**無權利質權登記之規定**：權利質權之設定，所以便利著作權人之融
資，前清之著作權律及北洋政府之著作權法均有登記之規定，民國17
年著作權法卻加以刪除，使著作權無法有效地設定權利質權，對出版
界、唱片界、電影界之融資極為不便[9]。

八、**欠缺強制授權使用之規定**：即在一定的條件下（例如著作人無法聯
絡），可申請主管機關准許對著作權人支付一定使用費後，利用他人
之著作物。先進國家多有此種制度，以充分利用著作物。

---

6 詳拙譯，日本著作權法（條文全文），大學雜誌，第131期及第132期。

7 詳呂基弘，著作人格權之研究，頁87以下附有西德1965年9月9日之著作權法全譯
文。

8 有關著作鄰接權，可參考日本著作權實料協會編，著作權事典，頁242以下，昭和
53年初版。另楊崇森，著作權之保護，頁55以下亦有介紹，正中書局，民國66年。
有關公約，亦可參見拙譯，著作鄰接權公約（條文全文），大學雜誌，第141期。

9 著作權設定質權何以須登記，可詳閱：加戶守行，著作權法逐條講義，頁315-
316，日本著作權資料協會，昭和54年3訂版。

九、**轉載之規定不合理**：現行著作權法第18條規定：「揭載於新聞紙雜誌之事項，得註明不許轉載。其未經註明不許轉載者，轉載者應註明其原載之新聞紙或雜誌。」此規定在採註冊主義制度下，幾無適用之可能。如採創作主義，此規定亦含混不清，頗滋困擾[10]。

十、**若干著作物保護期間過短**：翻譯著作物在各國立法例與一般著作物同視，現行著作權法保護期間僅20年。照片、發音片及電影片，現行著作權法保護期間僅10年。日本著作權法照片及電影片之保護期間為50年，發音片為20年。我國之保護期間顯然過短。

十一、**有關侵害著作權請求民事賠償**：被害人損害數額往往舉證困難，應有類似日本著作權法第114條損害數額之推定或美國著作權法之法定賠償（statutory damages）（規定最低賠償額）之制度（美國著作權法第504條）。

十二、**罰則部分之刑度稍嫌過輕，宜適度提高**：世界各國著作權之侵害，其處罰均有加重的趨勢。日本、現行著作權法對侵害人處以三年以下有期徒刑，我國仍可酌量加重。

肆、行政院通過著作權法修正草案之修正重點

　　本次著作權法修正於民國63年即已開始，其中斷斷續續至72年8月18日行政院方始於第1846次會議決議通過，並於72年9月1日以台72內字第16128號函立法院審議。其修正重點如下[11]：

10　詳楊崇森，前揭書，頁87-94。

11　見立法院議案關係文書，院總第553號，政府提案第2506號，民國72年10月1日印發。

一、增列著作權立法要旨

草案於第1條增列立法目的：「爲保障著作人著作權益，調和社會公共利益，促進國家文化發展，特制定本法。本法未規定者，適用其他法律之規定。」

二、明定著作權法之主管機關

明定著作權之主管機關爲內政部（第2條）。

三、擴充著作權範圍及著作權內涵

將受保護之著作物的範圍加以擴充，受保護之著作物之範圍，擴充爲：（一）文字、語言之著述、翻譯或其編輯；（二）美術、圖形；（三）音樂；（四）電影、錄音、錄影、攝影、演講、演奏、演藝；（五）電腦軟體；（六）地圖；（七）科技或工程設計圖形或雕塑模型；（八）其他著作。並將著作人權利之內容分成重製、公開口述、播送、上映、演奏、展示、編輯、翻譯、使用等權利（第4條）。

四、採創作主義

明定著作人於著作完成時即享有著作權（第4條），採創作主義，揚棄現行法之註冊主義。

五、增列未經認許成立外國法人刑事訴訟能力之規定

明定著作權人爲未經認許成立之外國法人，亦得爲告訴或提出自訴。但以依條約或基本國法令、慣例，中華民國人之著作得在該國享受同等權利者爲限（第17條第3項）。

六、適度延長著作權之期間

　　現行法規定照片、發音片、電影片之著作權期間為10年，翻譯著作權為20年（第9、10條）。草案則規定文字或語言著譯之編輯、電影、錄音、錄影、攝影、電腦軟體著作，以及文字著譯之翻譯，其著作權期間為30年（第12、13條）。

七、增列音樂著作之強制使用

　　良好之音樂著作，國家應促進其流傳，以提高文化水準，若著作人或著作權人因受客觀條件限制，不能聘請高水準藝人為之傳播，且又長期禁止他人錄製，乃國家文化之損失。為調和著作人或著作權人與社會公共利益，草案乃增列規定音樂著作，其著作權人自行或供人錄製商用視聽著作，自該視聽著作發行滿二年後，任何人得以書面載明使用方法及報酬，請求使用其音樂著作，另行錄製視聽著作。著作權人未予同意或協議不成立時，得申請主管機關依規定報酬率裁決應給之報酬後，由請求人錄製之（第20、21條）。

八、詳訂公平利用範圍、增列爭議調解規定

　　下列情形，如註明著作出處，不視為侵害他人著作權：（一）節選他人著作，以編輯教育部審定之教科書；（二）以節錄方式引用他人著作，供自己著作之參證註釋；（三）為學術研究複製他人著作專供自己使用（第29條）。另為盲人以點字重製著作，以及盲人福利機構將他人著作錄音供盲人使用（第30條）；政府或私立學校辦理考試，得複製他人著作以供試題之用（第31條）；供公眾使用之圖書館、博物館、歷史館、科學館、藝術館，於一定條件下，得就收藏之著作重製之（第32條）。此外，草案亦增列著作權之爭議，得由當事人申請主管機關調解之（第50條）。

九、規定侵害著作權民事賠償之最低限額

規定不法侵害他人之著作權者，其損害賠償數額，不得低於各該被侵害著作物定價之500倍。無定價者，由法院依侵害情節酌定其賠償額（第33條）。

十、適度提高侵害著作權之法定刑

現行法對擅自翻印他人業經註冊之著作物者，僅處二年以下有期徒刑，得併科2,000元以下罰金（第33條）。草案規定擅自重製他人之著作者，處六月以上三年以下有期徒刑，得併科3萬元以下罰金（第38條）。其他侵害他人著作權之情形，刑罰亦均酌量加重。

十一、增列兩罰之規定

規定法人之代表人、法人或自然人之代理人、受僱人或其他從業人員，因執行職務，觸犯違反著作權之罪者，除依各該條規定處罰其行為人外，對該法人或自然人亦科以各該條之罰金刑（第48條）。

伍、行政院通過著作權法修正草案
若干問題之商榷

綜觀行政院通過著作權法修正草案，與自前清宣統2年著作權律以來，公布及修正著作權法相較，實有極大幅度之進步，尤其如廢止註冊審查主義、增列音樂著作之強制使用及爭議調解規定、規定侵害著作權民事賠償之最低額度及刑事之兩罰等，更為我國著作權法立法史上的重要里程碑，在觀念及精神上，與先進國家著作權法，並無遜色，其對我國文化與

科技發展，實具有極重大之意義[12]。觀乎此次修正草案之任何修正，均為有意義之修正，並無類似民國17年公布著作權法有若干倒退之現象，此為極可欣慰之事。惟此次修正，仍可謂匆促，其中不乏值得斟酌之處，舉其重要者說明如下：

一、章節分配不當

修正草案雖增加不少內容，惟有關章節分配，仍沿襲現行法，分為五章：第一章總則；第二章著作權之歸屬及限制；第三章著作權之侵害；第四章罰則；第五章附則。章下並不分節。上述五章已無法涵蓋著作權之全部內容。就章節之分配而言，修正草案與德日法義立法例章節的詳密分配，相去甚遠。先進國家著作權立法，就著作權之內容、出版權、保護期間、著作物、著作人、著作權之登記等，均專章加以規定，修正草案均付之闕如。且修正草案中第25、26條兩條係屬著作人格權之規定，第27條係屬侵害姓名權之規定（與著作權無關），第29條至第32條係屬著作權限制之規定，均列於第三章「著作權之侵害」中，殊有不當，由此可見修正草案章節分配十分不嚴謹。

二、條文規定不嚴密

修正草案僅規定52條，若干規定，十分簡略[13]，適用上易滋疑義。

---

12 據筆者手邊1983年版聯合國國際文教處（UNESCO）所編，Copyright Law and Treaties of The World一書，翻閱其中2、30個世界主要先進國家著作權法，殆無一國採類似我國現行著作權法之註冊審查主義制度，日本於明治32年（1899年）早已廢除此制度。惟行政院送立法院審查之著作權法修正草案，在立法院審議中，仍有若干委員堅持註冊審查主義，並謂：「假如所著作的含有反三民主義潛在的意識，甚至含蓄著反現狀反政府的暗示，我們政府也要保護嗎？」頗令人擔憂。詳見立法院公報新聞稿，民國73年6月29日，公新字第3436號。

13 例如有關著作權之爭議處理，日本著作權法在第五章（第105條至第111條）專章規定，修正草案僅規定於第50條。又例如著作權管理機關，美國著作權法在第七章（Sec. 701-710）專章規定，草案僅規定於第2條。

就條文之詳密度而言，與英、美自不能比擬，與大陸法系之西德（143條）、日本（124條）、義大利（206條）亦顯遜色。例如修正草案就著作人格權之內涵如何？改作權內涵如何？展示權是否包含全部著作物抑限於美術及照片？有關時事問題之論述，究竟不得為著作權之標的抑或僅為著作權之限制等，如未明確規定，新法施行後，易有爭執。

三、著作權之主管機關

修正草案第2條規定：著作權之主管機關為內政部。美國著作權法規定著作權之主管機關為美國國會圖書館之著作權局（第701條以下）；日本著作權法規定著作權之主管機關為文部省之文化廳（第70條以下）。修正草案既採創作主義，著作權之主管機關似以中央圖書館較宜。蓋依出版法第14條及第22條之規定，出版品於發行時應送中央圖書館一份，惟此一規定如違反，僅得處100元以下罰鍰，依司法院大法官會議釋字第16號及第35號解釋，並無執行力。故中央圖書館除購買外，很難蒐集全國文化資源。如著作權業務歸中央圖書館掌管，不僅較具專業性，且易使全國智慧財產得在中央圖書館妥善加以保存。再者，著作物為文化傳播之媒介，著作權之保障與文化發展具有密切關係。專利權及商標權與經濟發展密切相關，專利權及商標權之業務，由經濟部轄下之中央標準局掌管，著作權業務似亦由教育部轄下之中央圖書館掌管為宜。

四、著作物登記後之效果未明定

修正草案對中國人之著作物享有著作權採創作主義，廢除註冊主義，係屬進步之立法。惟著作權之享有採創作主義，並不因此而排除著作權之登記制度。著作權登記與否，在效力上有無不同，現行法無明確規定。著作權之登記，除在移轉與質權之設定、變更、移轉及消滅可為對抗第三人之要件外，在未為移轉及設質時，應具有推定其為真正權利人之效力。日本著作權法第75條第3項規定：「以真名登記之人，推定為該登記

著作物之著作人。」可爲我國立法之參考。

五、著作人格權之內容宜詳爲規定

修正草案對著作財產權之權能雖已有明定（第4條第2項），惟對著作人格權之內容則未明確規定。僅在第25條規定：「受讓或繼承著作權者，不得將原著作改竄、割裂、變匿姓名或更換名目發行之。但經原著作人同意或本於其遺囑者，不在此限。」第26條規定：「無著作權或著作權期間屆滿之著作，視爲公共所有。但不問何人不得將其改竄、割裂、變匿姓名或更換名目發行之。」此二條文顯然不足說明著作人格權之內涵。日本著作權法將著作人格權分爲公表權（第18條）、姓名表示權（第19條）及同一性保持權（第20條），並詳爲規定其內容；西德著作權法將著作人格權分爲公表權（第12條）、著作人資格之承認權（第13條）、著作物醜化之禁止權（第14條）及因信念改變之收回權（第41條），對著作人格權之內容規定較爲明確詳盡。

六、著作鄰接權之內容宜專章規定

修正草案第18條規定：「演講、演奏、演藝，非經著作權人或著作有關之權利人同意，他人不得筆錄、錄音、錄影或攝影。但新聞報導或專供自己使用者，不在此限。」本條係有關「著作鄰接權」之規定。著作鄰接權其性質與著作權不同，宜專章規定。蓋著作鄰接權乃保護演藝人員、發音片製作人及廣播事業人之權利，其保護期間與權利之限制及行使與一般著作權，均有不同。日本著作權法（第89條至第104條）、西德著作權法（第70條至第87條）對著作鄰接權均有專章規定，我國著作權法對著作鄰接權如未專章規定，將來著作權法通過，在理論上及適用上，均易生爭執。

七、著作權限制之規定仍有不足

修正草案對著作權限制之規定已較現行著作權法嚴密，惟仍有不足。例如：

（一）以個人、家庭或其他相類似之範圍內之使用目的，複製他人著作物，是否構成著作權侵害？

（二）廣播機關為教學目的引用他人著作之全部或一部，是否構成著作權之侵害？

（三）學校或其他教育機關（以營利為目的者除外）之教育人員，以供授業過程使用為目的，而複製（如影印）他人之著作物之一部或全部，是否構成著作權侵害？

（四）勞軍、義演或其他不以營利為目的，對觀眾或聽眾亦無收取入場費，而演唱他人歌曲、口述他人小說、上演他人劇本，是否構成著作權侵害？

（五）法院在裁判程序上或立法、行政機關為立法及行政目的必須參考他人著作，得否複製他人著作物？

諸如上列諸項，修正草案均未有規定，將來如著作權法通過，亦易生糾紛。

八、載於新聞、雜誌之著作，轉載規定不合理

修正草案第19條規定：「揭載於新聞紙、雜誌之著作，經註明不許轉載者，不得轉載。未經註明不許轉載者，新聞紙、雜誌得為轉載，但應註明其出處。前項著作，非著作權人不得另行編印單行版本。但經著作權人同意者，不在此限。」本條規定，有下列二點不妥之處：

（一）任何揭載於新聞紙或雜誌之著作物（包括學術性文章、文藝小說、照片及漫畫），如未註明不可轉載，任何人均可加以轉載（僅不得印單行本），未免流於浮濫，無法有效保障著作人權益。

（二）由於傳播工具發達，電視及電台廣播引用他人在報紙雜誌之時事報

導日多，修正草案僅稱「轉載」，而不包含轉播，限制過嚴。

關於著作物之轉載，日本著作權法第39條規定：「在新聞紙或雜誌上揭載發行之有關政治上、經濟上或社會上之時事問題之論述（有學術性質者除外），得在新聞紙或雜誌上轉載，或為廣播或有線廣播。但有禁止利用之表示者，不在此限。依前項規定廣播或有線廣播之論述，得以受信裝置公開傳達。」西德著作權法第49條亦有類似之規定，可為參考。

九、著作物強制授權之範圍應擴大

修正草案對著作權強制授權之範圍限於錄音著作物，似有不足。日本著作權法第67條第1項規定：「著作物已公表，或已在公眾提供或提示相當期間，如經相當之努力，著作權人仍無法聯絡或因其他理由而不明，該著作物得因文化廳長官之裁定，並提存文化廳長官所定相當於通常使用金額數之補償金，就關係其裁定之利用方法上，加以利用。」如我國著作權法有類似此條文，則對淪陷區學人無關政治立場之著作物，即得加以印行利用矣。此條文對文化之傳播與發揚極有裨益。

十、侵害著作權民事賠償應設推定之規定

著作權訴訟請求民事賠償，被害人對自己之損害多寡，往往舉證困難，立法例多以加害人之利益推定為被害人之損害[14]。我國專利法第81條

---

14 美國著作權法第504條第(b)項規定：「著作權人有權要求賠償其由於被侵害之真實損害，以及侵害人由於侵害所得之利益，而不考慮計算其真實損害。在確定侵害人之利益上，著作權人僅須證明侵害人之總收入，而侵害人則須證明其可扣除之開支及非基於該有著作權之著作物的因素之利益的成分。」日本著作權法第114條之規定更為詳盡：「著作權人、出版人或著作鄰接權人，對以故意或過失，侵害其著作權、出版權或著作鄰接權之人，請求自己受其侵害之損害賠償者，該人由侵害行為受有利益時，該利益之數額，推定為該著作權人、出版人或著作鄰接權人所受損害之數額。」「如著作權人或著作鄰接權人，對於故意或過失侵害其著作權或著作鄰接權者，得以關於其著作權或著作鄰接權之行使通常得受金錢之數

規定：「專利權受侵害時，專利權人，或實施權人，或承租人，得請求停止侵害之行為，賠償損害或提起訴訟。」第82條規定：「法院對於前條損害數額，得申請專利局代為估計。」商標法第64條第1項規定：「有下列情事之一者，推定為侵害商標專利權所生之損害：一、侵害人因侵害行為所得之利益；二、商標專用權人使用其註冊商標，通常所可獲得之利益，因侵害而減少之部分。」專利法、商標法及著作權法同屬於無體財產權法，但前二者之規定顯然較後者為周密，修正草案似宜注意及之。

陸、結論

著作權法修正草案現已在立法院審議中，除少數條文外，審議過程顯然頗失草率，預料大致可依行政院草案通過。回顧自宣統2年迄現行法之著作權法立法史，70餘年來，幾無進步。自民國17年著作權法正式施行迄今，已50餘年，前20年均在戰亂中渡過，有關保護文化及智慧財產之基本法——著作權法受到忽視，誠不可避免。惟30餘年來，生活安定，民生富足，著作權法一無進步，乃屬不可思議之現象。我國文化及智慧財產——包括文學、藝術、音樂、科技等，仍停留在暗無天日的搶掠、剽竊、盜侵的無秩序、無紀律狀態，洵為文化古國之恥辱。在經濟掛帥、科技第一、安定至上之大原則下，保護著作權之聲音，似乎被淹沒，變得微不足道。惟具經濟價值商品之商標往往與美術著作權有關，電腦及科技產品亦可以著作權加以保護，文化海盜的形象，亦足以影響外交，危及國家安定。在文明進步的巨輪下，智慧財產的交易比重，將日益增加。著作權法立法之良窳，對國家之影響，應與勞動基準法、選罷法等量齊觀，不能等閒視之。

額，作為自己所受損害之數額，而請求賠償。」「前項規定，不妨礙超過同項規定金額之損害賠償之請求。於此情形，侵害著作權或著作鄰接權之人，如非故意或重大過失時，法院得斟酌情形，定損害賠償之金額。」

　　在立法院審議中之著作權法修正草案，較現行法進步甚多，爲我國著作權法立法史上最值得注意者。惟草案較諸先進國家之立法，仍有一段距離。草案如在立法院順利通過，預料三、五年後當會再蘊釀第二次之修正，否則將不足以因應這變動快速迅疾、科技一日千里的社會的！

後記：本文原載中國比較法學會學報，第7輯，法制建設研討會專輯，民
　　　國73年12月25日。

第二章
著作權之客體為「著作」抑或「著作物」？——著作權法修正草案一項基本觀念之商榷

壹、著作權之客體爲works

著作權之客體爲works，此在世界各國著作權法，均無爭議。世界最早之著作權公約——伯恩公約（Berne Convention）第1條規定：「適用本公約之國家，共同成立著作人在文學及美術著作物（works）上之權利的保護同盟[1]。」世界著作權公約第1條規定：「各締約國對於包括文字寫作的、音樂的、戲劇的、電影的著作物（works）及繪畫、版畫、雕刻等在內之文學、科學及美術的著作物（works）之著作人及著作權人的權利，應有合宜而有效的保護規定[2]。」

因此，著作權之客體爲works應無問題。此觀美國著作權法第102條第(a)項、英國著作權法第1條第1項，亦足資佐證。

---

1 伯恩公約內容詳拙譯，伯恩公約——關於文學及藝術的著作物保護之公約，大學雜誌，第133期，頁82以下。在此works暫譯爲「著作物」。
2 世界著作權公約內容詳拙譯，世界著作權公約，大學雜誌，第137期，頁73以下。

貳、works在日本之譯語及其意義

　　著作權之客體爲「著作物」，此爲日本學者之通說[3]。日本學者無論著作權法或學者論述，均將works翻譯爲「著作物」，並無異論[4]。

　　至於著作物之意義如何，學者定義各有不同，判例謂：「爲著作權標的之著作物者，乃有客觀存在，爲精神勞作所產生之思想感情的獨創表白，且屬於文藝、學術或美術範圍之物[5]。」依學者通說，著作物須具備下列四要件：一、須具有原創性；二、須具有客觀化的一定形式；三、須屬於文藝、學術、美術範圍之創作物；四、須非不受保護之著作物[6]。其中須有客觀化的一定形式，即必須將人之思想及感情依一定形式表現於外部。易言之，即須將精神之創造物與著作人之頭腦分離，使外部一般人得以察覺其存在。著作人抽象的思想及感情本身，並非著作物，必須將人之思想與感情具體地以文字、言語、形象、音響或其他媒介物客觀地加以表現，始受法律之保護。例如以文字將人的思想感情加以敘述；以色彩將風景、靜物加以描寫；以金屬、石膏做成肖像；以五線譜表現旋律等[7]。至於著作物是否須有固定物爲要件，各國立法不同，英美法系認爲著作物外型必須爲固定物。例如美國著作權法第102條第(a)項規定：著作權之保護，存在固定於有形表現媒體的原始著作物上。有形的形式（tangible form）爲著作物必要之要件，故其保護啞劇（pantomimes）或舞蹈著作物（choreographic works）恆須以膠捲（films）或錄音帶（tapes）加以固

3　榛村專一，著作權法概論，頁63，嚴松堂，昭和8年；尾中普子、久久湊伸一、千野直邦、清水幸雄合著，著作權法，頁32，學陽書房，昭和53年。

4　日本著作權資料協會編，著作權事典，頁232，昭和53年；山本桂一，著作權法，頁34，有斐閣，昭和48年增補版。

5　大阪控訴院昭和11年5月19日判決，新聞4006號，頁12。

6　城戶芳彥，著作權法研究，頁29-35，新興音樂出版社，昭和18年；勝本正晃，日本著作權法，頁86-92，嚴松堂，昭和15年。

7　山本桂一，前揭書，頁33。

定[8]。在大陸法系國家，大部分著作物其外型固係有形，惟如聲音（如演講）、身體表演（如舞蹈）本身並未以有形物加以固定，有學者亦以著作物視之[9]。

參、著作權法修正草案「著作」與「著作物」之意義

　　我國自前清宣統2年頒布著作權律以來，著作權法經多次修正演變，其著作權之客體，均爲「著作物」。對「著作」與「著作物」二者，立法上未嘗區分。此次著作權法修正草案卻將「著作物」與「著作」加以區分，於第3條第1款規定：「著作：指屬於文學、科技、藝術或其他學術範圍之創作。」第2款規定：「著作物：指著作所附著之物。」並在草案說明欄中謂：「第1款著作，指著作人運用自己之智慧、技巧，將屬於文學、科技、藝術或其他學術範圍之創作，以自己之方法表達著作內容，使他人得以感官之反應，覺察其存在。第2款著作物，指著作所附著之物。」

　　由上述草案之定義及說明，可知：「著作」係一組尚未與外型媒體結合之思想或感情，尚未具體化，並無一定物理型態之抽象狀態；「著作物」則指思想感情已經具體化，固定於某具有物理型態之外型媒體。因此，著作人創作之原件及其製成之物爲著作物，著作則指與外界媒體游離的抽象思想和感情。草案將「著作」與「著作權」加以分別，主要之用意在顧慮著作權與物權混淆。「著作」爲著作權之標的，「著作物」則爲物權之標的[10]，二者分別，則物權與著作權之概念較不會混淆。

8　Donald F. Johnston, Copyright Handbook, pp. 15-16 (1978).

9　內田晉，問答式入門著作權法，頁42，新日本法規出版社，昭和54年；中川善之助、阿部浩二，著作權，頁38，第一法規出版社，昭和48年。

10　施文高，著作權法制原論，頁233-234，商務印書館，民國70年。

肆、「著作」得否為著作權之客體？

　　依現行著作權法修正草案之內容觀之，似以「著作」為著作權之客體無疑。然而「著作」得否為著作權之客體？草案之「著作」，絕非美國著作權法之works並無疑義，蓋美國著作權法上之works，必須固定在有形之媒體方可。草案之「著作」，亦非日本著作權法上之「著作物」，蓋依日本學者通說，除演講、表演本身之保護無從與外型媒體結合外，必須思想或感情與外型媒體結合，方始為著作物而受法律之保護，抽象的思想或感情，不得為法律保護之對象。著作物之原件，包含在works的概念中，此在世界各國之著作權法立法中，並無稍異[11]。因此草案以「著作」為著作權之客體，在理論上似有斟酌之處。

　　至於草案擔心以「著作物」為著作權之標的，恐會使物權與著作權概念相混淆，似屬多慮。蓋著作權與物權其權利之內容各不相同，如何混淆？以所有權為例，民法第765條規定：「所有人於法令限制之範圍內，得自由使用、收益、處分其所有物，並排除他人之干涉。」所有人有使用、收益、處分權。而著作權之內容除著作人格權外，有重製、公開口述、播送、上映、演奏、展示、編輯、翻譯、使用、改作等權利（草案第4條第2項）。所有權與著作權之權利內容，顯有不同，即或內容有部分重疊，所有權之作用亦必須受著作權之限制，蓋此限制亦屬於民法第765條規定「法令限制之範圍」也。例如書籍之買受人（有所有權），雖可閱讀該書，或將其燒毀、拋棄，但不得將該書當眾宣讀，否則侵害該書著作權中之口述權；唱片之買受人固可在家庭內將唱片播放欣賞，但不得在其所開之店舖或百貨公司播放，以招徠顧客，否則侵害音樂著作人之演奏權，及唱片製作人、歌星等之著作鄰接權（neighboring right）[12]。由是而知，著作權之客體如為「著作物」，並不因此使著作權與物權混淆，蓋著作權

11　詳UNESCO, Copyright Laws and Treaties of the World (1983).

12　楊崇森，著作權法論叢，頁270-271，華欣文化事業中心，民國72年。

法係保護著作物之著作權，民法係保護著作物之物權，二者功能各別，以著作物爲著作權客體，實無不妥之處。世界各國著作權法，亦未見有類似我國將「著作」與「著作物」加以區別者，蓋彼認爲草案意義之「著作」尚未成爲著作權法保護之對象也。

伍、草案「著作」用語之其他問題

現行著作權法修正草案，將歷年來沿用之「著作物」名稱，一律改爲「著作」，有下列問題：

一、草案法條本身的矛盾

（一）草案第5條規定：「左列著作不得爲著作權之標的：一、憲法、法令、公文書……」公文書有一定形體，著作尚未有一定形體，公文書當爲「著作物」而非「著作」。

（二）草案第6條規定：「依第四條第一項所定之著作，得聲請著作權註冊……」無一定形體之「著作」，如何申請註冊？得申請註冊者，當應爲「著作物」。

（三）草案第15條第2項規定：「著作經增訂而新增部分性質上可以分割者，該部分視爲新著作。」有形之「著作物」方能增訂，無形之「著作」如何能增訂？

（四）草案第17條第1項規定：「外國人之著作合於左列各款之一者，得依本法申請著作權註冊：一、於中華民國境內首次發行者……」無形之「著作」不能註冊，亦不能發行；有形之「著作物」方能註冊、發行。

（五）草案第19條第1項規定：「揭載於新聞紙、雜誌之著作，經註冊不許轉載者，不得轉載。未經註冊不許轉載者，新聞紙、雜誌得爲轉載，但應註明其出處。」已經揭載於新聞紙、雜誌上，已與外界媒

體結合，如何還是「著作」？當以「著作物」為是！

（六）草案第20條第1項規定：「音樂著作，其著作權人自行或供人錄製商用視聽著作，自該視聽著作最初發行之日起滿二年者，他人得以書面載明使用方法及報酬請求使用其音樂著作，另行錄製。」已經錄製、發行，思想、感情已與外界媒體結合，非為「著作」，亦應為「著作物」。

（七）草案第22條規定：「未發行之著作原件及其著作權，除作為買賣之標的或經本人允諾者外，不得作為強制執行之標的。」著作人創作之原件為「著作物」，而非「著作」，前已述之。蓋既稱原件，顯然思想與感情已與外型結合。

（八）草案第29條規定：「左列各款情形，經註明原著作之出處者，不以侵害他人著作權論：一、節選他人著作以編輯教育部審定之教科書者；二、以節錄方式引用他人著作，供自己著作之參證註釋者……」有形之「著作物」方能節選、節錄，無形之「著作」如何能節選、節錄？

（九）草案第30條第1項規定：「已發行之著作，得為盲人以點字重製之。」已發行者當為有形之「著作物」，而非無形之「著作」。

（十）草案第30條第1項規定：「供公眾使用之圖書館、博物館、歷史館、科學館、藝術館，於左列各款情形之一，得就其收藏之著作重製之：一、應閱覽人之要求，供個人之研究，影印已發行著作之一部分或揭載於期刊之整篇著作。但每人以一份為限……」無形之「著作」，既無從「收藏」，亦無從「影印」、「發行」或「整篇揭載期刊」。本條亦有矛盾。

二、與其他法律之矛盾

（一）**民法**：我國民法債各出版一節，不乏「著作物」之規定，其適用數十年，並無問題。依著作權法修正草案將「著作」與「著作物」加以區分，將來民法債編修正，此處是否修正，頗有問題。例如民法

第516條第2項規定：「出版權授與人，應擔保其於契約成立時，有出版授與之權利，如著作物受法律上之保護者，並應擔保其有著作權。」此處「著作物」是否應一併改爲「著作」？

（二）**出版法**：現行出版法亦有若干「著作物」之名稱。依著作權法修正草案之立法意旨，出版法若干「著作物」之名稱，恐亦應加以修改矣。例如第4條第3項規定：「關於著作物之編纂，其編纂人視爲著作人……」第4項規定：「關於著作物之翻譯，其翻譯人視爲著作人。」此處「著作物」是否亦當改爲「著作」？

陸、結論

目前著作權法修正草案正在立法院修正中，且已完成一讀。我國著作權法自前清宣統2年制定著作權律迄今，已歷70餘年，惟70餘年來著作權法幾無進步[13]。此次著作權法修正草案精神上雖有若干進步，惟仍有不少值得斟酌之處。「著作」與「著作物」之分辨，涉及著作權法之基本觀念，盼立法院於二讀時，能謹愼爲之！

後記：本文原載司法周刊，第193期，民國73年12月26日出版。

---

13 見拙文，我國著作權法之立法演變及其修正方向。民國73年11月25日在中國比較法學會73年度法制建設研討會會中報告。

第三章
著作物之私的複製與
著作權之限制

壹、前言

　　著作權（copyright）者，即著作權法保障著作人在著作物上之權利。大凡作品具有著作物性，法律即賦予著作人獨占利用的保障。惟此獨占利用之保障，並非毫無限制。蓋著作權具有社會性，著作人創作著作物，一方面固係自己勞心之結果，一方面亦係受前人文化遺產薰陶之結果。因此，為了促進人類文化的普及發展，各國著作權法一方面對於著作人在著作物上個人利益加以保護，一方面則承認著作物在一定範圍內得供人自由利用，亦即所謂著作權之限制（limitations on copyright）[1]。

　　關於著作權之限制，一般而言，約有四種型態：一、依著作物利用之性質，不適於為著作權所及；二、基於公益上之理由，認為對著作權有必要加以限制；三、基於與其他權利調整之目的，認為對著作權有必要加以限制；四、在無害於著作權人之經濟利益，且屬於社會慣行者，亦得對著作權加以限制[2]。

　　有關私的使用目的之複製，具有以上第一、第四兩種性質，世界各國著作權法，多認為係屬於著作權限制之一種。關於文學及藝術的著作物保護之伯恩公約第9條規定：受本公約保護之文學及美術著作物之著作人，

1　參見日本國立國會圖書館調查立法考查局編，著作權法改正の諸問題，頁102-103，昭和45年。

2　參見加戶守行，著作權法逐條講義，頁142，著作權資料協會，昭和54年。

專有將著作物授權複製（不問其方法及形式如何）之排他權利。但在特別情形允許著作物之複製，依同盟國之法令定之，惟其複製不得妨礙著作物通常之利用及著作人正當之利益[3]。故世界各國著作權法關於著作物私的利用（private use）目的之複製規定內容不盡一致。鑑於科技發展迅速，複製的技術與型態日益複雜，有關私的使用目的複製著作物的法律糾紛，將紛至沓來。1976年美國環球公司控告新力公司（Universal City Studio Inc. v. Sony Corporation of America）侵害著作權乙案，即其著例[4]。我國現行著作權法對此並無規定，著作權法修正草案規定是否妥當，頗值斟酌。為因應未來科技之發展，吾人對此一問題之立法趨勢，誠有注意之必要。

貳、外國立法例

一、英國著作權法（1971年2月17日修正）

文學、戲劇、音樂或美術著作物為個人研究目的之合理使用（fair use），不構成著作權之侵害（第六節第1項及第九節第1項）。

二、法國著作權法（1957年3月14日制定公布）

已公表之著作物，於下列情形之一者，著作人不得禁止：

（一）專門屬於家庭範圍內所為之無報酬、個人之表演。

3 　詳拙譯，伯恩公約——關於文學及藝術的著作物保護之公約，大學雜誌，第133期，頁82以下。

4 　480F, Supp, 429 (C.D. Cal. 1979), rev'd. 中文資料可參見楊崇森，著作權法論叢，頁283，華欣文化事業中心，民國72年；日文資料可見土井輝生，バータマックス訴訟か提起する著作權問題——新著作權法第一〇七條フエマ・規定の適用範圍，載ヅユリスト，第762號（1982年3月15日），頁39，及同著者，バータマックス訴訟における米国最高裁判決——VTRの家庭内使用の著作權責任免除，載ヅユリスト，第809號（1984年3月15日），頁69。

（二）複製之人完全係個人使用且不爲團體使用目的之複寫（copies）或複製（reproductions）。但複寫美術著作物係以創作與原著作物同一目的之著作物者，不在此限（第40條）。

三、澳洲著作權法（1980年9月19日修正）

（一）文學、戲劇、音樂或美術著作物，或文學、戲劇或音樂著作物之改編物（adaption），爲研究目的之合理使用（fair use），不構成對著作物著作權之侵害（第40條第1項）。

（二）本法決定文學、戲劇、音樂或美術著作物，或文學、戲劇、音樂著作物之改編物，其使用全部或一部是否構成研究上之合理使用，包括：

1.使用之目的及性質。

2.該著作物或改編物之性質。

3.在合理之時間內依正常的交易價格取得該著作物或改編物之可能性。

4.使用後著作物或改編物對潛在市場或價值之影響。

5.如係著作物或改編物部分之複製——該複製之部分在整個著作物或改編物上之數量及眞正價值（同條第2項）。

（三）不問第2項之規定如何，文學、戲劇或音樂著作物，或該著作物之改編物，基於下列情形之複製，視爲研究目的之使用：

1.如該著作物或改編物爲期刊中之論文，複製該著作物或改編物中之全部或一部。

2.並未逾越該著作物或改編物合理之部分（同條第3項）。

（四）第3項情形，於複製期刊中論文之全部或一部，而該期刊中之其他論文亦爲相同之複製者，不適用之（同條第4項）。

四、義大利著作權法（1978年1月8日修正）

（一）私的使用目的之複寫及複製（第68條）

1. 讀者為個人使用目的，以手抄或未將該著作物向公眾發布，得自由複製著作物之全部或一部（第1項）。
2. 在圖書館中，為個人使用目的或圖書館業務目的，得自由影印著作物（第2項）。
3. 將上開複製物公開散布及經濟的利用之權利，屬於著作人，他人不得為之（第3項）。

（二）私的使用目的之借貸

1. 受保護著作物之複製物，得以個人使用目的公開出借（第1項）。
2. 前項情形，該借貸係以營利為目的之團體所為者，應得公共文化部長（Minister of Public Culture）及國民教育部長（Minister of National Education）之許可（第2項）[5]。

五、西德著作權法（1965年9月9日制定）[6]

（一）供自己利用之複製（第53條）

1. 為供自己之利用，得製作著作物之個別複製品（第1項）。
2. 有複製權之人，亦得經由他人製作複製品；此規定，於將著作物錄於錄影或錄音物及為造形藝術著作物之複製，而其製作係無償之情形，亦適用之（第2項）。
3. 該複製品不得加以頒布，亦不得以公開再現之目的而加以利用（第3項）。

5　以上英、法、澳、義著作權法，譯自1983年版聯合國國際文教處（UNESCO）編，Copyright Laws and Treaties of The Word。
6　呂基弘，著作人格權之研究，頁87以下，三民書局，民國70年改訂版。

4. 將著作物之公開演述、上演或上映錄於錄影或錄音物，實施造形藝術著
　 作物之設計圖與草圖，以及仿造建築藝術著作物，應得權利人之允許
　 （第4項）。
5. 依著作物之性質，可期待其藉無線電播送被錄於錄影或錄音物，抑或由
　 一錄影或錄音物轉錄於他一錄影或錄音物，以為複製而供自己之利用
　 者，著作物之著作人，對適於為此種複製之器械的製作人，就因讓與此
　 種器械而創造複製之可能性，享有報酬支付請求權。其總金額，不得逾
　 越讓與淨利之百分之五（第5項）。

（二）其他供自己利用之複製（第54條）

　　有下列情形之一者，得製作或使他人製作著作物之複製品：
1. 為自己之科學上利用之目的，於必要範圍內而為複製者。
2. 為收存於自己之文獻收存之目的，於必要範圍內而為複製，且此複製係
　 以自己之著作製品作為樣本者。
3. 為自己教授有關時事問題之課程的目的而為複製，且所複製之著作物係
　 經由無線電播送者。
4. 為其他自己之利用複製而有下列情形之一者：
　 (1) 所複製者，係已發行之著作物的小部分，或已發行之報紙或雜誌的
　　　 個別文章。
　 (2) 所複製者，係已售罄之著作物，而其權利人無法尋得。其權利人能
　　　 尋得，且著作物之售罄已逾三年者，權利人非有重大之事由，不得
　　　 拒絕允許複製。

六、日本著作權法（昭和56年5月19日修正）[7]

　　為著作權標的之著作物，以個人、家庭或其他相類似之範圍內的使用
目的為限，使用人得複製其著作物（第30條）。

7　詳拙譯，日本著作權法，大學雜誌，第131期及第132期。

　　以上各國立法例，以西德規定最為詳密，日本規定頗為簡單，其適用
情形如何，殊值得瞭解。

參、日本著作權法規定之適用情形及其問題

一、舊著作權法

　　日本舊著作權法於明治32年公布，該法第30條第1項第1款規定，對
已發行之著作物，以無發行之意思，且不依器械或化學方法複製者，不構
成著作權之侵害。本條所稱器械的方法，例如印刷機、謄寫版、錄音機、
影印機等。化學的方法，例如照像、電影等。故本條適用在無發行之意
思，將文書樂譜等加以手抄；演述之筆記、圖畫、建築物或雕刻物等之模
寫、模造，或將之改作、翻譯、編輯等[8]。

　　本條之規定，在科技發展快速，複製手段高度發展之今日，似與現況
實情脫節。在今日個人使用目的複製著作物之情形極多，能遵守法律不以
器械或化學方法複製之情形極鮮，堅持本條之規定，不加以修正，反而有
害於法律之尊嚴，使本條流於形式化。因此立法當局認為個人使用目的得
自由利用著作物之範圍，應重新考慮現實情況，加以修正[9]。

二、新著作權法

　　日本於昭和45年，著作權法大幅度修正，對於私的使用目的之複
製，規定於第30條：「為著作權標的之著作物，以個人、家庭或其他相類
似之範圍內使用目的為限，使用人得複製其著作物。」本條之規定，依日
本著作權制度審議會之答申說明書：「不問複製之手段，無發行之意思，

8　見城戶芳彥，著作權法研究，頁235-236，新興音樂出版社，昭和18年；山本桂
　　一，著作權法，頁113，有斐閣，昭和48年再版。

9　日本文部省，著作權制度審議會資料集（第一集），頁42，昭和40年。

不以營利為目的，專供私的利用為目的[10]。」茲分析說明如下：

（一）有無包括無形之複製？

複製者，即以印刷、照像、複寫、錄音或其他方法有形地再製，包含將劇本或其他類似演劇用的著作物加以上演或廣播而加以錄音或錄影等。又關於建築物著作，並包含將建築之圖形完成建築物在內（日本著作權法第2條第1項第15款）。本條之複製，原則上限於有形之複製，並無無形之再製，蓋無形之複製，例如上演、演奏、口述等權利，依著作權法第22條及第24條限於「公開」。故樂譜在家庭內演奏，如未公開，應為合法[11]。

（二）複製之種類及態樣有無限制？

本條規定限於將著作物以個人、家庭及少數朋友親戚間之範圍內所為之複製的情形。例如將講義、演講加以筆記；將音樂的播送在家庭加以錄音；小團體以練習演奏為目的而彈奏他人歌曲等[12]。本條對複製的手段及方法，並未規定。用影印機影印、錄音機錄音、錄影機錄影均可。又本條對得複製著作物之種類及態樣，亦無特別限制。因此，不問有無公表，任何著作物均得複製。調查研究目的而複製故無問題，以娛樂為目的，而將音樂、美術、電影著作物加以複製，如係個人或少數人之團體欣賞之目的，均無不可。本條並未規定複製可能的份數及數量，在解釋上，自然以私的使用情形所容許者為限。易言之，如使用全部為必要，得複製著作物之全部，但如僅必要使用一部分而複製全部著作物，則違反本條之規定。又著作物如係個人使用，僅得複製一份，不得複製二份以上。如少數人之團體使用，亦受使用必要之原則的限制。再者，如為少數人之團體目的之使用而複製後，在該團體外再加以頒布或出租，則非本條所許，而構成複製權之侵害（日本著作權法第49條）。就此點而言，私的使用目的所容許

10　中川善之助、阿部浩二，著作權，頁170，第一法規出版社，昭和48年。

11　中川善之助、阿部浩二，前揭書，頁171。

12　日本文化廳，著作權法ハソドフック，昭和55年。

複製物的數量，間接地受到限制。

　　綜言之，私的使用，允許著作物之複製物無限制作成，有害著作人之利益。因此，私的使用情形，解釋上應僅限於必要最小之複製。伯恩公約第9條第2項規定：「在特別情形之允許著作物的複製，依同盟國之法令定之。但其複製不得妨礙著作物通常之利用及著作人正當之利益。」由此規定，本條似應作嚴格之解釋[13]。

（三）有無包括企業內部業務上之利用？

　　本條「其他類似之範圍」，應強調個人之結合關係之少數人，例如親戚、朋友等，不得擴大解釋，否則著作物複製大幅度增加，著作人利益將不當地受到損害。因此，公司企業內部的利用目的，不視為私的使用目的之複製。日本著作權審議會第四小委員會審議複寫複製問題，於昭和51年9月發表之報告書中謂：企業或其他團體內之從業人員在業務上利用之目的而複製著作物，不應容許。易言之，其個人如以組織之一員的立場為遂行組織之目的之過程所為之複製，不與本條相當[14]。

　　公司企業內部組織上所為的著作物大量的複製，即使作為內部資料參考用，並非私的使用範圍。作為企業一員之個人複製著作物，亦可認為係間接地達成企業業務之目的[15]。惟律師、醫師等自由職業為職業上獲取知識所必要之目的而複製法律、醫學之圖書及雜誌，大部分學者認為係私的使用目的。

（四）有無包括教室內授課之錄音？

　　以口頭陳述之講學、演說等，得加以保護，一般稱為口述著作物。依本條規定，以個人使用目的得複製著作物，不問其複製之手段及方法如

13　內田晉，問答式入門著作權法，頁190-192，新日本法規出版社，昭和54年。

14　東京地裁昭和52年7月22日判決亦同旨趣。

15　佐野文一郎、鈴木敏夫，改訂新著作權法問答，頁230-231，出版開發社，昭和54年。

何。因此，在教室將教師之講課加以錄音以備回家複習，自為法之所許。惟此僅限自己及少數朋友間之學習使用，如在同年級之學生間流傳，已逾越本條之範圍。又將該錄音帶加以發售或印成印刷品頒布，則構成複製權的侵害（日本著作權法第49條）。

（五）得否委託複製業者複製？

本條規定：「使用人得複製其著作物。」因此，本條嚴格限制複製之主體以自己為必要。但研究者自己之助手將必要著作物加以複製，可解為自己複製。惟委託複製者複製，則違反本條規定。縱委託者自行操作複製器而複製，或在他人設置投幣式影印機自行影印，亦與本條規定相違。故本條限於在自己所有或借來而在自己占有下複製之情形方可[16]。

三、適用上發生之問題

日本著作權法第30條規定，仿若干外國立法例對於複製目的（娛樂或研究）、複製手段、複製數量不設限制，僅對複製之主體（限個人、家庭或相類似之範圍）及複製物使用之人加以限制，其規定在形式上單純明快，但在反面卻隱伏著不少問題。大致可分為二：（一）與其他規定之間的矛盾不均衡；（二）第30條規定在解釋運用上有若干問題。茲分別說明如下：

（一）法條之間的矛盾不平衡

1. 著作權法第21條規定：「著作人專有複製其著作物之權利。」此複製即以印刷、照像、複寫、錄音或其他方法有形地再製（第2條第1項第15款）。複製不問數量大小，複製全部固係著作權之侵害，複製一部亦係著作權之侵害，著作人均得禁止之，並請求損害賠償。自有第30條規定後，第21條之權能大受限制。本來複製應經著作人允許的，因

---

16 日本著作權資料協會編，著作權事典，頁131-132，昭和53年。

有第30條之規定均能以私的使用目的爲名義而逕行複製。如每個使用人各複製一份，同一著作物有1,000個人使用，就複製1,000份，有1萬個人使用，就複製1萬份。在個人使用之範圍內，著作人的利益大受損害，第21條之規定，失去意義，有加以檢討之必要[17]。

2. 著作權法第31條規定：「以供公眾利用圖書、紀錄或其他資料爲目的之圖書館或依命令規定之其他設施（以下本條稱「圖書館等」），不以營利爲目的而有下列情形之一者，得複製其圖書、紀錄或其他資料：一、基於圖書館等之利用人的要求，並且以供利用人調查研究目的之用，對於每一個人提供已公表著作物之一部分者（揭載於發行後經相當期間之定期刊物中的各個著作物爲全部）……。」依第30條規定：「一、得複製著作物之全部；二、使用目的無限制（研究娛樂均可）；三、複製數量無限制（一份或數份均可）。」依第31條第1款規定：「一、複製原則上限於著作物之一部分；二、使用目的限於利用人調查研究用；三、複製的數量一個人限於一份。」由此可見，第30條與第31條規定寬嚴不平衡。如有人要在圖書館影印資料，只能影印一部分，而如借出影印，則能影印全部，無形之中，第30條否定了第31條第1款之立法旨趣，殊不合理。

（二）解釋運用上之問題

1. 依學者通說，企業內部作業目的而複製著作物，逾越第30條之範圍，應加以禁止。然個人作家以寫作爲目的而爲資料之蒐集，則屬於第30條之範圍，不加以禁止。就最終目的而言，二者均以營利爲目的，卻有不同待遇，殊不合理。

2. 依第30條條文之規定，複製之主體，限於使用者本人。依學者通說，解釋上複製不得委託複製業者，縱在投幣式影印機上使用者自行影印亦不許之。查舊著作權法第30條第1項第1款規定：對已發行之著作物，

---

17 半田正夫，改訂著作權法概說，頁135-136，一粒社，昭和49年。

以無發行之意思且不依器械或化學方法複製者，不構成著作權之侵害，新法刪除「不依器械或化學方法複製」之限制，其主要理由乃基於科技發達，以複印機複製情況普遍。今新法第30條如限制複製者應爲本人，不能委託複製業者複製，無形之中否定了當初舊法修正之目的，蓋一般人自行擁有複印機又不以營利爲目的者極鮮，因而使本條無形之中成爲具文。

3. 一般人以個人使用目的委託業者複製著作物之情形極爲普遍，如認爲此係著作權之侵害，則全國如此眾多違法複製之情況，著作權人如何個別主張權利，極有問題，勢必應有新的解決方法[18]。

　　日本著作權法第30條有關私的使用目的複製之規定，在理論與實務上，引起極大的爭執。爲解決此一爭執，多數學者均熱烈討論是否可採用1965年制定西德著作權法（Gesetz über Urheberrecht und Verwandte Schutzrechte vom9. September 1965）第53條第5項之規定（一般學者稱爲「西德方式」）[19]。

肆、西德方式之內容及其影響

一、內容

　　1965年西德著作權法，原則上承認著作物如係私的利用之目的，原則上無須著作人同意（第53條第1項），但第5項有下列規定：

　　「依著作物之性質，可期待其藉無線電播送被錄於錄影或錄音物，抑或由一錄影或錄音物轉錄於他一錄影或錄音物，以爲複製而供自己之利

18　半田正夫，著作物の私的使用のぬの複製——著作權審議會第四小委員會の審議に關連して，ヅユリスト，第580號（1975年2月1日），頁89-91。

19　見半田正夫，著作物の私的複製（錄音、錄影）與西德方式，ヅユリスト，第692號（1979年6月1日），頁71。

用者，著作物之著作人，對適於爲此種複製之器械的製作人，就因讓與此
種器械而創造複製之可能性，享有報酬支付請求權。在本法施行地域內；
在商業上輸入或繼續輸入此種器械之人，與製作人共同負連帶責任。依情
況可期待供上述複製之器械，將不致在本法施行地域內被使用者，無請求
權。此請求權，僅得經由利用團體而爲主張。各權利人就製作人因讓與其
器械所獲之淨利，有作爲適當報酬之應有部分；全體權利人（包括第84
條、第85條第3項及第94條第4項之權利人）之報酬請求權的總金額，不得
超越讓與淨利的百分之五[20]。」

　　本項之規定，係自1901年施行之「關於文學及藝術的著作物之法
律」（LUG）第15條加以修正的。原來該法第15條規定：「著作物之複
製（Vervielfältigung），不問其方法及數量如何，非經著作人同意，不得
爲之（第1項）。」「如不以財產利益之取得爲目的，得爲私的利用目的
之複製（Vervielfältigung zum persönlichen Gebrauch）（第2項）。」

　　本條規定當初，乃爲因應錄音帶錄音普遍而作修正，惟此點修正，在
著作權法修正作業中，最受爭論。依此規定，一方面錄音帶、錄音機、錄
影機之占有人得自由地將著作物加以錄音錄影；他方面則著作人或其他權
利人之團體，得向錄音機、錄影機等製造商請求報酬（製造商報酬之支付
附加在機器販賣價格而轉嫁在買主身上，製造商實質上無損害）。因此而
使著作人或其他權利與著作物利用人間利益之衝突巧妙地互相交換，個人
使用目的著作物之錄音錄影問題，因此而獲得解決[21]。

二、影響[22]

　　西德方式在世界各國立法上有極大影響。例如：

20　呂基弘，前揭書，頁104。
21　半田正夫，著作權の研究，頁313-316，一粒社，昭和46年。
22　有關西德著作權法第53條第5項之立法經過，詳半田正夫，前揭書，頁317-336。
　　中文資料可參閱楊崇森，前揭書，頁223-231，茲不復贅。

（一）**法國**：法國1975年修正財政法，規定在複寫複製機器的販賣價格中課徵百分之三之金額，充作國家書籍基金，以利文化發展[23]。

（二）**義大利**：1974年2月，義大利設置檢討關於著作權法及專利法之委員會。其議長Whitford於1977年3月向國會提出極厚的報告書，建議關於私人的錄音採西德方式，對錄音機器收取報酬。

（三）**澳洲**：澳洲於1979年10月向國會提出著作權法修正草案，於1980年9月19日修正通過。在新著作權法第56條採西德方式。

（四）**比利時**：比利時司法部的著作權委員會，對著作物的私的使用問題正檢討中，政府希望朝西德方式修正。

（五）**丹麥**：丹麥著作權委員正蘊釀著作權法全面修正，亦考慮採西德方式對錄音、錄影機器收取報酬[24]。

伍、現行著作權法修正草案之規定及其問題

有關著作物私的複製，現行法並無規定。著作權法修正草案第29條第3款及第32條第1項第1款有類似之規定：

一、草案第29條規定：「左列各款情形，經註明原著作之出處者，不以侵害他人著作權論……三、為學術研究複製他人著作專供自己使用者。」

二、第32條第1項規定：「供公眾使用之圖書館、博物館、歷史館、科學館、藝術館，於左列各款情形之一，得就其收藏之著作重製之：一、應閱覽人之要求，供個人之研究，影印已發行著作之一部分，或揭載於期刊之整篇著作，但每人以一份為限。」

以上二條規定，可能亦產生如同日本著作權法發生之類似問題：

23　佐野文一郎、鈴木敏夫，前揭書，頁231。

24　半田正夫，著作物の私的複製（錄音、錄影）與西德方式，ヅユリスト，頁74-75。

一、法條間之不平衡

（一）依草案第4條第2項規定：著作權人專有重製權。由於有第29條及第32條規定，使重製權喪失許多作用。此種情形對於專門性的學術著作物或專業性期刊之著作人或出版人之利益，構成極大的損害。蓋今天影印十分發達，影印費用價格非常低廉，一般人如只想閱讀期刊中之一篇文章，而不想閱讀全部，影印一篇文章的費用往往是購買期刊的十分之一而已。研究者為研究目的蒐集資料，固應給予便利，但著作人之辛勞亦不應受到犧牲，而應有相當的補償。

（二）第32條第1項第1款規定影印著作物僅限於一部分，期刊雖可整篇著作影印，但限於每人一份。第29條第1項第2款為學術研究複製他人著作物專供自己使用，則不限定影印著作物之一部分或影印的份數，二者規定顯然寬嚴不一。一般人欲於圖書館影印他人整本著作物，依第32條不允許，如借出來影印，依第29條規定則允許。如此一來，第29條第2款無形之中即否定了第32條第1項第1款之立法旨趣。

二、解釋運用上之問題

（一）草案第29條第2款「為學術研究複製他人著作專供自己使用者」，在解釋上有無包括小說家（包括武俠小說、偵探小說、文藝小說等）個人以寫作目的之蒐集資料或公司、機關、企業之研究發展部門之研究發展在內？如不包括，其立法目的何在？均成問題。在知識爆發、人與人間密切相關之今日，企業或團體研究部門之研究，其貢獻往往高於個人。草案第29條第2款規定「供自己使用者」，如不包括公司、企業、團體在內，亦有值得斟酌之處。

（二）草案第29條第2款，限於學術研究用，不包括娛樂用，亦不含個人、家庭或類似範圍內使用目的之錄音或錄影。在影印、錄音、錄影工具十分普遍、發達之今日，個別著作權人如何主張權利，亦有問題。

陸、結論

著作權法是一門與科技發展最密切相關的法律。著作權法之產生，源於印刷之發達[25]。著作權法開始僅保護出版權，故當時著作權一般人多稱「版權」[26]。其後相繼保護樂譜、照片、唱片、電影、錄音帶、錄影帶等，此均為科技發達之結果。在影印及其他複製機械發達之今日，著作權法亦應配合世界各國之立法趨勢加以修正。我國著作權法制定甚早，自前清宣統2年即制定著作權律，惟70年來我國著作權法在立法上無甚進步，現行著作權法修正草案雖較現行法有相當進步，惟較諸先進國家，仍有一段距離[27]，有待吾人之努力。

後記：本文原載軍法專刊，第31卷第1期，民國74年1月1日出版。

---

25 勝本正晃，日本著作權法，頁8-11，嚴松堂，昭和15年。

26 社會上流行「版權」一語，現行法律無此一之名稱，「版權」即著作權之謂，詳拙著，著作權法之理論與實務，頁1-2，著者發行，民國70年。「版權」一語，始於日本學者福沢諭吉自英文copyright一語翻譯而來，其後日本及中國學者相繼採用。詳日本著作權資料協會編，著作權事典，頁290-291。

27 詳拙文，我國著作權法之立法演變及其修正方向，民國73年11月25日在中國比較法學會73年度法制建設研討會會中報告。

第四章
時事問題論述轉載之研究——
談著作權法修正草案之一項疏漏

壹、概說

　　有關揭載於新聞紙、雜誌之事項，一般而言，可分為下列三種：一、純粹之新聞報導；二、時事問題之論述；三、非新聞性之文藝、學術、美術之著作物（例如連載小說、詩詞、遊記等）[1]。

　　茲分別說明如下：

一、**純粹之新聞報導**：此為純粹事實之傳達，不得享有著作權之保護。例如政府首長之異動、外國元首之死亡、高速公路之連環大車禍等報導。此種新聞報導本身，因欠缺著作物性，不以著作物視之[2]。關於文學及藝術的著作物保護之伯恩公約（Berne Convention for the Protection of Literary and Artistic Works Paris Act of July 24, 1971）第2條第8項規定：「本公約之保護，不適用於單純時事報導性質之新聞及雜報。」故各國立法例，就純粹之新聞報導多不加以保護，任何人均得自由利用，其他新聞紙或雜誌，亦得加以轉載。

二、**時事問題之論述**：有關時事問題之論述（例如對政治、經濟、宗教問題之社論及評述），具有著作物性，應受著作權法之保護。惟因其性

1　榛村專一，著作權法概論，頁80，嚴松堂，昭和8年。

2　日本明治32年舊著作權法第11條第2款規定：「報紙或雜誌所載明之雜報及時事報導之記事，不得為著作權之標的物。」現行法（昭和45年）第10條第2項則不認為其為著作物。

質特殊，如著作人未附有權利之保留，在一定條件下，得加以轉載。
易言之，各國立法例，多將其列入「著作權限制」（limitations on
copyright）之領域[3]。

三、**非新聞性之文藝、學術、美術之著作物**：例如報紙連載之小說、漫
畫、詩詞、散文、隨筆、人生感想、遊記等，與一般著作物無異，此
種著作物縱揭載於報紙或雜誌、非經著作人同意，一律不准轉載[4]。

以上三種情形，第一種及第三種情形立法例較爲確定，第二種情
形，其範圍如何？我國現行著作權法及其修正草案規定是否妥當？頗有研
究之必要。

貳、立法例

一、伯恩公約（**1971年7月24日巴黎修正**）[5]

已公表之新聞紙或定期刊行物之論議經濟上、政治上或宗教上時事問
題之記事或其同性質之廣播，如無明示禁止之規定者，在新聞紙、雜誌上
揭載或以廣播或有線廣播公開傳達，依同盟國之法令定之，但應明示其出
處。上述明示出處義務之違反，依被要求保護之國家的法令決之（第10條
之2第1項）。

---

3 美國著作權法未明文規定，惟得以第107條合理使用原則（fair use）加以解釋。見
　Alan Latman, The Copyright Law: Howell's Copyright Law Revision and the 1976 Act,
　pp. 208-209 (1979).
4 城戶芳彥，著作權法研究，頁230，新興音樂出版社，昭和18年。
5 詳拙譯，伯恩公約——關於文學及藝術的著作物保護之公約，大學雜誌，第133
　期，頁82以下。

二、英國著作權法（1971年2月17日修正）

　　文學、戲劇或音樂之著作物之合理使用，如為報導時事目的，且符合下列規定，不構成著作權之侵害：

　　(a)在報紙雜誌或類似之定期刊行物上刊載；或

　　(b)以廣播或放映影片傳達。

　　以上第(a)款情形，應明示出處（第六節第3項）。

三、土耳其著作權法（1951年12月10日制定）

（一）在報紙、雜誌或無線電廣播報導之新聞或其他向公眾傳達之消息，得依印刷物法第15條規定自由利用。

（二）刊載於新聞或雜誌之關於社會、政治或經濟性質之時事問題的論述，除明示為複製或引用之保留外，得以原創或修正之形式，加以複製在報紙或雜誌上，亦得以無線電或其他傳播工具散布。

（三）前項情形，須表示報紙、雜誌或通訊社之名稱、發行物之日期及號數。如該報紙、雜誌或通訊社係在其他出處取得該論文或報導者，亦應表示該出處之名稱、日期及號數，及該論文或報導作者之姓名、筆名或記號（第36條）。

四、義大利著作權法（1979年1月8日修正）[6]

　　揭載於報紙或雜誌之具有經濟、政治或宗教性質之時事論述，除有明示複製之保留者外，得自由複製於其他雜誌或報紙或為廣播，但應明示該雜誌或報紙之名稱、日期、號數及著作人之姓名（第65條）。

6　以上英國、土耳其、義大利著作權法譯自聯合國國際文教處（UNESCO）編，Copyright Laws and Treaties of the World (1983).

五、西德著作權法（1965年9月9日）[7]

（一）無線電廣播之評論，以及報紙與其他僅滿足每日興趣的新聞刊物之社論，與政治、經濟或宗教之時事問題有關，且未附有權利之保留者，得在其他報紙或新聞刊物上將此評論及社論加以複製、頒布，以及公開再現。就此複製、頒布及公開再現，對著作人應支付適當之報酬，但其係以概要的方式，複製、頒布或公開再現二以上之評論或社論的短摘要者，不在此限（第49條第1項）。

（二）將有事實內容之瑣聞及經由出版物或無線電廣播所公表之時事，加以複製、頒布及公開再現，得不受限制而為之；其他法律規定所賦予之保護，不受影響（第49條第2項）。

（三）第49條第1項之規定，將報紙或其他新聞刊物之社論，印刷於另一報紙或其他新聞刊物上，或以無線電加以播送者，除在被利用之著作物上所稱之著作人外，亦應明示被引用社論之報紙或新聞刊物；被引用之報紙或新聞刊物，表明其出處係另一報紙或其他新聞刊物者，應明示該報紙或新聞刊物。第49條之規定，將無線電廣播之評論印刷於報紙或其他新聞刊物上，或以無線電加以播送者，除著作人外，並應明示播送評論之播送企業（第63條第3項）。

參、日本立法例之解釋與適用

一、日本著作權法之規定

（一）明治32年著作權法（舊著作權法）

報紙或雜誌所載明之評論政治問題及時事記事（學術上之著作物除外），如無禁止轉載之明文規定，得轉載於其他報紙或雜誌（第20條）。

7　呂基弘，著作人格權之研究，頁102-108，三民書局，民國70年改訂版。

（二）昭和45年著作權法（現行著作權法）

在新聞紙或雜誌上揭載發行之有關政治上、經濟上或社會上之時事問題之論述（有學術性質者除外），得在新聞或雜誌上轉載，或為廣播或有線廣播。但有禁止利用之表示者，不在此限（第39條第1項）。依前項規定廣播或有線廣播之論述，得以受信裝置公開傳達（同條第2項）。上述著作物之利用，應明示其出處（第48條第1項第2款）。依第39條規定得利用著作物者，得以翻譯利用之（第43條第2款）。

二、日本著作權法之解釋與適用

日本舊著作權法並未規定有關「廣播」，在新著作權法立法當時，日本民間廣播聯盟適時表示意見，新著作權法乃含「廣播」在內[8]。茲就現行著作權法規定，說明如下：

（一）伯恩公約第10條之2第1項規定「論議經濟、政治或宗教上時事問題」，日本現行著作權法則規定「政治、經濟或社會上時事問題」，並未規定「宗教」在內。依學者通說，「宗教」亦包含於「社會」之領域[9]。更有學者廣義加以解釋，認為任何時事問題，均與政治社會有關。因此，不問政治、外交、經濟、財政、社會、教育文化等，均屬於政治、經濟、社會之領域[10]。

（二）現行著作權法規定之「論述」，須執筆者有創造意思之表現，純粹之新聞報導不包括在內。最典型者為報紙之「社論」或雜誌上之「卷頭言」。蓋此為代表報社或雜誌社對時事問題之意見，應廣為一般人周知，故除有明示禁止轉載外，得加以轉載[11]。惟揭載於新

8　日本文部省，著作權制度審議會資料集（第一集），頁78，昭和40年。

9　中川善之助、阿部浩二，著作權，頁183，第一法規出版社，昭和48年。

10　加戶守行，著作權法逐條講義，頁179，著作權資料協會，昭和54年。

11　佐野文一郎、鈴木敏夫，改訂新著作權法問答，頁244-245，出版開發社，昭和54年。

聞紙、雜誌上之論述，報紙、雜誌得加以轉載，廣播機關亦得加以廣播，但廣播機關之論述，報紙、雜誌卻不得加以轉載[12]。

（三）現行著作權法規定之「論述」，不限於報紙之社論，解釋上雜誌之時事論文亦包括在內。但連載小說、文藝評論，或專門學術雜誌之論文，不包括在內。甚至大學教授、時事專家，基於自己之學識見解所爲關於時事問題之分析、批評，而在報紙、雜誌上投稿，亦認爲有學術性質，不得加以轉載。又在新聞雜誌上揭載之論述雖得加以轉載，但不得將其加以結集而出書或在雜誌上發行[13]。

（四）揭載在新聞雜誌上之論述，如有禁止轉載之記載，不得轉載。此禁止轉載之記載，其文字之大小及位置，不影響其效力。在卷頭、卷尾記載時，得解爲在該刊物中於有法律上效力部分之記載[14]，又在報紙之開頭，或雜誌之卷末有概括禁止轉載之表示者，一般解釋爲各個論述文章皆不得轉載[15]。再者，如論述文章有刊登作者署名，新聞雜誌界習慣上解釋爲有禁止轉載之表示，應予尊重[16]。惟爲杜絕糾紛起見，如欲禁止轉載，仍以明示記載較爲安全。

肆、我國著作權法規定之演變及其檢討

一、演變

有關時事問題之論述，依宣統2年滿清政府之著作權律第31條第3款

12　米川猛郎，著作權へのしるべ，頁92，日本圖書館協會，昭和51年。

13　內田晉，問答式入門著作權法，頁239-242，新日本法規出版社，昭和54年。

14　大審明治37年4月21日刑二判，明治37（れ）496號判例。見第一法規出版社編，判例體系，無體財產法，第七冊，頁4083。

15　內田晉，前揭書，頁24。

16　日本文化廳，著作權法ハソフツク，頁49-50，1980年。

規定，係屬不得享有著作權之著作物[17]。民國4年北洋政府頒布之著作權法第23條第3款規定，亦無變更。民國17年，國民政府頒布著作權法，於第21條規定：「揭載於報紙雜誌之事項，得註明不許轉載，其未經註明不許轉載者，轉載人應註明其原載之新聞紙或雜誌。」民國33年著作權法修正，除將「報紙」改爲「新聞紙」外，其餘並無變更。民國38年、53年著作權法修正，本條（現行法第18條）亦無修正。現於立法院審議中之行政院著作權法修正草案[18]於第5條第3款規定「單純傳達事實之新聞報導」，不得爲著作權之標的；於第19條規定：「揭載於新聞紙、雜誌之著作，經註明不許轉載者，不得轉載。未經註明不許轉載者，新聞紙、雜誌得爲轉載，但應註明其出處。前項著作，非著作權人不得另行編印單行版本。但經著作權人同意者，不在此限。」

二、檢討

（一）單純時事性質之新聞報導，不受著作權保護，此爲世界各國一致的趨勢，伯恩公約第2條第8項、土耳其著作權法第36條第1項、西德著作權法第49條第2項、日本著作權法第10條第2項，均有明文。惟關於時事問題之論述，具有著作物性質，並非不受著作權法之保護，僅其權利於某種情形下受限制而已。前清著作權律與民國4年著作權法，將純粹之新聞報導與時事問題之論述混爲一談，一律認爲係不得享有著作權之著作物，在理論上固有瑕疵。民國17年制定之著作權法（即現行著作權法），雖非對新聞、雜誌上之論述不加以保護，但亦均將純粹之新聞報導與時事問題之論述，混爲一談，均列爲著作權限制之領域，在理論上亦有問題。易言之，現行著作權法對純粹之新聞報導與時事問題之論述，未加區別，其保護效果

17　前清宣統2年著作權律第31條規定：「凡著作不能得著作權者如左……三、各種報紙記載政治及時事上之論說新聞。」

18　現已一讀通過，照原草案無修正。

同一，亦與世界各國立法趨勢相悖。著作權法修正草案將純粹之新聞報導與時事問題之論述加以區別，雖在觀念上已有進步，惟仍有下列可議之處：

1. 草案第5條第3款雖規定單純傳達事實之新聞報導，不得為著作權之標的，惟仍將其視為「著作」。日本舊著作權法第11條第2款雖規定「報紙或雜誌所載明之雜報及時事報導之記事」，不得為著作權之標的，惟並未規定其為「著作物」。日本新著作權法第10條第2項更明定「純為事實之傳達，雜事及時事報導」，並非著作物。我國著作權法修正草案將「單純傳達事實之新聞報導」視為「著作」，在觀念上似有商榷之餘地。

2. 草案第5條第3款既將「單純傳達事實之新聞報導」，視為係一種「著作」，草案第19條第1項又規定：「揭載於新聞紙雜誌之著作，經註明不許轉載者，不得轉載；……」未將單純傳達事實之新聞報導除外。易言之，單純傳達事實之新聞報導，依草案第5條規定，不受保護，依草案第19條規定，又受到保護，兩者規定，似有矛盾。

（二）時事問題之論述與非新聞性之著作物，縱均揭載於新聞紙或雜誌上，二者之保護，應有不同。易言之，前者屬於著作權限制之領域，後者之保護與一般著作物之保護相同，非經同意，不得任意轉載，縱無明示禁止轉載之記載，亦不得轉載，此為世界各國著作權法立法上一致之趨勢。伯恩公約第10條之2第1項、土耳其著作權法第36條第2項、義大利著作權法第65條、西德著作權法第49條第1項、日本著作權法第39條第1項，均承認此一法理。現行著作權法第18條規定：「揭載於新聞、雜誌之事項，得註明不許轉載，其未經註明不許轉載者，轉載人應註明其原載之新聞紙或雜誌。」此「事項」二字，未將「純粹之新聞報導」與「時事問題之論述」加以分別，理論上固有瑕疵，已如前述。又此「事項」二字，亦未將「時事問題之論述」與「非新聞性之著作物」加以區分，賦予不同之效果，與世界各國立法趨勢，背道而馳。依西德著作權法，時

事問題論述之全部轉載，尙應給付報酬；依日本、義大利、土耳其著作權法，時事問題論述之轉載，固毋庸給付報酬，惟得轉載者，限於政治、經濟、宗教、社會等時事問題之論述，有學術性質者除外。小說、漫畫、詩詞、散文、遊記等，更不得轉載。依日本學說，有作者署名之時事評論文章或教授分析時事問題之投稿，亦不得任意轉載。依我國現行著作權法之規定，如無明示禁止轉載之規定，凡揭載於報紙雜誌上之文章，不問有無學術性質，不問是否爲時事問題之論述（包含詩詞、散文、遊記、小說等），皆得轉載，世界各國著作權法，殆無類似我國規定者。此次著作權法修正草案對此點僅將「事項」修正爲「著作」，對以上之流弊，並未解決，實屬立法上之疏忽。

（三）在民國17年制定現行著作權法之時，由於電台、電視不發達，有關時事問題論述立法上僅考慮及得否「轉載」，並未考慮及得否「轉播」。日本舊著作權法（明治32年）第20條亦僅規定「轉載」，而不及於「轉播」。惟日本昭和45年（1970年）修正著作權法時，由於電台、電視等傳播機關發達，故於新著作權法第39條第1項增加「廣播」或「有線廣播」。西德、義大利、土耳其著作權法及伯恩公約均有規定「廣播」，我國現行著作權法獨無，著作權法修正草案亦未提及，亦屬立法上之疏漏。

伍、結論

現行著作權法第18條（即修正草案第19條）規定，係屬類似外國立法例「關於時事問題論述之轉載」之規定。依外國立法例一致趨勢，將時事問題之論述，與純粹之新聞報導及非新聞性之著作物，加以區分，其法律保護之程度，各有不同。現行著作權法則將上述三者一體看待，保護程度相同，著作權法修正草案則將時事問題之論述與非新聞性之著作物，混爲一談，均有不當。又著作權法係科技之產物，由於印刷術之發達而產生

著作權法，由於科技的進步，如照片、唱片、電影之發達，而使著作權法內容擴充與變更。同理，大眾廣播工具發達，尤其電視、廣播電台之發達，著作權法亦應配合修正，著作權法修正草案第19條僅規定「轉載」，而未規定「轉播」，亦與各國立法通例相違。期盼立法院二讀時，對此一問題能注意之。

後記：本文原載法令月刊，第36卷第2期，民國74年2月1日出版。

第五章
論著作權客體之原創性

壹、著作權保護之著作物須具有原創性

著作權之客體為著作物（works）[1]。為著作權客體之著作物，須具有原創性（originality），著作物如不具備原創性，不受著作權法之保護，此觀各國著作權法，莫不均然。例如：

一、美國著作權法第102條第(a)項規定，著作權之保護存在於固定在有形媒體之原創著作物（originality works of authorship）上。

二、日本著作權法第2條第1項第1款規定，所謂著作物，即表現創作的思想或感情，而屬於文藝、學術、美術或音樂之範圍之物。

三、澳洲著作權法第32條規定，著作權存在於具有原創性之文學、戲劇、音樂或美術之著作物（an original literary, dramatic, musical or artistic works）上。

由此可見，原創性為受保護著作物成立之要件[2]。此要件為我國學者通說所肯定[3]，亦為實務見解所承認[4]。惟原創性之內涵為何？何種著作物

1　見伯恩公約（Berne Convention）及世界著作權公約第1條。Work一語日本學者翻譯為「著作物」，並無翻譯為「著作」者。見日本著作權資料協會編，著作權事典，頁233，昭和53年；山本桂一，著作權法，頁34，有斐閣，昭和48年增補版。

2　Jerome K. Miller, U.S. Copyright Documents: An Annotated Collection for Use by Educators and Librarians, pp. 68-69 (1981)；半田正夫，改訂著作權法概說，頁75，一粒社，昭和55年。

3　史尚寬，著作權法論，頁21，中央文物供應社，民國43年；楊崇森，著作權之保護，頁1-2，正中書局，民國66年；施文高，著作權法制原論，頁234-235，商務印書館，民國70年。

4　行政法院58年判字第265號判決謂：「著作權法第1條第1款規定，所謂文字之著

具備原創性？何者不具備原創性？頗有進一步研究之必要。茲就美、日二國之理論與實務見解，加以介紹。

貳、美國著作權法原創性之解釋

美國著作權法原創性之要件，多少有點迷惑難解。惟簡言之，即作者之獨立創作而非抄襲他人。此原創性之要件，無須達到舉世獨有的新奇（novel）程度方可[5]。茲說明如下：

一、原創性與新奇性之區別

雖然在早期著作權之案例中，並未承認原創性與新奇性（novelty）之區別。但目前卻明顯地認為，著作權所須之原創性，僅獨立創作（independent creation）即可，而不須具備新奇性。著作物並不因其僅與他人創作在前之著作物有本質上之類似（substantially similar），且不具備新奇性而被拒絕著作權之保護[6]。原創性之意義，僅為著作物之創作歸屬於著作人之原因，亦即著作人獨立創作，而非抄襲自他人之著作物即可。因此，即使一著作物與另一在前著作物完全相同，但並非抄襲該前一著作物，而係自己獨立創作之結果，亦具有原創性而受著作權之保護。關於此一原則，Learned Hand法官曾明白表示：

「假設有一個人未曾讀過濟慈（Keats）之作品，而神奇地再次寫出濟慈的抒情詩《希臘古甕頌》（*Ode on a Grecian Urn*），其即為著作人，且若其取得著作權，其他人即不得抄襲其詩。雖然他們得當然地抄襲濟慈

譯，係指文字之創作，或文字之翻譯而言，如非本人智慧之著述，此係抄襲轉錄他人出刊之論著，自與前述規定條件不合……」此亦認為著作權保護之著作物，須具備原創性，惟解釋不夠詳細耳。

5　Donald F. Johnston, Copyright Handbood, p. 14 (1978).

6　Sheldon v. Metro-Goldwyn Pictures Corp., 81F. 2d 49 (2d Cir 1936) aff'd 309 (1946).

的詩[7]。」

　　由此可見，著作權保護所須之原創性要件，僅獨立創作即可，有無與人相同或類似，並非所問，此與專利權所須之新奇性要件，大不相同。蓋原創性較新奇性容易成立，原創性在法律上之效力較新奇性為差。易言之，著作權保護與專利權保護相較，著作權保護限制較大。專利權人僅須證明他人之創作與自己之創作，其成品有本質上之相似，即證明侵害專利權。著作權之侵害，必須由著作權人證明有本質上之類似與抄襲（copying）二者，否則在要件上仍有欠缺。蓋法院實務認為：「其他人先創作，後來之創作人仍不失為創作人，除非有抄襲（pirate）他人著作物之情形，否則不因其後於他人創作而當然為侵權行為人[8]。」

　　在很早期少數著作權判決，至少在文學及藝術著作物方面，試圖灌輸新奇性之要件。在這些案例中，甚至認為原告如有完全之原創性（並非抄襲別人之作品），及假定被告抄襲原告之著作物，如原告著作物係古老與現有流行之情節（old or stock situations）組成，則不構成著作權之侵害[9]。此判決違反現行流行之原則（prevailing rule）。易言之，原告著作物大部分與古老或現在之情節相同，此可能該著作物缺乏新奇性，但除非法院能證明原告抄襲古代或現有流行之情節，否則不得因其缺乏新奇性而拒絕保護。

二、抄襲本身如須相當心血有無原創性？

　　一著作物並無改變地抄襲自前一著作物，惟該抄襲其抄襲人須有「特殊技術、訓練、知識以及獨立之判斷」，此項抄襲是否視為原創著作物而賦予著作權保護？就此法院實務見解認為，任何技術、訓練、知識、

7　Sheldon v. Metro-Goldwyn Pictures Corp., 81F. 2d 49 (2d Cir. 1936) aff'd 309 U.S. 390 (1940).

8　同註6。

9　London v. Biograph, 231 Fed. 696 (2d Cir. 1916).

判斷，除非其具有作品之原創行為（acts of authorship）之性質，否則無著作權。易言之，在此情形，僅著作人有著作權。舉例言之，有一學者，其辛苦翻閱所有大英博物館書架上之藏書，最後皇天不負苦心人，終於找到莎士比亞哈姆雷特劇本之手抄本。該學者運用了許多技術、訓練、知識、判斷，但其有無該哈姆雷特手抄本之著作權？答案當然否定，蓋其並未有作品之原創行為。同理，一個畫家複製林布蘭（Rembrandt，荷蘭畫家）的精密複製品，任何畫家均無法辨別其與真品相異之處。無疑地，該畫家顯示其極大的技術、訓練及判斷，但並未有「可區別之變化」（distinguishable variation），即未有作品之原創行為，故無著作權。蓋具備原創性，至少應有本質上之變化（substantial variation），不應僅有不重要之變化（trivial variation），一如不同媒體上之翻譯[10]。

三、原創性之程度如何始受保護？

有人謂，任何法律問題，其最後均為程度（degree）之分析問題，有待司法判決之界定。此語在解釋著作物之原創性之程度（Quantum of Originality），頗為恰當。如前所述，著作物並未有作品之原創行為且未與被抄襲著作物有可區別之變化，該著作物抄襲本身所付之心血，不得享有著作權之保護。相反地，如著作物與在先之著作物，有可區別之變化，且該變化非不重要（more than mere trivial）並為著作人獨立努力之產物，即有充分之原創性。Holmes法官在Bleisten v. Donaldson Lithographing Co.一案中謂[11]：

「個性（personality）總是包含若干獨特性，任何人在筆跡上總表現特別及屬於他個人不可缺少的若干程度之藝術，除非在該行為之字體上

10　Durham Indus., Inc. v. Tomy Corp., 630 F. 2d 905 (2d Cir. 1980).

11　188 U.S. 239, 250 (1903). 另見Benjamin Kaplan, Case on Copyright, Unfair Competition, and Other Topics Bearing on the Protection of Literary, Musical, and Artistic Work, Part One, pp. 167-172 (1974).

（the words of the acts）有若干之限制，否則他有著作權。」

　　在該案中，Holmes法官撇開廣告目的之廣告傳單有無著作權可能性不談，並拒絕權衡著作物之藝術價值，而提供決定原創性必要之流行原則（prevailing rules）。彼認為：人們在法律上判斷圖案之價值，僅從最狹窄、最明顯限制之外表觀察，是十分危險的。最極端的例子是，一些天才之著作物，並不受重視，蓋在人們瞭解著作人所表達新的語言之前，新奇性之物往往受到排斥。舉例言之，Goya之雕刻術，Manet之繪畫，第一次欣賞之時，是否即確定受法律保護，頗有疑問。因此，著作物具有公眾之趣味，具有商業之價值，得在公眾取得利益，在法律上即不應被蔑視。至其著作物之價值及成功與否，應與著作人之權利無關。

　　在Bleistein一案中，法院並未斟酌著作物之藝術價值，使後來之案例，著作人創造之貢獻較Bleistein廣告傳單更粗糙、簡陋者，亦賦予著作權。在著名的Alfred Bell & Co. v. Cataldafine Arts. Inc.一案，著作權目的原創性之程度僅「得禁止一點點抄襲行為」（little more than a production of actual copying）即可。易言之，不問著作人增加如何，只要為著作人所擁有即可[12]。由是而知，原創性之程度如何始受法律之保護，似可下一結論：如著作人獨立努力之成果，包含足夠之技術，以誘導他人加以抄襲，即認為有足夠之原創性程度，以享有著作權[13]。

　　惟上述原則，在若干特殊之領域，仍不適用。易言之，若干情形公認具有獨立之努力而因太通俗或不重要（trivial of insignificant），不得享有著作權。此範圍內之情形，在獨立努力之成果要件上，應具備些微之創造力要件（a minimal reguirement of creativity）方可。此範圍例如：片斷用字（fragmentary words）、成語（phrases）、無創造性變化之音樂曲子（non-creative variations of musical compositions）等，因其不具備些微創造力之要件，而不受著作權法之保護（是否原創性之定義得具體化為創造力，或此創造力得為原創性附屬之要件，均為語意學上之問題。然而將原

12　191 F. 2d 99 (2d Cir. 1951).

13　Melville B. Nimmer: Nimmer on Copyright, § 2.01 (B) at a-12 (1981).

創性與創造力視爲分離之因素，似較容易理解上述問題）。此種情形，在
1909年著作權法中著作權局依該法頒布之施行細則，亦有明定下列情形無
著作權：單字（words）及簡短成語（short phrases）。例如姓名、標題、
口號、通俗符號或設計、成分或內容之表列目錄等14。

參、日本著作權法原創性之解釋

一、學說

　　日本著作權法第2條第1項第1款規定，所謂著作物，即表現創作的思
想或感情，而屬於文藝、學術、美術或音樂之範圍之物。此著作物之定
義，依學者通說，必須具有原創性方可15，已如前述。此原創性爲相對
的、比較的概念16，蓋人類之思想感情，往往受先人之影響，以過去的文
化爲基礎，加以創造，而產生新的思想。例如西方柏拉圖哲學乃將蘇格拉
底思想加以發展的；康德的哲學爲英國的經驗派與大陸的純理論派調和的
結果；貝多芬的交響曲初期受海頓的影響；中國莊子的思想受老子的影
響，孟子的思想受孔子的影響；馬琴的八犬傳模仿施耐庵的水滸傳17。因
此，原創性不必達於前無古人之地步，僅依社會之通念，作成新的獨立
的著作物即可18。易言之，著作權之原創性不必要求眞（wahrheit）、善
（sittlichkeit）、美（schönheit）、聖（heiligkeit）、義（gerechtigkeit）
等最高理想之發前人之所未發，僅在消極上，不爲著作物之改竄、剽竊與

14　Nimmer, op, cit, at 2-14 et seq. 另見楊崇森，前揭書，頁29以下。

15　日本學者將美國著作權法上之originality翻譯爲「獨創性」，見中川善之助、阿部
　　浩二合著，著作權，頁38，第一法規出版社，昭和48年；米川猛郎，著作權への
　　しるべ，頁22-23，日本圖書館協會，昭和51年。茲爲用語一致起見，仍用「原創
　　性」一語。

16　城戸芳彥，著作權法研究，頁30，新興音樂出版社，昭和18年。

17　山本桂一，前揭書，頁63。

18　勝本正晃，日本著作權法，頁111，嚴松堂，昭和15年。

模仿爲已足[19]。

二、判例

（一）一般著作物

　　依日本判例，所謂著作權，即著作人對於屬於文藝、學術或美術之範圍的精神創作物，享有獨占的利用與處分之類似物權之特殊權利[20]。易言之，著作權爲對文書、圖畫及其他精神勞作物所認定之一種權利，故應將著作權之本體解釋爲某種新的思索之結晶[21]。因此，著作權之基礎爲著作人勞力之報答，使著作人得專有該著作物所產生之利益[22]。而此勞力，係指精神之勞力而言。蓋爲著作權標的之著作物者，乃有客觀存在，爲精神勞作所產生之思想感情的獨創表白，且屬於文藝、學術或美術範圍之物[23]。由上述判例，可見著作權係保護著作人之著作物，且此著作物必須具有精神之創作性，亦即著作物必須具有原創性。

（二）特定標的物

1. 訟廷日誌或法曹日誌

　　有關訟廷日誌或法曹日誌，是否具有原創性，實務判決，不盡一致。下列判決可供參考：

　　(1)昭和6年7月24日東地民4判決：「律師及其他訴訟關係人爲方便起見，將訴訟事件日期、當事人姓名及其他重要事項記載於特設欄，使其一目瞭然之訟廷日誌，任何訴訟關係人經由一般通用之律師事件簿及法院之

19　城戶芳彥，前揭書，頁31；尾中普子、久及湊伸一、千野直邦、清水幸雄合著，著作權法，頁34，學陽書房，昭和53年。

20　昭和32年11月29日礼幌地判，昭和32年（ク）104號，下級民集八卷11號，頁2253。

21　大正8年6月22日東地民3判，大正6年（ク）796號，評論八卷諸法，頁237。

22　大正3年2月13日名古屋區判，大正2年（通）2031號，新聞931號，頁23。

23　大阪控訴院昭和11年5月19日判決，新聞4006號，頁12。

訴訟紀錄，或一般事務處理方法均易於推知、製作，故不得認定其有創造性思想之表現[24]。」

(2)昭和6年12月12日大阪地民8判決：「具特定形式與填寫欄之訟廷日誌，就訴訟關係人而言，係任何人均得由以往之審判紀錄或法規易於推知、製作的普遍性思想產物，故不得視為一種依特定個人之知識經驗的思想表現[25]。」

(3)昭和11年5月19日大阪控民2判決：「為實務界之便利為目的所製作之訟廷日誌，難以視為具獨創性之思想表現，故不得認定其具有著作權[26]。」

(4)昭和11年11月10日大阪地民8判決：「為著作權標的之著作物，係一種具有客觀性存在之思想感情獨創表現的精神勞作產物。但與訴訟有關具特殊形式之訟廷日誌，任何人均得由以往之一般日誌與審判書類，以及法院之一般處理方法易於推知、製作，故不得認定其具有獨創性思想之表現，而無著作權[27]。」

(5)大審昭和12年11月20日民3判決：「為本法保護對象之著作物，必須具著作人精神產物之獨創性思想表現，但未必涉及著作物之全部。如於材料之選擇、排列或分類等具著作人本身之精神勞作，並擁有獨創性思想者，即得認定其著作權之成立。故有關訟廷日誌之著作物，亦得認定其著作權之成立[28]。」

(6)昭和14年4月13日大阪控民1判決：「訟廷日誌於其記載部分之選擇、編輯與排列方法上具有獨創性之設計，故對其編輯物之全部，得承認其有著作權。對於僅提供律師方便，同時司法官亦得利用之改編訟廷日誌編輯體系而成之法曹日誌，得視為異於前者之精神勞作物，而成立個別著

---

24 昭和4年（ク）4602號、新聞3303號，頁5；評論二十卷諸法，頁644。
25 昭和5年（ク）2801號、新聞3363號，頁11；評論二十一卷諸法，頁148。
26 昭和6年（ネ）1371號、新聞4006號，頁12。
27 昭和6年（ク）2483號、新聞4078號，頁15。
28 昭和11年（オ）1234號、新聞4204號，頁3。

作權[29]。」

(7)大審昭和15年5月18日民4判決：「某一著作物係依屬於他人著作權之著作物，而加以改編、設計者，其改編結果如非具獨創性之構想，且被一般社會認定係較既存著作物別具風格之創造物，則應認定其爲僞作。故本件法曹日誌因其無法超越模仿剽竊既存訟廷日誌之範圍，應視爲僞作而允其損害賠償之請求[30]。」

2. 地圖

實務上承認地圖之編製者，如具有獨創性表現，享有著作權。下列判決可供參考：

(1)昭和26年10月18日大阪地判決：「地圖之被視爲著作人之創作物者，必須具有科學上之精確性、獨特之內容及實用之價值方可。故印刷業者印製地圖時，所用之原圖如未具上述要件，則不認爲其爲新的著作。惟地圖之表面要素雖與既存地圖之表面形式類似，但如其圖面內容與綜合意義具有獨創性時，則不得否認該地圖著作權之存在[31]。」

(2)昭和44年5月31日東地刑25判決：「除依據既存地圖爲資料，並作任何人皆易思及之普遍性修正、增減所編製之地圖者外，縱同爲利用既存地圖爲資料，但顯而易見其具有編製者精神勞作、思想感情之獨創表現，而被認定爲學術上、美術上之著作物者，則得爲著作權之標的物[32]。」

(3)昭和46年2月2日東高刑8判決：「重新編製之地圖，經由總合性觀察，發現與其他類似作品有所不同，而爲一具有獨特創造性之學術作品，且能表現出編者思想、感情之獨創性成果時，則得認其爲著作權標的物之著作物[33]。」

(4)昭和39年12月26日東地民29判決：「出版社委託畫家製作地圖

29　昭和12年（ネ）985號、新聞4412號，頁6。

30　昭和14年（オ）648號、民集十九卷，頁849；新聞4585號，頁10。

31　昭和24年（ク）909號、下級民集二卷10號，頁1208。

32　昭和41年（特わ）142號、時報580號，頁92。

33　昭和44年（ら）1883號、時報643號，頁93。

時，縱有該出版社之編輯人員努力蒐集資料，並指定須畫入地圖中之主要
道路，並帶領畫家勘察現場之事實存在，但若畫家依據該資料及實地勘察
結果，而按照出版社之指示，儘量將所需資料畫入圖中，以符合出版社之
要求，且於具體表現圖形時，發揮其意識、感覺及技術，依照自己之創意
與手法以完成該地圖，則應認定該地圖屬於畫家所創之精神作品[34]。」

3. 奧運會五輪標幟

以奧運會五輪標幟與標語相結合，實務上認為不得享有著作權。昭和
39年9月25日東地民9決定：「五輪標幟如與『更快、更高、更強』之標語
互相組合，則得成為著作物。但因其被評估為國際奧林匹克委員會之團體
著作物，故至目前為止，應視為已逾越依著作權法享有之保護期限[35]。」

4. 電話號碼簿

電話號碼簿實務上認為有著作權。大正8年6月22日東地民3判決：
「將電話號碼依職業別編排作成容易索引的分類電話簿，得為著作權之標
的物[36]。」

5. 標會利息計算表

標會利息計算表實務上認為不得享有著作權。橫濱地民2判（裁判年
月日不明）：「雙方各自參酌既有之各種標會利息計算法，並應用日常進
行之計算法，以設計一種得簡單明白計算收支關係之標會利息計算表，難
以認定該計算表為其獨創性思想表現之著作物。故縱其中一方出售該表而
獲利，亦不得認為侵害另一方之著作權[37]。」

6. 編輯物之目錄

編輯物之目錄實務上認為無著作權。昭和33年8月16日東地民5判
決：「將編輯物之目數與尺寸之間關係，以圖表顯示之一覽表，不得認為

34　昭和39年（ク）1089號、下級民集十五卷12號，頁3114。
35　昭和39年（ヨ）5594號、下級民集十五卷9號，頁2293。
36　大正6年（ク）796號、評論八卷諸法，頁23。
37　昭和12年（ク）420號、新報591號，頁16。

屬於本法之著作物[38]。」

7. 簿記分類盤

簿記分類盤有無著作權，實務上先採肯定說後採否定說。昭和35年2月29日神戶地姬路支判決：「使用複式簿記記帳所設計之以機械性方法，將日常商業來往頻繁之三十六項目予以分類之簿記分類盤，得視爲一種學術上之產物[39]。」昭和38年3月29日大阪高判決：「簿記分類盤如無特別學術上之獨創性，則不得爲獨立之著作物[40]。」

8. 住宅指南圖說

住宅指南圖說實務上認爲有著作權。昭和35年8月17日名古屋高5判決：「住宅指南圖說係依據著作人之獨創與努力所產生之新著作物。其既經精確地調查該住宅居民，並作合理的分類、統計而編輯成書，則該指南圖說得視爲地圖著作權之對象[41]。」

9. 載貨證券用紙

載貨證券用紙實務上認爲無著作權。昭和40年8月31日東地民29判決：「載貨證券之用紙不得爲著作權之保護對象[42]。」

10. 原著作物之改編

依實務見解，將原著作物加以修改、增減，如其修改、增減具有獨創之性質，致修改之結果，達到得認定與原著作物完全相異之精神勞作程度，得成立新著作物而有新著作權[43]。惟此種修改、增減而具獨創性質之條件，頗爲嚴格。下列情形均不得享有著作權：

(1)昭和12年7月5日東民地9判決：「如變更、翻譯劇本僅限於刪除部分排演時間，或變更其他不具獨創性之內容者，難以認定該翻譯劇本爲經

38　昭和30年（ク）3016號、新聞11號，頁15。

39　昭和33年（ク）258號、下級民集十一卷2號，頁447。

40　昭和35年（ネ）451號、下級民集十四卷3號，頁509。

41　昭和35年（ら）306號、307號、高裁刑集十三卷6號，頁507。

42　昭和39年（ワ）2686號、下級民集十六卷8號，頁1377。

43　昭和14年6月17日東控民二判，昭和12年（ネ）604號、新聞4466號，頁5。

由獨創性之改造、創作，而具有獨立性的精神勞作產物，因此不得視為一種新著作物[44]。」

(2)昭和15年6月14日東民地13判決：「如僅將原著作人之歌劇部分稍加修正，且將戲劇之第二幕或第五幕予以適當縮小，尚難以認其具有新著作物應備之原創性[45]。」

(3)昭和19年3月9日東民地8判決：「將他人著作物之內容加以縮短及用語平易化，而改編為兒童讀物，如僅略加修正或增減變更，其他則完全相同，尚不得認為該兒童讀物為一種新著作物[46]。」

(4)昭和42年11月13日大阪高刑2判決：「使用於商店或商店街之宣傳廣告之錄音帶，將其宣傳文句前後或與此重複之部分，利用唱片適當加減其音質、音量予以錄音，而經由一番技術上之處理所產生之商品，僅為將唱片之音樂予以某種修正而已，顯而易見係一種原唱片之複製品，彼此為同一性質之物，故難以認為係具獨創性之著作物[47]。」

11. 音樂著作物

實務上認為，所謂音樂著作物，係一種關於音樂的意思表達，亦即由音階的旋律，音節以及音調所構成之一種獨創性、美感性的產物[48]。此音樂著作物須以某種音樂的思想為內容，並得以音表現其內容。易言之，其內容與型態須自成一體，致能與其他同類之著作物加以區別，且具有個性，方得為著作權之標的[49]。有關音樂著作物原創性，下列實例可參考：

(1)大審大正3年11月12日刑2判決：「未使用樂譜從事新曲創作時，如未能完成一定之定型或具有反覆之可能性，作曲者即無法取得著作

---

44 昭和9年（ク）140號、新聞4167號，頁3。

45 昭和12年（ク）626號、新聞4590號，頁6。

46 昭和17年（ク）1229號、新聞4914號，頁7。

47 昭和42年（ら）369號、下級刑集九卷11號，頁1329。

48 大正元年11月11日東地刑2判、事件828號，頁26、評論一卷諸法，頁77。

49 大正3年7月23日東地民2判、大正3年（らユ）自523號至526號、新聞979號，頁19。

權50。」

(2)大審大正5年1月19日民3判決：「利用他人之創作樂曲，設計一種能表示其音階曲節之記號，加以作譜；或僅依他人之創作，從事樂譜之編纂，皆不得享有該樂曲之著作權51。」

(3)大正10年5月7日大阪地民2判決：「音樂著作權之發生，須包含過去未見之獨特的新旋律，而屬於一種音樂上的創作，如該著作物不以樂譜表示時，須有一種可以反覆的無形的樂譜52。」

(4)昭和8年11月6日福岡地民1判決：「屬於音樂範圍內之著作物，乃指將音樂的思想感情之結晶表現於外之物，故僅以演奏及歌唱的技藝為主，而將他人創作的新曲作譜，不得視為著作物，並無著作權，故確認其著作權不存在之請求，非無理由53。」

(5)昭和9年4月14日東地民8判決：「曲子之內容與樂譜『酒是眼淚與嘆息』之曲調大部分雷同，僅將其中少部分加以變更刪改，全曲的旋律改成與原曲似曾相識的程度，即歌詞的語韻亦大致雷同，似此樂譜即不得視為個別獨立的著作物。如依此樂譜灌製唱片販賣圖利，視為侵害前者之著作權54。」

(6)大審昭和11年1月24日民判決：「樂譜為以文字記號記錄一定的歌節樂曲之旋律，作為演奏原歌曲手段方法。但當原著作物歌曲的樂譜不完全時，加以獨創性的改編，並修正增減，使之完全，即應視為一新著作物而加以保護，此方符合法律之精神55。」

(7)昭和43年5月13日東地民29判決：「音樂係由旋律、和聲、節奏、形式等四個要素組成，並由此要素創作成一個樂曲。故比較二個樂曲間之

50　大正3年（れ）2381號、新聞982號，頁24。

51　大正4年（オ）920號、新聞1096號，頁26。

52　大正10年（レ）33號、新聞1874號，頁22。

53　昭和5年（ナ）83號、新聞3632號，頁5。

54　昭和8年（ク）1112號、新聞3686號，頁5。

55　昭和9年（オ）3021號、新聞3975號，頁5。

同一性時，須一併考慮此四要素，方得加以判斷。惟如『浪花節』般，僅以旋律一項爲具主要要素的樂曲，亦非無有。故在比較A樂曲與B樂曲時，須注意音樂的四要素中，何者較重要，再作判斷。如甲乙兩曲之間，雖在旋律上及節奏形式上均有類似之處。但乙曲中有若干部分的小節間的旋律，係爲甲曲所無的獨特旋律，且該旋律而使整個旋律達到高潮，形成樂曲中最盛壯的部分，表現出甲曲所無的日本歌謠調。基於此點，可以明顯地確認其具有獨創性，而且，此點獨創性亦影響樂曲全體的獨創性，故應判定乙曲與甲曲之間，並無同一性[56]。」

肆、我國著作權法原創性之解釋

爲著作權客體之著作物，依我國學者通說，須具有原創性，已如前述[57]。惟原創性之內涵如何，我國學者解釋不多。宣統2年滿清政府頒布之著作權律第29條規定：「就他人著作闡發新理，足以視爲新著作者，其著作權歸闡發新理者有之。」民國4年北洋政府頒布之著作權法第22條規定：「就他人之著作闡發新理，或以與原著作物不同之技術製成美術品者，均得視爲著作人，享有著作權。」民國17年制定之著作權法第19條規定與北洋政府著作權法第22條規定相同。民國33年著作權法修正，將該條規定刪除。依該條規定，間接承認爲著作權標的之著作物，須有原創性。關於民國17年制定之著作權法第19條，司法院著有下列解釋：

一、20年院字第457號解釋：「古人之著作物久已流傳數世，茲由書館重插彩色圖式，並加說明，製印成帙，究竟是否符合著作權法第19條所規定，就他人之著作物以與原著作物不同之技術製成美術品，純屬事實問題。倘能合於該條規定，自得視爲著作人。」

二、21年院字第775號解釋：「一、甲就他人所著小說編製電影劇本，合

56　昭和40年（ク）5299號5489號、下級民集十九卷5、6號合併號，頁257。

57　同註3。

於著作權法第19條（以與原著作物不同之技術製成美術品）之規定，自得視爲著作人享有著作權，甲享有著作權後，固不能限制乙之亦以不同技術製成美術品，但乙所製成之美術品，其內容及名稱，必須與甲之已註冊者顯有區別，否則即爲著作權之侵害。二、著作權法第19條著作權之享有，在能闡發新理或以不同技術製成美術品，自毋庸得原著作人或著作權所有者之同意。至原著作人如併享有樂譜劇本之著作權，自得專有公開演奏或排演之權，否則應受他人專有權之限制，不得當然兼有。」

三、22年院字第892號解釋：「著作物於發行後，雖就內容加以修改，若並未闡發新理，仍應依其最初發行之第一版爲最初發行之日。」

四、22年院字第894號解釋：「某乙就某甲之著作物撰著續集，核與著作權法第19條所謂就他人之著作物闡發新理者有別。」

　　以上四項解釋，就以他人之著作物內容爲基礎，而加以創作之情形，固顯示若干可遵循之原則。惟對原創性之具體內涵，仍未充分說明。

　　在現行著作權註冊實務上，雖未明文規定著作物之審查，應審查其內容有無原創性[58]，惟實務上有下列三項行政命令與原創性有關：

一、**升學指導類書籍**：升學指導類書籍，被視爲編輯粗率、浮濫不堪[59]，依行政院61年2月臺61內字第1183號令「升學指導類書籍三項審查標準」，違反下列各項之一，在未經修改前，均不予註冊：（一）封面及序文均不得標明「升學指導、投考指南」及類似字樣；（二）凡各學校招生入學試題及各種考試之試題均不得蒐集列入；（三）習題不得作解答[60]。

58　現行著作權法係採註冊審查主義，依內政部著作權審定委員會組織規程第8條規定，著作物之審查，應於審查意見內，詳細列舉下列事實：1.違反著作權法、出版法及其他現行法令者；2.文理不通或錯誤者；3.神奇怪誕涉於迷信者。其中未提及著作物之原創性。

59　施文高，前揭書，頁498；施文高，著作權法概論，頁57。

60　有關行政院61年2月臺61內字第1183號令之評論，見拙著，著作權法之理論與實務，頁129-132，著者發行，民國70年。

二、**資料之編輯**：現行註冊實務上係以製版權註冊，而非著作權註冊。行政院58年10月9日臺58內字第8287號令[61]謂：「查行政院外匯貿易審議委員會編印之『中華民國進口分類表』一書，似可包括著作權法第22條及同法施行細則第2條所定，得申請註冊取得製版權之著作物之內，惟須參照著作權法第12條規定，於每次發行時分別聲請註冊。政府機關以其主管範圍之公文書，申請製版權註冊，事實上亦有此需要，因目前政府機關多有編印單行之法令彙編等書籍，揆諸著作權法第1條第1款，亦相啓合。」依日本實務見解，電話號碼簿得爲著作權之標的，在我國則僅得申請製版權，其原因可能係現行法不承認編輯權之故。

三、**通用字語**：不得爲著作權之標的。內釋24年1月21日令[62]謂：「著作權之註冊，係保障著作物本體，非保障著作者專用其名稱，此點與商標註冊意義不同，且著作物之名稱，多係通用字語，如經濟學原理、財政學、幾何、代數、攝影術等名稱，皆一般所通用，決無因一人之用作著作物名稱，第二者不能再用之理。」

伍、結論

　　著作權之客體，須具有原創性，方始受著作權法之保障。此原創性解釋之寬嚴標準，影響到著作權保護範圍之廣狹，殊不易以概括之原則加以釐定，惟有以豐富之實例（不問判決或行政解釋、司法解釋）歸納出較詳細原則，方能充分把握其正確標準。一般而言，美國實務上對原創性之解釋標準較日本寬鬆。我國可能因著作人權利意識尚不夠發達，有關著作權原創性之實務糾紛，並不多見。現行著作權法正在立法院修正中，依修

61　見行政院文化建設委員會編，文化法規彙編（第一冊），頁396。

62　令文編號不明，見行政院文化建設委員會編，前揭書，頁400；鄭澤光，文化事業關係法令之實用，頁194。

正草案著作權之發生採創作主義，並承認著作物之編輯權，將來著作權法如照草案通過，則有關升學參考書禁止享有著作權之命令，勢因採創作主義，而無適用之餘地。有關法令或資料之編纂，如於選擇及配列具有原創性，亦得享有編輯權，而無須以製版權加以保護。再者，因著作權之發生採創作主義之結果，原創性之解釋機關，將由現在以行政機關爲重心而移向以司法機關爲重心。因此，美、日之判決實務，可供日後我國判決之參考。

後記：本文原載軍法專刊，第31卷第3期，民國74年3月1日出版。

第六章
談違反著作權法之著作物出租的刑事責任

壹、前言

違反著作權法著作物之出租，是否係著作權法第33條第2項「以其他方法侵害他人著作權」？最近實務上頗有爭執。有下列二說：

一、肯定說

認為著作權法第33條第2項前段規定「以其他方法侵害他人之著作權」，係指以翻印、仿製以外之其他方法侵害他人著作權之行為之概括規定。蓋侵害著作權之態樣情形甚多，不及備列，尤其際此科技發達之時代，許多想像不到之事均可能發生，為免掛一漏萬，設此概括規定以補例示事項之不足。故如明知出租物侵害他人業經註冊之著作物，而仍故意將之出租於人，自屬侵害他人著作權，構成著作權法第33條第2項之「以其他方法侵害他人之著作權」之罪責。

二、否定說

認為著作權法第33條第2項前段之「以其他方法侵害他人之著作權」，係指以翻印及仿製以外而與翻印或仿製相類似之方法侵害他人著作權之行為，應不包括知情出租或代為銷售之情形，否則該法第33條第1項後段、第2項後段，則不須另外規定知情代為銷售之處罰，即明示知情代為銷售並不包括於「以其他方法侵害他人著作權」之內，又將翻印、仿製

之著作物出租，係立法當初所未慮及之情形，因此出租翻印、仿製著作物，應不構成著作權法第33條第2項前段「以其他方法侵害他人著作權」罪責[1]。

以上二說，實務上似傾向否定說[2]。由於實務上傾向否定說，對錄影帶業者，有十分深遠的影響。按現行著作權法修正草案已一讀通過，草案第38條規定：「擅自重製他人之著作者，處六月以上三年以下有期徒刑，得併科三萬元以下罰金；其代為重製者，亦同。」「銷售或意圖銷售而陳列、持有前項著作物者，處二年以下有期徒刑，得併科二萬元以下罰金。」草案第39條規定：「仿製或以其他方法侵害他人之著作者，處二年以下有期徒刑，得併科二萬元以下罰金；其代為製作者，亦同。」「銷售或意圖銷售而陳列、持有前項著作物者，處一年以下有期徒刑，得併科一萬元以下罰金。」草案有關條文對出租違反著作權法著作物之問題，並未明確規定。因此實務上對著作權法第33條第2項前段「以其他方法侵害他人著作權」之規定，實宜深入探討。蓋此一問題之解釋，關係極多其他著作權法之刑責問題。

貳、著作權法第33條之立法沿革

著作權法第33條規定：「擅自翻印他人業經註冊之著作物者，處二年以下有期徒刑，得併科二千元以下罰金；其知情代為印刷或銷售者亦同（第1項）。」「仿製或以其他方法侵害他人之著作權者，處一年以下有期徒刑、拘役，得併科一千元以下罰金；其知情代為印刷或銷售者亦同（第2項）。」「以犯前兩項之罪為常業者，處三年以下有期徒刑，得併

---

1 見73年11月司法院司法業務研究會第6期法律問題研究報告。
2 民國73年8名臺北市的錄影帶出租業者，因出租違反著作權法之錄影帶。被警方查獲，一審被判無罪，檢察官上訴，二審仍判無罪，見74年1月19日聯合報5版。本案上訴，檢察官所提法律見解，內容頗為精彩，見73年12月14日中國時報5版。

科三千元以下罰金（第3項）。」著作權法第33條，將「翻印」及「仿製或以其他方法侵害他人著作權」分別處罰，揆諸外國立法，尚乏其例3，故宜從我國著作權法之立法沿革，加以探討。

一、宣統2年著作權律第40條規定：「凡假冒他人之著作，科以四十元以上四百元以下之罰金；知情代爲出售者，罰與假冒同。」本條所謂「假冒」，依當時學者解釋，係指著作權律第33條規定：「凡既經呈報註冊給照之著作，他人不得翻印仿製，及用各種假冒方法以侵損其著作權。」而言4。而著作權律第33條之「翻印」，指書籍、國畫等而言，「仿製」指照片、雕刻等而言，均係重製之義。又翻印、仿製，係指直接侵害著作權，其餘各種假冒方法，乃包括之規定，凡可間接侵害著作權者皆是5。

二、民國4年著作權法第36條規定：「翻印、仿製及以其他方法假冒他人之著作者，處五百圓以下五十圓以上之罰金；其知情代爲出售者，亦同。」

三、民國17年著作權法第33條規定：「翻印、仿製及以其他方法侵害他人之著作權者，處五百元以下五十元以上之罰金；其知情代爲出售者，亦同。」

四、民國33年修正著作權法第30條第1項規定：「翻印、仿製及以其他方法侵害他人之著作權者，處五千元以下罰金；其知情代爲出售者，亦同。」

五、民國38年修正著作權法第30條第1項規定：「翻印、仿製及以其他方法侵害他人之著作權者，處五百元以下罰金；其知情代爲出售者，亦同。」民國38年之著作權法，依當時學者解釋，「翻印係指對於已經

3　詳The United Nations Educational Scientific and Cultural Organization: Copyright Laws and Treaties of the World (1983)，另見拙著，著作權之侵害與救濟，頁127-129，著者發行，民國68年。

4　秦瑞玠，著作權律釋義，頁44，上海商務印書館，民國3年再版。

5　秦瑞玠，前揭書，頁38。

註冊之文學著譯、樂譜劇本、發音片、照片或電影片等著作物翻版複印者而言。仿製係指對於已經註冊之美術製作模仿製作者而言。所謂以其他方法侵害利益者，係指翻印、仿製以外之方法侵害著作權之利益而言。例如節錄引用他人著作，未經註明原著作之出處者；選輯他人著作，未經原著作人之同意者均屬之[6]。」

參、著作權法第33條之解釋

現行著作權法係民國53年修正。第33條第1項規定：「擅自翻印他人業經註冊之著作物，處二年以下有期徒刑，得併科二千元以下罰金；其知情代為印刷或銷售者亦同。」第2項規定：「仿製或以其他方法侵害他人之著作權者，處一年以下有期徒刑、拘役，得併科一千元以下罰金；其知情代為印刷或銷售者亦同。」此將「翻印」、「仿製」分別處罰，與前清著作權律以來之歷次著作權法均有不同。由立法沿革及目的而觀，現行法將「翻印」、「仿製」異其處罰，係在加重翻印之處罰，似無疑義。現行著作權法之「以其他方法侵害他人之著作權」一語，與民國53年著作權法修正以前所規定「以其他方法侵害他人之著作權」，其意義應屬相同，並無應為不同解釋之理由。

有關翻印、仿製之意義，學者解釋各有不同，有以著作物種類之不同為標準，書籍之侵害為翻印，美術著作物之侵害為仿製[7]；有以侵害之程度為標準，完全相同者為翻印，一部相同或相類似則為仿製[8]。筆者以為，現行著作權法第33條既將翻印與仿製異其處罰，因此在解釋上，似

6　鄭澤光，文化事業關係法令之實用，頁217-218，中國內政社，民國49年。

7　此為學者秦瑞玠、鄭澤光所主張，惟對照片著作物之侵害，究係翻印或仿製，又有不同見解，見註5及註6。

8　施文高，著作權法制原論，頁465，商務印書館，民國70年。

以侵害程度之不同為標準，較為妥當[9]。易言之，翻印為著作物之全部翻版，仿製則指著作物之類似[10]。此種解釋，雖較合乎民國53年著作權法第33條修正之立法目的，惟就前清著作權律而言，翻印之概念應不包含錄音帶、錄影帶之全部盜錄，蓋斯時對發音片、電影片等，尚未保護也。因此，民國53年著作權法第33條修正，「翻印」一語，似應改為涵義較廣之用語，否則容易令人解釋為限於書籍圖片之全部翻版而已。現行著作權法修正草案，將「翻印」一語改為「重製」，涵義較廣，重製與仿製之區別，以侵害程度之不同為標準，較之以著作物種類之不同為標準，更能合乎立法之目的。蓋美術著作物之侵害與文字著作物之侵害，如屬侵害程度相同，實無異其處罰之理由。因此，就著作權法修正草案而言，「重製」宜解為著作物之完全相同之侵害，「仿製」宜解為著作物類似之侵害。而現行著作權法之「翻印」，文字圖片完全相同之侵害固屬之，而發音片、電影片完全相同之侵害，則因「翻印」立法用語不脫圖書本位主義，似僅能暫解為以「其他方法侵害著作權」。至於「仿製」，則得解為任何著作物之類似之侵害。

肆、違反著作權法著作物之出租是否為「以其他方法侵害他人之著作權」？

　　將違反著作權法之著作物知情而出租，是否係著作權法第33條第2項規定「以其他方法侵害他人之著作權」？實務上有肯定否定兩說，其理由已略如前述。上開理由對於其所支持之見解是否充分，頗值得討論。

9　拙著，前揭書，頁124。

10　參照刑法第253條「偽造」與「仿造」之區別。見最高法院25年上字第7249號判例、司法院21年院字第679號解釋。另見韓忠謨，刑法各論，頁323，著者發行，民國57年初版；蔡墩銘，刑法各論，頁499，三民書局，民國58年初版。

一、否定說之理由

否定說之理由主要如下：

（一）著作權法第33條第2項前段「以其他方法侵害他人之著作權」，係指以翻印或仿製以外而與翻印或仿製相類似（或甚至僅與仿製相類似）之方法侵害他人著作權而言，應不包含知情出租或代為銷售之情形，否則同條第1項、第2項後段則無須另為規定。

（二）知情出租係立法者當時所未慮及之情形，依罪刑法定主義，應不為罪。

以上二項理由，茲討論如下：

（一）否定說認為著作權法第33條第1項後段及第2項後段固規定「其知情代為印刷或銷售者亦同」，因此第33條第2項前段規定「以其他方法侵害他人之著作權」，應不包含「知情代為印刷或銷售」之意義在內。惟此一理由卻不足以說明「以其他方法侵害他人之著作權」，縱不包含知情印刷或銷售，仍可包含將他人樂譜加以演奏、將他人小說加以改編等侵害。故否定說謂「以其他方法侵害他人之著作權」，係指類似翻印或仿製之方法侵害著作權，實非正確。又此一結論係以著作權法第33條第1項、第2項後段之規定來加以推論，在推論過程上，亦有瑕疵。故著作權法第33條第2項「以其他方法侵害他人之著作權」，似宜解釋為侵害他人著作權之概括規定較為妥當（當然第34條以後之情形，應分別適用狹義的規定）。此觀前清著作權律，學者將「以其他方法侵害他人著作權」一語，解釋為包括的規定[11]，且歷年來我國學者並無相異之解釋，即足為佐證。再者，著作權法第33條第1項後段、第2項後段，似屬「強調之規定」，此觀著作權法第19條第1項並未規定「知情代為印刷或銷售」，但解釋上應包括知情印刷銷售在內[12]，益能證明第33條第2

11　同註5。

12　詳大理院4年上字第5號判例。

項「以其他方法侵害他人之著作權」，解釋為侵害著作權之概括規定，較能符合立法原意。

（二）對違反著作權法之著作物知情出租，雖係立法當時所未慮及之情形，惟對於立法當時未慮及之情形，加以處罰，實務上不乏其例。例如刑法第235條第1項規定：「散布或販賣猥褻之文字、圖畫或其他物品，或公然陳列，或以他法供人觀覽者，處一年以下有期徒刑、拘役或科或併科三千元以下罰金。」此「其他物品」，在解釋上並非「類似文字、圖畫之其他物品」，與著作權法第33條第2項否定說者之解釋不同。學者與實務認為猥褻錄音帶、錄影帶亦包括在內[13]，而錄音帶、錄影帶在刑法制定當初，並不發達。故立法當時未慮及之情形，如立法已有概括之規定，亦不足為不得處罰之理由。況著作權法為科技之產物，著作物之新的利用方法被發現，著作權之內容亦隨之擴大充實。日本昭和32年4月19日札幌地方裁判所判決謂：「如重新發現著作物之利用方法時，相對地，著作權之內容亦隨之擴大充實，而著作權人亦得享有關於新方法之複製、利用的許諾權利。故如第三人未經許諾，而擅自複製、利用該著作物者，即視為著作權之侵害[14]。」此判決之精神，在我國司法院22年院字第891號解釋，亦充分表現出來。該解釋謂：「電影原係照片之美術著作物，而因其攝製成劇，又應認為劇本，實含有著作權法第1條第1項第2、4兩款之性質，其呈請註冊時，應參酌該兩款及同法施行細則第2條之規定，分別辦理。」按民國17年著作權法制定當時，電影尚未普遍，故立法上未將電影片納入，惟依司法院解釋，電影為劇本與照片之結合，故電影仍應受保護，如有侵害，仍可加以處罰。由此可見，立法當時未慮及之情形，並非不得處罰。

13　林山田，刑法特論，下冊，頁703，三民書局，民國68年初版；蔡墩銘，前揭書，頁377；前司法行政部刑事司編，刑事法律問題彙編（第二冊），頁856以下，民國66年。

14　昭和31年（ヨ）308號、下級民集八卷4號，頁795。

二、肯定說之理由

　　肯定說之理由，主要如下：

（一）在罪刑法定主義下，解釋法條固不可類推解釋，但擴張解釋則無不可。出租盜版著作物對著作權人而言，構成著作權之侵害，與完全相同之翻印、盜印與部分相同之仿製、抄襲、剽竊等情況構成著作權之侵害，係屬相同。著作權之侵害態樣，千差萬別，不及備列，在此科技發展迅速之時代，許多想像未及之事，均可能發生，為免掛一漏萬，法條方設此概括規定，以補例示事項之不足。故「其他方法者」，係指其他一切侵害方法，而非與仿製類似之方法始屬之。

（二）依民國17年著作權法第33條規定「擅自翻印、仿製或以其他方法侵害他人之著作權者，處……」迄民國53年著作權法修正時，為加重擅自翻印之處罰，將擅自翻印分出改列為第1項，仿製或其他方法列為第2項，顯見其他方法絕非僅限於與仿製類似之方法，否則如何解釋民國17年舊法之「其他方法」？

（三）自各國著作權法之演進及立法例觀之，不但出租盜版著作物在刑罰之列，甚至晚近發展，連出租合法著作物如未經著作權人之同意，均構成著作權之侵害，此即著作權人之「出租權」。即使合法著作物之出租在未經著作權人同意下，均構成著作權之侵害，更何況係出租盜版著作物？

（四）著作權法第1條第2項明文規定，就電影片有著作權者，並得有公開上演之權。如出租盜版錄影帶不為罪，本條項之立法即成具文，電影片即無保護可言矣！

（五）著作權法之有關規定，尚有數種「以其他方法侵害他人之著作權」態樣，而此數種態樣，有非類似仿製之方法者，實務上除符合擅自翻印或仿製外，均以著作權法第33條第2項前段之「其他方法」論處。因之，如謂「其他方法」僅係類似仿製之方法，顯未明瞭著作權法全部法條規定之真意。

以上五項埋由，茲討論如下：

（一）以上理由之第（一）、（二）、（五）項，主要在強調著作權法第33條第2項「以其他方法侵害他人之著作權」，並非僅係類似仿製之其他方法，尚包含其他侵害方法在內。此項論點，固屬正確。惟在邏輯上，「其他方法」不僅限於類似仿製之方法，尚包含其他侵害方法，此一前提，並不當然演繹爲「其他方法」包含盜版著作物出租在內之結論。易言之，其他方法不限於類似仿製之方法，此項理由，並不足以說明盜版著作物之出租係屬侵害著作權。欲說明盜版著作物之出租係「以其他方法侵害著作權」，仍須從著作權侵害之理論上觀察。

（二）侵害著作權云者，即侵害著作人（或著作權人）在著作權法上之權利。有關著作權之內容，依著作權法第1條規定，有公開演奏、上演、重製（即複製）等權利。惟廣義的複製權，分成狹義的複製、發行、開演、翻譯、改作、演述等權利[15]。不問著作權之內容爲何，我國著作權法未承認著作人有出租權，學者未有異論。侵害著作權之處罰，須行爲人有侵害著作人著作權內容之行爲[16]。著作物之出租權係別於複製權之獨立權利[17]，我國著作權法既未承認著作人有出租權，則著作物之出租，應不違法，不構成著作權之侵害。又著作權不同於物權（copyright distic from property in object），購買侵害著作權之著作物，並無違法[18]。因此，出租侵害著作權之著作物，亦非違法。

（三）肯定說之第（一）項理由謂「出租盜版著作物對著作權人而言，構成著作權之侵害，與完全相同之翻印、盜印或部分相同的仿製、

15　史尚寬，著作權法論，頁38，中央文物供應社，民國43年。

16　加戶守行，著作權法逐條講義，頁496，日本著作權資料協會，昭和54年3訂版。

17　半田正夫，「貸しレユード規制法」について，ヅユリスト，1984年2月1日（第806號），頁63。

18　詳拙著，著作權法之理論與實務，頁23，著者發行，民國70年。

抄襲、剽竊等情況構成著作權之侵害係屬相同」。此係就著作人利益損害之程度而言，而非就著作人權利侵害之法律效果而言。日本發音片（record）出租店在昭和55年6月於東京都武藏野市首次出現，其後如雨後春筍，急遽成長，迄於昭和58年已經有1,800個出租店，對著作人之權益，有極大之損害，經著作人提出告訴，迄未發生結果，蓋日本昭和45年著作權法原未承認著作人有出粗權[19]。日本自民黨文教部會乃於昭和57年2月5日開始討論發音片貸與之立法問題，作成「商業用發音片向公眾貸與關於著作人等之權利法律案」，於8月13日向國會提出，昭和58年12月2日通過公布「關於商業用發音片向公眾貸與著作人等權利之暫定措置法」，在昭和59年6月2日正式施行[20]。此外，日本在昭和58年1月即開始著作權法修正之審議，昭和59年3月30日向國會提出著作權法修正法案，於同年5月25日以法律第46號正式公布，其主要之修正內容，亦在著作人貸與權之創設[21]。由此可見，著作物之出租，欲成立著作權之侵害，當從立法著手。

（四）肯定說之第（三）項理由，謂外國立法例合法著作物之出租，即構成著作權之侵害，我國盜版著作物之出租，更應認為係著作權之侵害。此理由似不夠充分，蓋如我國著作權法承認著作人有出租權，則不問係合法之著作物，抑係盜版之著作物，凡未經著作人同意而出租著作物，均係侵害著作權。如著作權法本身未承認著作人有出租權，則任何人出租著作物，皆為適法。又購買盜版著作物，並無違法，仍有該著作物之所有權。購買盜版著作物為合法，出租著作物為合法，除非法律另有規定，否則出租盜版著作物實無違法之理由。

詳拙譯，日本著作權法，大學雜誌，第131期及第132期。另可參見聯廣公司譯，日本著作權法，頁6以下，台視文化公司，民國73年。

20 拙著，著作權法之理論與實務，頁60-61。

21 板東久美子，著作權法の一部改正－貸レユトドの規制等，ヅユリスド，1984年9月1日（第820號），頁67-68。

（五）肯定說之第（四）項理由，認為電影片既有公開上演權，即不應放
　　　任盜版著作物任意出租。此項理由支持肯定說亦嫌不足，蓋著作物
　　　之出租，不論其出租標的物係合法著作物，抑係違法著作物，均可
　　　能影響電影片之市場。承租人承租錄影帶，不問錄影帶本身合法與
　　　否，均不得公開上演，僅能私下觀賞。錄影帶之出租，確實影響電
　　　影片之市場，應從出租權之觀點著手，出租標的物是否盜錄，似無
　　　差別。

伍、結論

　　綜上所述，將違反著作權法之著作物加以出租，並未侵害著作權。實
務上傾向否定說，結論固屬正確。惟主張否定說之理由，乃在現行著作權
法並未承認著作人有出租權，而非著作權法第33條第2項前段「以其他方
法侵害他人之著作權」，應解釋為以類似翻印或仿製之方法侵害他人之著
作權。故實務上否定說之結論，雖無違誤，但推論過程卻有瑕疵。又實務
上肯定說認為著作權法第33條第2項前段之「其他方法」，不限於類似翻
印或仿製之方法，亦屬正確，惟此一命題作為支持肯定說之論據，推論過
程亦有瑕疵。違反著作權法之著作物知情而出租，情理上雖應加以處罰，
但就現行著作權法侵害之要件觀察，尚乏依據，宜從立法上著手。

　　就法律之發達史上觀察，物權發達最早，其次是債權，再次是無體財
產權。而著作權內涵之增加，所有權之作用，則相對受限制[22]。著作權係
人類科技之產物，人類越文明，著作權之內涵則越增加。著作人就著作物
有出租權，係晚近著作權立法一致之趨勢[23]。日本1984年5月25日修正公
布著作權法，創設著作人之貸與，已如前述；西德1965年公布之著作權法
於第27條亦明示複製品被出租，出租人應對著作人支付相當之報酬；美國

22　楊崇森，著作權法論叢，頁269-271，華欣文化事業中心，民國72年。
23　楊崇森，前揭書，頁272-273。

1976年著作權法第106條第3款亦有類似之規定；我國著作權法修正草案現已一讀通過，並未承認著作人有出租權。希望二讀時，立法院能就此一問題注意及之。最低限度，草案第四章罰則（第38條以後），亦應增列違反著作權法著作物知情而出租的處罰規定，以杜實務上之困擾。

後記：本文原載司法周刊，第203期至第205期，民國74年3月13日、20日、27日出版。

第七章
著作權法第26條第1項
第3款規定之研究

壹、問題之提出

　　現行著作權法第26條第1項規定：「就已經註冊之著作物，爲左列各款之行爲者，如未得原著作人之同意，以侵害他人著作權論……三、就他人著作之練習問題，發行解答書者。」第2項規定：「前項第三款所稱他人著作，如係教育部審定之教科書，並應得教育部之許可。」依上述條文字面解釋，似可作下列三項推論：

一、著作權法第26條第1項第3款之著作，包含教科書與非教科書在內。

二、著作權法第26條第1項第3款之著作，如係教育部審定之教科書，就該著作之練習問題發行解答書，不僅應得原著作人之同意，並應得教育部之許可，否則侵害著作權。

三、就他人著作之練習問題發行解答書，不僅使用練習問題本身侵害著作權，解答書本身亦侵害著作權。

　　以上三項推論，可能產生下列疑問：

一、著作權法第26條第1項第3款規定，其立法原意是否包含非教科書在內？

二、教育部審定之教科書，教育部不因審定而有著作權，何以就練習問題發行解答書，不僅須得原著作人之同意，並應得教育部之許可？

三、就他人著作之練習問題發行解答書，使用他人練習問題，固侵害他人著作權，解答書如具有原創性，亦係侵害他人著作權乎？

四、著作物上之練習問題，並非皆必爲著作權之客體[1]，如引用他人不能
　　主張著作權之練習問題而獨立作答，是否亦侵害他人之著作權？

　　以上疑問，欲加以解決，似應先就著作權法第26條第1項第3款規定
之立法沿革，加以探討。

貳、我國立法沿革及其解釋

　　觀乎我國著作權法之立法史，著作權法第26條第1項第3款規定，除
前清宣統2年著作權律有類似之規定外，其餘歷次著作權法之制定與修
正，包括民國4年北洋政府之著作權法、民國17年國民政府制定之著作權
法、民國33年、38年著作權法之修正，皆未提及。現行著作權法第26條第
1項第3款之規定，係民國53年著作權法修正新增訂。

　　宣統2年著作權律第37條規定：「不得將教科書中設問之題擅作答詞
發行。」依著作權律草案說明謂：「按教科書中所設問題原係爲學問上之
研究，且必爲學部所審定者，若擅作答詞發行，無論所答是否正確，皆在
禁止之列。」著作權律第30條規定，依當時學者解釋謂：「本條應以作設
問之著者爲主格，而以擬作答詞者爲賓格。禁止他人擅作答詞，正所以保
護設爲問題者之著作權。蓋答詞之發行權，惟設問者有之，否則不特恐有
錯誤，且或妨其宗旨，此雖非翻印假冒，而亦爲侵損著作權者也[2]。」

　　上述草案說明，立法意旨並不十分明確，學者之解釋，似偏向著作人
格權之保護。惟上述立法理由及學者之說明，對於他人之練習問題，何以
不得解答，其理由仍嫌不夠堅強。

1　例如「權利能力」、「死亡宣告」之解釋名詞等作爲練習問題，即因不具備些微
　　的創造力要件（a minimal requirement of creativity），而不得享有著作權。詳拙
　　文，論著作權客體之原創性，軍法專刊，第31卷第3期，頁15。
2　見秦瑞玠，著作權律釋義，頁41-42，上海商務印書館，民國3年再版。

參、日本立法例及其解釋

　　日本明治32年著作權法第32條規定：「將為練習用而著作之問題發行解答書者，視為偽作者。」日本明治32年著作權法係水野練太郎博士起草[3]，其立法用意在學校使用教科書，如有練習用之問題，作成解答書未得著作人同意加以發行，則將有害著作人利益[4]。至其侵害何種利益，有謂將教科書等揭載之練習課題作成解答書而發行，難以直接認為原著作物之複製與頒布，而放任此行為又與著作人或著作權人之真意相悖，有害著作人或著作權人利益之虞，故著作權法將其視為偽作，與不法複製者同一看待[5]。有謂揭載教科書之練習問題作成解答書而加以發行，難以斷定為直接不法複製，此種情形多認為係一種改作，然其有無發生改作著作權又有疑問，此種情形既違反著作人之真意，且又與著作人利益相衝突，故應與不法複製同視[6]。有謂就他人編輯或創作之試驗問題集或例題集等發行解答書，並非就他人著作之問題集加以複製、發行，將其問題發行解答書，僅係一種間接的複製，故在法律上視為偽作[7]。以上學者通說，均認為就他人著作練習問題發行解答書，並非直接之複製與頒布，僅係與作者真意相違反或間接侵害著作人之利益而已，惟學者亦未說明侵害著作人何種利益。至於與著作人真意違反，應屬著作人格權侵害之問題。因此，日本昭和45年著作權法修正，將舊法第32條規定予以刪除。依著作權制度審議會答申說明書謂：禁止僅將問題解答之解答書加以發行，與著作權保護之性質相違；通常解答書包含問題之本身，問題之利用當然須經著作權人之同意，發行問題之解答書，無視為著作權侵害之必要[8]。雖有學者反

3　詳榛村專一，著作權法概論，頁23，嚴松堂，昭和8年。

4　水野練太郎，著作權法要義，頁130，有斐閣，明治32年。

5　榛村專一，前揭書，頁220。

6　山本桂一，著作權法，頁169，有斐閣，昭和48年增補版。

7　城戶芳彥，著作權法研究，新興音樂出版社，昭和18年，頁358。

8　日本文部省，著作權制度審議會答申說明書，昭和41年，頁88。

對刪除，認為目前有許多學習參考書，沿用教科書之編輯體系，未經著作權人同意，將教科書之內容大量納入題解書中，該條加以刪除，有增加著作權侵害之危險[9]。惟將教科書之內容大量納入解答書，此為複製權之侵害，並無疑義，如解答書並未引用教科書之內容，似不得認為著作權之侵害。至於違反原教科書之原意，則應依著作人格權解決，方屬正辦[10]。

肆、問題之討論

一、現行著作權法第26條第1項第3款規定，就他人著作之練習問題，不得發行解答書，此「著作」顯係包含教科書與非教科書在內。依宣統2年著作權律第37條規定，僅指教科書而言。日本舊著作權法第32條雖未明文指係教科書，惟起草者之原意，主要係在保護教科書。本款規定如解釋上不限於教科書，則有無包含益智遊戲（如電視娛樂節目「大家一起來」、「分秒必爭」等之問題）、科學常識、各種參考書之問題及有獎徵答、謎語大全之謎語等在內，頗滋疑問。如在教科書外，限制他人自由解答問題，是否有阻礙知識的自由發展，與著作權法保護及促進知識和文化發展的立法宗旨相違背？

二、依前清宣統2年著作權律及日本舊著作權法，均未規定經教育部審定之教科書，就教科書中練習問題發行解答書，須經教育部許可。如前所述，教育部審定教科書，但不因審定而有著作權，何以就練習問題發行解答書，不僅須得著作人之同意，並應得教育部之許可？如未得教育部之許可，係著作權侵害，而此侵害應負民事、刑事、行政責任

9　伊藤信男，著作權法改正の動向と要點——著作權制度審議會の答申き中心として，日本法學，第32卷第2號，頁79-80。

10　日本昭和45年著作權法第113條第2項規定：「以有害於著作人名譽或聲望之方法而利用其著作物之行為，視為侵害其著作人格權之行為。」本項規定，可資援用。見國立國會圖書館調查立法考查局，著作權法改正の諸問題，頁230，昭和45年。

乎？民事責任教育部無起訴權，刑事責任教育部無告訴權（告訴乃論之罪），行政責任法律又無特別規定，此條文豈非成為具文？

三、就他人著作之練習問題發行解答書，使用他人有著作權之練習問題本身，固係侵害著作權。解答書本身如具有原創性，並非直接侵害原著作之著作權，此為日本學者之通說。而使用他人著作中之練習問題，其侵害他人著作權，與其他未經他人同意盜用他人著作侵害他人著作權之情形無殊，何以必須有著作權法第26條第1項第3款畫蛇添足，且易啓人疑惑之規定？

四、他人著作上之練習問題，如未具有著作物性，並無著作權，第三人如發行獨立創作之解答書，應不構成著作權侵害，反而解答書本身擁有著作權。縱發行解答書違反原著作人眞意，有侵害著作人格權情事，亦應以侵害著作人格權之問題解決，而不應以一般著作權侵害視之，著作權法第26條第1項第3款規定，實無保留之必要，應予刪除。

伍、結論

　　法律之制定，貴在嚴謹、易行、實用。現行著作權法第26條第1項第3款規定，就著作權侵害之基本理論上觀察，實值得商榷。日本昭和45年著作權法（現行著作權法）修正，已將舊法類似規定刪除。我國著作權法於民國53年增訂該款，揆其用意，蓋在防止抄襲教科書之參考書氾濫[11]。惟抄襲教科書之參考書氾濫，增訂該款並無實益，反而在法條之解釋上造成困擾，殊非立法本意。現行著作權法修正草案已在立法院審議，且完成一讀（即草案第28條第1項第3款），但願在二讀時能就此一問題注意及之。

後記：本文原載法務通訊，第1207期，民國74年3月29日。

11　行政院61年2月臺61內字第1183號令，禁止升學指導類參考書註冊。詳拙著，著作權法之理論與實務，頁129-132，著者發行，民國70年。

第八章
論政府機關利用他人著作物與
著作權之侵害

壹、問題之提出

在資訊發達、知識利用迅速普遍之今日，政府機關基於職務目的，而利用他人著作物之情形，已屢見不鮮。茲舉數例可能發生者：

一、某法院認為王澤鑑教授刊載法學叢刊第104期〈出賣他人之物與無權處分〉一文，極有供實務判決參考之價值，遂將該文影印多份，每位推事分發一份，供遇有類似案件時判決之參考。

二、地方法院某刑庭推事於判決一刑事案件，在判決書中，引用一大段陳樸生教授所著《實用刑法》上之文字。

三、財政部為改革稅制，在某次內部稅制改革研究會議上，影印某教授在聯合報發表之稅制改革文章，以供研討時之討論資料。

四、立法院在修改某一部法律時，影印某教授在中國時報發表之評論文章，供每一位出席委員之參考。

以上四例，均係基於公益立場對他人著作物加以利用，且對著作權人之利益，無多大損害。依世界各國立法通例，皆列為著作權限制（limitations on copyright）之範圍，限制著作權人不得主張權利。日本昭和32年4月19日札幌地判謂：「著作權限制之規定，乃係為考慮如過分強調保護著作人之權利，恐會阻礙文化的普及與發展。因此本法規定，在特定之情形下，應將該著作物作一般性的解放，或在一定條件下，認定其可

自由利用，如此互爲調整，以助長文化的普及發展[1]。」即充分表現此一
法理。上述四例，均係政府機關利用他人著作物之情形。此種情形，外國
立法例如何？學說如何？在我國有無構成著作權之侵害？頗值得研究。

貳、外國立法例

一、義大利著作權法（1979年1月8日修正）

（一）著作物或著作物之一部，於司法或行政程序使用之目的，得加以複
　　　製，但應明示其出處或著作人之姓名（第67條）。

（二）屬於著作人之權利，除於其生存期間內發行之著作物者外，得依國
　　　家利益之目的，予以公用徵收（第121條）。

二、澳洲著作權法（1980年9月19日修正）

　　文學、戲劇、音樂或美術著作物之著作權，如爲司法程序或司法程序
之報導目的之任何使用，不構成著作權之侵害（第43條第1項）。

三、土耳其著作權法（1951年12月10日制定）[2]

　　著作人之權利，不得禁止法院或其他政府機關，特別是警察機關，爲
蒐集證據或刑事程序目的之使用著作物。爲公安或法院裁判使用目的，政
府機關或由政府機關命令之第三人，得未經著作人之同意，複製或頒布照
片著作物（第30條第1項）。

1　昭和31年（ヨ）308號、下級民集八卷4號，頁795。
2　以上義大利、澳洲及土耳其著作權法，譯自 The United Nations Educational,
　　Scientific and Cultural Organization: Copyright Laws and Treaties of World (1983).

四、西德著作權法（1965年9月9日制定）[3]

　　為法院、仲裁法院或機關之程序上的使用目的，得製作或使他人製作著作物之個別複製品（第45條第1項）。法院及機關為司法及公安之目的，得複製或使他人複製肖像（同條第2項）。在具備與複製相同之要件時，著作物之頒布、公開展覽及公開再現，亦得為之（同條第3項）。

五、日本著作權法（1984年5月25日修正）[4]

　　著作物於裁判程序目的及立法或行政內部資料認為必要者，其在必要之範圍內，得加以複製。但依該著作物之種類、用途及其複製之部數、態樣上觀察，有害於著作權人之利益者，不在此限。

　　以上立法例，茲以日本著作權法為例，探討其解釋及適用情形。

參、日本立法例解釋及適用

　　日本舊著作權法（明治32年制定）第30條第1項第9款規定，已經發行之著作物，專供官署之用而複製者，不視為偽作。本條所謂「官署」，學者嚴格解釋為關於所管事項，決定國家意思，有行使權限之人的機關，如各部部長是。補助或為國家意思決定，行使準備行為之各部次長、局長或所屬公務員等，非為此之「官署」。又專供官署用，須以官署在其所管事務之遂行上直接必要，且僅供官署使用，方得為之。因此將著作物一般

3　呂基弘，著作人格權之研究，頁100-101，三民書局，民國70年改訂版。

4　拙譯，日本著作權法，大學雜誌，第131期，頁67，本條自昭和45年著作權法制定迄今無修正。見聯廣公司譯，日本勞作權法，頁22-23，台視文化公司，民國73年初版；板東久其子，著作權法の一部改正—貸レコード規制等，ヅユリスト，第820號（1984年9月1日），頁67以下。

的上演、發行，固非此之使用。即或爲所屬公務員參考目的所爲之複製，亦不許之[5]。

日本舊著作權法上開規定，日本民間團體多加以反對，認爲應予刪除[6]。事實上舊法第30條第1項第9款規定，一般解釋爲僅供官署事務用之複製，不包含發行在內，舊著作權法第30條第1項第1款規定「無發行之意思，且不依器械或化學方法複製」，已足以適用，無特別規定之必要。如欲對官署利用著作物之情形，予以著作權之限制，不如對法院或其他有關機關，爲舉證鑑定等公權力行使之目的而爲著作物之利用加以規定，較爲明確實際[7]。因此，昭和45年著作權法大幅度修正，乃將舊法第30條第1項第9款規定刪除，另在新法規定第42條。

依新著作權法第42條規定：「著作物於裁判程序目的及立法或行政內部資料認爲必要者，在其必要之範圍內，得加以複製。但依該著作物之種類、用途及其複製之部數、態樣上觀察，有害於著作權人之利益者，不在此限。」本條之解釋，析述如下：

一、**複製之主體**：本條複製之主體，不限於法院或檢察官，原告、被告、律師、鑑定人等，亦得爲著作物之複製。惟在立法或行政目的之複製，一般私人不得爲之，僅國會、議會、國家或地方公共團體之機關或其構成員，在其職務範圍內得加以複製[8]。

二、**複製之客體**：本條複製之客體，爲一般私人之著作物。此著作物不限於已公表，未公表之著作物亦包括在內。惟此著作權之限制，解釋上不影響及著作人格權（第50條）。因此，依裁判程序目的而複製未公表之著作物，其使用之當事人，應注意著作人之公表權侵害問題。不

5　城戶芳彥，著作權法研究，頁246-247，新興音樂出版社，昭和18年初版。

6　文部省，著作權制度審議會第一小委員會資料集，頁94，昭和40年3月。主張應刪除之團體，主要有日本著作人團體協議會、日本蓄音機レコード協會及日本音樂著作權協會。

7　文部省，著作權制度審議會答申說明書，頁56，昭和41年7月。

8　加戶守行，著作權法逐條講義，頁189，著作權資料協會，昭和54年3訂版。

過訴訟當事人為主張證據而提出未公表著作物之複製物，以供法院採用，法院在判決書中引用，該著作物之內容在一定之限度內，即為公眾周知。此種情形是否構成公表權之侵害？一般認為，如認定此種情形為公表權之侵害，則承認裁判程序目的得為著作物之利用，即失去意義。故在此種情形，解釋上應不生著作人公表權侵害之問題[9]。

三、**裁判程序目的**：本條裁判程序目的，不僅包含民刑事案件的裁判，海難審判、專利審判及其他行政機關所為之準司法程序，亦包含在內，例如證據書類、辯論、準備書狀等之複製他人著作物等是[10]。

四、**立法或行政目的**：本條所謂「立法目的」，不限於法律案之審議，預算案之審議及其他為達成國會或議會功能所必要者，均包含在內。又本條所謂「行政目的」，係指行政機關關於所掌管事務之達成上決定國家意思之行使所必要之情形。行政機關，包含日本國有鐵道、日本專賣公社、日本電信電話公社在內[11]。行政機關內部資料認為必要，得利用他人之著作物，例如大藏省之主稅局檢討國家稅制今後之方向，有參考關係著述及論文之必要，得複製著作物之必要部分，以供關係課內部之利用是。但如將上開著作物作成多數之複製物，以供大藏省全體職員職務上之參考資料，則非本條所謂內部資料之利用。又本條立法或行政目的之複製著作物，不能對外散布，否則構成著作權之侵害[12]。

五、**著作權人利益之限制**：依本條之規定，利用他人之著作物，不得有害著作權人之利益。

9　內田晉，問答式入門著作權法，頁155-256，新日本法規出版社，昭和54年。

10　加戶守行，前揭書，頁188-189。

11　米川猛郎，著作權へのしるべ，頁94，日本圖書館協會，昭和51年。

12　內田晉，前揭書，頁256。

肆、我國著作權適用上之問題及其檢討

　　我國現行著作權法並無有關政府機關利用他人著作物之概括條文，僅第25條第1款規定，節選他人著作，以編輯普通教科書者，經註明原著作之出處者，不以侵害他人著作權論。自宣統2年滿清政府頒布著作權律以來，均係如此。現行著作權法修正草案，有關政府機關利用他人著作物之類似規定較多，例如：

一、草案第29條規定，節選他人著作，以編輯教育部審定之教科書，經註明原著作之出處者，不以侵害他人著作權論。

二、草案第31條規定，政府辦理之各種考試、公立或經立案之私立學校入學考試，得重製或節錄已發行之著作，供為試題之用。

三、草案第32條規定，供公眾使用之圖書館、博物館、歷史館、科學館、藝術館，於若干特定之情形，得就其收藏之著作重製之（第32條）。

　　草案上開規定，就裁判程序目的，或立法、行政目的利用著作物，均未規定。究竟如本文前述所舉四個例子，在現行法上是否構成著作權之侵害？此可從著作權侵害之要件上觀察。

　　所謂著作權之侵害，即無權源而利用他人之著作物之謂。詳言之，即無權源而為著作權之支分權上各種權利內容之行為。其要件有三[13]：一、須有利用著作物之行為；二、須係利用他人之著作物；三、須係無權源而為利用。以上三要件，其中無權源者，即未經著作權人之同意是。但有著作權之限制，強制授權之情形，則無須著作權人之同意，即使利用他人之著作物，亦係有正當權源。由上述著作權侵害之要件上觀之，本文前述所舉上開四例，均係著作權之侵害。即或訴訟當事人為舉證而複製他人書籍、圖片、錄音帶、錄影帶等，均係侵害他人之著作權。蓋我國著作權法未如各國立法通例，將國家為立法、司法、行政目的而利用他人之著作物，認為係著作權之限制也。既未經認為係著作權之限制，未經著作權人之同意而利用該著作物，自係著作權之侵害。此為我國著作權法上立法之

13　中川善之助、阿部浩二，著作權，頁299-301，第一法規出版社，昭和48年。

疏漏，有待著作權法之修正，加以補救。

伍、結論

　　有關政府機關基於其職務目的而利用他人之著作物，雖各國著作權法規定略有不同，但對於因司法目的而利用他人著作物之情形，均認為係屬著作權之限制，而非著作權之侵害，此點甚屬一致。義大利著作權法有所謂「公用徵收」制度，日本著作權法將立法、行政目的而利用著作物，均列為著作權之限制，此均可供我國立法之參考。按著作權之保護，向來有兩種互相對立之基本主張：一為自由主義，一為保護主義。主張自由主義者，認為任何思想之著作，均不得視為真正之創作，均係直接或間接受前人之影響及啟發，因此個人之創作，乃社會之產物，不得獨占，尤其在為公益目的時之利用尤然。主張保護主義者，認為人類思想之表現，應視為人格之一部分而受尊重，人類創作性之著作物，具有財產價值，如加以保護，則可刺激著作人努力創作，進而促進文化發展[14]。世界各國著作權法均兼採上開二主義，即一方面保護著作權，一方面則在某種情形下，對著作權加以限制。我國現行著作權法及著作權法修正草案，似僅重視保護主義，而忽略著作權限制規定之周密完善。在可預見之未來，著作權人之權利意識，將越趨強烈。在現行法律體制下，法院推事判決書利用他人著作物、立法委員為修訂法律複製他人著作物、財政部長為改革稅制影印學者論文，一旦著作權人提出告訴，身為推事、立法委員、部長而為被告，構成著作權侵害，其處境之尷尬，可想而知。目前著作權法修正草案就此一問題並未明文解決，冀於立法院二讀時，此一問題能引起注意，俾著作權法在著作權限制規定方面，更趨周延完善。

後記：本文原載司法周刊，第210期，民國74年5月1日出版。

---

14 拙著，著作權法之理論與實務，頁133以下，著者發行，民國70年；勝本正晃，日本著作權法，頁1-8，嚴松堂，昭和15年。

第九章
著作權與電腦軟體保護之
立法趨勢

壹、前言

電腦係新興科技之產物。雖然自第一部電動計算機於1937年問世迄今尚未超過半世紀，惟電腦之發展與運用，已使人類產業結構，有革命性的影響。更由於微電腦的發明，使電腦深入人類生活的領域，未來人類的生活將與電腦息息相關。1982年美國時代雜誌選出風雲人物為電腦，洵非無見。電腦之重要性，已不言可喻，無待贅敘。

電腦之結構，可分成兩部分：一為硬體（hardware），一為軟體（software）。硬體係指電腦機械設備本身；軟體為指揮或幫助硬體進行工作之技術。電腦軟體之意義，有廣義、狹義及最狹義三種。廣義者，包括硬體之設計、製造、裝置等有關之技術，及俾供電腦進行作業之程式與程式設計之技術；狹義者，指程式及程式設計技術；最狹義者，則指程式而言[1]。一般探討電腦軟體之法律保護，電腦軟體係指電腦程式而言[2]。

電腦軟體，在法律上應受保護，此為世界各國一致承認之趨勢，蓋電腦軟體所投資之時間及金錢花費極鉅。據估計在1970年代，世界各國花費在電腦軟體系統之創造與維持上，每年即有150億美元[3]。為保護先行投資

---

1 陳怡勝，電腦軟體在法律上之保障，國立中興大學法律研究所71年度第二學期碩士論文，頁32。

2 Edward W. Ploman and L. Clark Hamilton, Copyright, p. 167 (1979)；日本著作權資料協會編，著作權事典，頁179，昭和53年。

3 Edward W. Plomand and L. Clark Hamilton, *op. cit.*, p. 168.

者，防止重複投資，並促進電腦軟體之流通，電腦軟體有以法律加以保護之必要[4]。惟其法律保護方法爲何，一般而言，有下列幾種：專利權之保護、著作權之保護、營業秘密侵害及不正競爭法之保護等[5]。以上各種保護方法，目前有側重以著作權法保護之趨勢。茲先就各先進國家之著作權保護概況稍作介紹。

貳、各先進國家保護電腦軟體概況

一、美國[6]

美國1909年舊著作權法制定之時，由於電腦尚未問世，故未有電腦軟體之有關規定。惟在1964年5月19日著作權局宣布在一定條件下接受電腦程式申請註冊，因斯時著作權法對電腦軟體保護程度甚屬有限，註冊者不多[7]。直至1976年著作權法全面修正，新法第102條著作物分類之項目中，雖無「電腦軟體」，惟第101條「文學之著作物」（literary words）定義爲：「非視聽著作物，不問其固定媒體之性質如何，表現文字、數字，或其他言語的或數字的符號或標記（indicia）。」依此定義，電腦

4　見中山信弘，コンピュータ・フロゲテの法的保護，ヅユリスト，第784號（1983年2月15日），頁16。

5　International Bureau of WIPO, Model Provisions on the Protection of Computer Software, 1978, Sec. 9. 並見植松宏嘉、池田映岳共譯，米國におけるコンピュータ・ソフトウエアおよびコンピュータに關する革新技術の法的保護，ヅユリスト，第784號（1983年2月15日），頁38以下。

6　國內有關介紹美國保護電腦軟體之著譯資料，主要有：1. Ming-Jue Chang, American Legal Protection for Computer Program，政大法學評論，第22期，1980年；2.陳怡勝，電腦軟體在法律上之保障，詳註1；3. 0與1科技雜誌，第31期（電腦法律專題），1983年11月；4.鄭中人編譯，電腦法律探討，第三波文化公司，民國72年。

7　植松宏嘉、池田映岳共譯，前揭文，頁40。另見Alan Latman, The Copyright Law, p. 49 (1978).

軟體可視爲文學著作物，應屬無疑[8]。再者，第117條亦提及「儲存、處理、取回或移轉資料之自動系統」（automatic systems capable of storing, processing, retrieving or transfering），更明白承認電腦程式爲新著作權法之著作物[9]。惟1976年著作權法第117條雖間接承認電腦程式爲著作物，卻限制其權利之內容，故電腦程式之保障，仍與舊法相等。1980年，著作權法再度修正，於第101條增列電腦程式之定義：「爲完成一定結果之一組可直接或間接地被用於電腦的敘述或指令。」第117條修正爲：「不管第106條之規定，電腦程式複本所有人製作或授權製作另一複本，或改作該電腦程式，如爲下列情形，不構成著作權侵害之行爲：一、該新複本或改作爲利用該電腦程式與機械結合所必要之步驟，不爲其他方式的使用；二、該新複本或改作只爲保管之目的而製作，且所有保管用之複本在繼續持有該電腦程式不再爲合法時完全加以毀棄。所有依據本條所製作之複本，僅能爲出租、出賣或以其他方法移轉該程式所有權利之一部分，隨同其所從出之原始複本一併出租、出賣或以其他方法移轉。依本法改作之程式，僅得與著作權人之授權一併移轉[10]。」1980年著作權法此二條文之修正，使電腦程式著作權人享有第106條複製、改作、出版、公演、展示等權利。易言之，一般電腦程式以著作權保護，已明確化。惟對於特殊型態之電腦程式，如韌體（firmware）、目的碼（object code）本身之保護，則尚有爭執[11]。

二、日本

　　日本有關電腦軟體之著作保護問題，於昭和47年委由文化廳著作權審議會第二小委員會加以檢討研究，昭和48年該小委員會提出報告書，承

8　Melville B. Nimmer, Nimmer on Copyright, pp. 2-42 (1981).

9　Jerome K. Miller, U. S. Copyright Documents, p. 161 (1981).

10　陳怡勝，前揭文，頁156-157。

11　詳鄭中人，前揭書，第七章、第九章及第十章；植松宏嘉、池田映岳共譯，前揭文，頁44。

認電腦程式具有創作性，係一種著作物，得爲著作權保護之對象。因此，著作權法不承認電腦程式得自由複製。惟電腦程式之實施與頒布非爲著作權保護之範圍，故著作權法保護電腦程式，仍有一定界限存在[12]。

　　昭和57年12月6日東京地方法院裁判所民事29部更以判決承認電腦程式屬於著作物[13]。此判決引起電腦業者及學術界極大的震撼，各界對電腦軟體是否應以著作權保護，有不同意見，俟後詳論。

三、歐洲

　　歐洲各國著作權法，除保加利亞外，尚無類似美國1980年著作權法對電腦軟體明文保護之立法。惟依1973年歐洲專利權公約第52條第2項第(c)款明文規定，電腦程式不予專利保護，故歐洲各國大抵皆以司法判決承認電腦軟體受著作權法之保護。例如法國1983年6月14日巴黎地方法院即判決電腦之作業系統屬於著作權法上之著作物；西德著作權法之專門法院，亦皆以判決認定軟體有著作權；英國著作權及意匠法（The law of Copyright and Designs）修正特別委員會，於1977年向議會提出報告書（The Whitford Report），建議將電腦程式視爲文學之著作物（literary works）；義大利最高法院雖無關於軟體之判決，惟學者通說認爲軟體屬於文學作品[14]。

　　以上各國著作權保護概況，其中美國著作權法因條文本身已明確規定保護電腦軟體，國內介紹有關美國著作權法資料文章，已爲數不少[15]，本文不再深入探討。茲值得吾人注意者，爲1978年世界智慧財產權組織

12　日本文化廳，著作權法ハソドブク，頁126，1980年。

13　詳判例時報第1060號，頁18；紋谷暢男，コンピュータ・ブログテマの著作物性──東京地裁昭和57年12月6日判決をめぐつて，NBL第275號。中文資料可參照聯廣公司譯，日本著作權法，頁74-77，台視文化公司，民國73年。

14　詳高石義一譯，コソビュータ・プログラマの著作權による保護，ヅュリスト，第811號（1984年4月15日），頁73-75。中文資料參閱鄭中人編譯，前揭書，第六章。

15　同註6。

（World Intellectual Property Organization）之國際事務局（International Bureau）發表之「電腦軟體保護之標準規定」（Model Provisions on the Protection of Computer Software），蓋此對國際電腦軟體保護趨勢之瞭解，有所助益。再者，日本在電腦產業上為與美國互相競爭之國，歐洲對電腦重要性之認識，為時不久，日本與我國近鄰，法律、經濟制度與國情，均與我國較為接近，故日本電腦軟體保護之狀況，亦值得吾人注意。

參、WIPO之標準規定與建議案[16]

一、制定之經過及目的

　　1971年聯合國為開發中國家電腦軟體資訊利用方便目的，研討電腦軟體適當法律保護暨國際協定之可能性，乃籌組政府專家顧問團。自1974年至1977年，經顧問團及非政府專家四次年會開會討論，乃作成本標準規定。

　　上開會議討論，政府專家顧問團之報告書，主要討論兩個問題：其一為電腦軟體保護是否有必要？其二為上開保護是否需要登記、存送或其他方式？就第一問題而言，為獎勵電腦軟體之創作、促進投資及交易，增進電腦軟體廣泛之利用，結論係屬肯定；就第二個問題而言，寄存與登記各有優缺點，本標準規定係採用接近著作權法之型態，於作成當時其權利即已存在。

---

16 有關標準規定之制定經過、目的及內容，參閱紋谷暢男，WIPOのコソビユータ・ソフトウエアの保護モデル條項，ヅユリスト，第784號（1983年2月15日），頁27-32。中文資料參閱施文高，著作權法制原論，頁319-329，商務印書館，民國70年。施著就標準規定全文翻譯，並附說明，極可供參考。

二、標準規定之基本原則

　　本標準規定，本質上係採用接近著作權法類型來考慮，另一方面，就超越著作權保護可能之界限加以修正。此觀第4條規定：「本法保障之權利，不及於軟體所依據之概念（concept）[17]。」及第6條第2項規定：「任何人獨立創作與他人相同或主要部分雷同之軟體，並就該軟體為前條第1款至第8款之行為者，不以侵害他人所有軟體之權利論。」即可證明。蓋著作權法不保護概念本身，美國著作權法第102條第(b)項已有明文[18]。又著作權所保護者為著作物之原創性（originality），在先之著作權不得排斥後來獨立創作之著作物[19]，此與專利權保護之對象有所不同。故本標準規定，係以著作權法類型為基礎[20]。

三、標準規定之內容

（一）電腦軟體之概念

　　本標準規定，電腦軟體之概念，係指廣義之意義，包括電腦程式（computer program）、程式描述（program description）及附屬資料（supporting material）之全部或一部在內（第1條第4款），且各範疇異其保護程度（第5條）。茲分別說明如下：

1. 電腦程式：係指「一組命令，當其與機械閱讀媒體合併時，得使機械獲得資訊處理能力，俾其顯示、運作或達成特定功能、工作或結果（第1條第1款）」。此所謂機械，乃指廣義，包含自動電話交換機、有情報交換機能之終端機（intelligent terminal）及其構成部分在內。又資訊處理能力，亦指廣義，包含新聞作成機，例如text自動處理機在內。

17　本文引用標準規定之條文，乃施文高氏之譯文。
18　詳拙著，著作權之侵害與救濟，頁11，著者發行，民國68年。
19　詳拙文，論著作權客體之原創性，軍法專刊，第31卷第3期，頁13以下。
20　紋谷暢男，前揭文，頁28；高石義一，ソフトエア保護の法的課題——中山論文と東京地裁の判決に寄て，ジュリスト，第784號（1983年2月15日），頁19-20。

2. 程式描述：係指「以言詞、圖解或其他方式表示程式之全部過程，以其充分詳細決定一組命令，並構成程式之一部（第1條第2款）」。本款電腦程式之實行所採取之全部階段，皆包括在內。

3. 附屬資料：係指「電腦程式或程式描述以外之其他任何資料，凡為幫助瞭解或應用該電腦程式而創作者均屬之。如問題描述（problem description）使用須知（user instructions）是（第1條第3款）」。本款之保護，極為有限，僅限於營業秘密及著作權之保護（見第5條）。

（二）保護之要件

1. 主觀要件

自然人或有權利能力人之團體或其承繼人為適格之權利人（第1條第5款），適格之權利人原則上為創作電腦軟體之人（第2條第1項本文）。數人共同創作者，除契約另有訂定外，各人就其創作之部分得主張權利。又電腦軟體之從業人基於其職務完成之目的而創作軟體者，除契約別有約定外，以使用者（雇主）為適格之權利人。惟此種情形，國內法律多有明文規定[21]。再者，委託創作電腦軟體者，並無適格之權利人之規定，一般均依委託契約之規定。

2. 客觀要件

電腦軟體係創作者自身智慧努力之成果，必須具有原創性（第3條）。本條規定係採取接近著作權法之類型，蓋世界各國著作權法，均以著作物須有原創性為要件，此與專利法須具有新奇性要件，有所不同[22]。

（三）電腦軟體之保護權

1. 保護之內容

電腦軟體之權利人得阻止任何人為下列之行為（第5條）：

(1)未經權利人同意前，揭露或幫助揭露電腦軟體（第5條第1款）。

21　例如我國專利法第51條至第55條、著作權法第16條。

22　拙文，論著作權客體之原創性，頁13以下。

(2)未經權利人同意前，允許或幫助任何人接觸電腦軟體之任何貯藏或複製物（第5條第2款）。

　　上開兩款係對未公開之電腦軟體之保護。蓋電腦軟體侵害容易，發現被侵害難，故有以上二款之規定。

　　(3)以任何方法或型態複製電腦軟體（第5條第3款）。

　　(4)使用該電腦程式製作相同或實質類似之電腦程式或程式描述（第5條第4款）。

　　(5)使用該程式描述製作相同或實質類似之程式描述，或製作對應之電腦程式（第5條第5款）。

　　(6)使用該電腦程式及其製作之物（本條第3、4、5款所定者）以控制操作具有資訊處理能力之機械，或將其貯入該機械中（第5條第6款）。

　　(7)為銷售、租借或授權等目的而供應或貯存，並從事銷售、租借或授權、輸出或輸入該軟體，或本條第3、5款所列該軟體之製作物（第5條第7款）。

　　(8)為本條第7款所列關於軟體複製或貯存，或第3、4、5款所定軟體複製之任何行為（第5條第8款）。

　　上開保護權得以契約全部或一部轉讓，又權利人死亡，亦得以遺囑或繼承轉讓（第2條第2項）。

2. 保護權之性質

　　本標準規定之保護權，不及於電腦軟體所依據之概念（第4條）。本條顯示標準規定係以著作權法為基礎。本法保護電腦軟體，係保護其創作所用之概念或方法之表現型態，而非概念本身。任何人均可應用他人電腦軟體依據之概念，惟參照他人電腦軟體作成另一軟體，須有不同之表現形式，而此新的表現形式，須非與原來之軟體有實質上類似為必要（第5條第4款參照）。

（四）保護權之限制及存續期間

1. 保護權之限制

　　其限制有二：第一限制為獨立創作與他人電腦軟體相同或實質類似之

電腦軟體，並就該軟體爲第5條第1款至第8款之行爲者，不構成他人保護權之侵害（第6條第2項）；第二限制爲裝置於外國船舶、航空器、太空船或陸地車輛之電腦軟體，暫時或偶然進入領域、領空或領水，而於進入期間內使用該軟體，不以侵害權利論（第6條第3項）。此與工業所有權保護巴黎公約第5條之3規定同一旨趣，惟此僅限於就電腦軟體之裝置及使用加以限制，其他保護權，則不加限制。

2. 保護權之存續期間

本標準規定之保護權，自電腦軟體創作之時生效（第7條第1項）。惟軟體創作之時往往不明確，由第三人證明亦十分困難，故保護權期間，得依下列規定計算，經20年而屆滿：(1)除研究、試驗外，電腦程式之期間，自其第一次經權利人同意使用於任何國家，藉以控制、操作有資訊處理能力之機械之日起算；(2)自軟體第一次在任何國家銷售、租借或授權，或爲上述目的而提供該軟體之日起算（第7條第2項第(a)款）。惟不問任何情形，自創作之日起算，均不得逾25年（第7條第2項第(b)款）。

（五）保護權之侵害及其救濟

1. 保護權之侵害

未經同意而爲保護權內容之行爲，即爲保護權之侵害（第6條第1項）。其同意無明示之必要，例如電腦軟體因試驗目的而爲之秘密，其僱用人之特定從業員，即有公開之權利是。

2. 對侵害之救濟

權利遭受或可能遭受侵害，除爲禁止處分不合理外，得請求爲禁止之處分（第8條第1項）。所謂不合理之情形，例如向表見權利人善意購入電腦軟體是。又侵害軟體之保護權，權利人得請求損害賠償（第8條第2項）。

肆、日本電腦軟體之保護與著作權法

　　由於電腦發達之結果，今日電腦業者對電腦軟體之投資，已遠大於對電腦硬體之投資。再者，電腦軟體已得自硬體分離而獨立為交易之對象，對電腦軟體之開發投下資本容易回收，為促進軟體之流通，並避免重複投資之浪費，電腦軟體須以法律加以保護，此為日本各界一致之看法，並無異論[23]。至於對電腦軟體究以何種保護方法加以保護，日本學說多數認為應適用著作權法[24]。惟仍有若干學者抱持懷疑之態度[25]，並就軟體適用著作權法之若干問題提出質疑，反對以著作權法加以保護。茲就上述肯定否定兩說之理由，申敘如下。

一、否定說之理由

（一）就著作人格權而言

　　著作人格權在伯恩公約加盟國家著作權法中占極重要之地位，軟體基本上係電腦之使用技術，並無個性之成分，製作人之人格權要素稀薄。軟體之開發製作，多數作業過程亦多分離，調查、基本設計、機能設計、構

23　中山信弘，コソビュータ・ソフトウエソと著作權法，ヅユリスト，第778號（1982年11月15日），頁42。

24　例如「著作權審議會第二小委員會（電腦關係）報告書」（文化廳昭和48年6月）、「關於軟體法律保護之調查研究的中間報告書」（軟體產業振興會軟體法律保護調查研究特別委員會昭和53年3月）、「關於軟體法律保護之調查研究報告書」（同上昭和57年），均極力主張以著作權法保護。又ヅユリスト之座談會，ソフトウエアの法的保護（ヅユリスト，第755號，昭和57年12月）亦以著作權法保護為中心加以討論。其他如內田晉，コソピータに關した著作權法上の諸問題，レフヅレソス，第367號（昭和56年8月），頁4、佐佐木正峰，コソピユータと著作權，發明，第71卷第5號，頁55；木村豐，コソピユータと著作權（上）（下），發明，第71卷第10號，頁84；第11號，頁66）；中山忠勇，ソフトウエアと著作權，ヅリスト，第707號，頁163，均當然認為電腦軟體有著作物性。

25　此以東京大學助教授中山信弘為主，見註4及註23著者二文。

成設計、詳細設計等等，由各人分擔一部分專門化之過程，其工點亦多在公司工廠，故人格意識上與作家、藝術家、音樂家等顯有不同。茲就著作權法著作人格權之具體規定而言之，依日本著作權法規定，著作人格權分為公表權（第18條）、姓名表示權（第19條）及同一性保持權（第20條）三種[26]：

1. 就公表權而言：公表權，係著作人對其尚未公表之著作物（包括未得同意公表之著作物），享有在公眾提供及提示之權利[27]。蓋著作物係著作人人格之化體，著作人有決定公表與否及公表之時的權利[28]。惟在電腦軟體之情形有異，電腦軟體之公表，大抵均由僱用人決定，個別之創作人無斟酌之餘地。電腦軟體在適用公表權，實有困難。

2. 就姓名表示權而言：姓名表示權，即著作人享有在其著作物的原作品，或其著作物向公眾提供或提示之際，以眞名或別名爲著作人名稱加以表示，或不表示著作人名稱之權利（第19條第1項）。在一般著作物，著作人有決定表示姓名與否之權利。在電腦軟體，姓名表示權的實現有時會有困難，例如目的碼或唯讀記憶體（ROM）上之程式資訊是。蓋電腦軟體重在應用，任何程式均表示著作人姓名，實無必要。

3. 就同一性保持權而言：電腦軟體之著作人格權最大之問題，厥爲同一性保持權。所謂同一性保持權，即著作人有保持其著作物及其標題之同一性，不受違反其意思之變更、切除或其他改變之權利（第20條第1項）。電腦軟體之利用，往往因各種情況之需要，而有適當之修正，而此修正即違反原著作人之同一性保持權。

　　美國並非伯恩公約之締約國[29]，就伯恩公約第6條之2有關著作人格權之規定，並無遵守之義務。再者，美國著作權法本身並未規定著作人格

26　詳拙譯，日本著作權法，第131期，頁60以下。

27　詳拙著，前揭書，頁44以下。

28　加戶守行，著作權法逐條講義，頁98以下，著作權資料協會，昭和54年。

29　伯恩公約之條文詳拙譯，伯恩公約——關於文學及藝術的著作物保護之公約，大學雜誌，第133期，頁82以下。

權，故其保護電腦軟體，尚無多大困難；日本為伯恩公約之締約國，且有詳密著作人格權之規定，是否貿然跟進，應多加考慮。

（二）就權利之存續期間而言

依日本著作權法規定，著作權之存續期間，原則上自著作人死亡後50年（第51條），無名著作物及團體名義之著作物，自著作物公表後50年（第52、53條）。美術及音樂著作物之著作權，其存續期間總計可能超過100年。在電腦軟體則不然，蓋電腦軟體進步快，保護期間不需要太長，若太長反而阻礙進步。依軟體法律保護調查委員會草案之保護期間為10年[30]，WIPO之草案為20年。一般多為五年至20年，實務界多數主張為10年。依伯恩公約第7條規定，一般著作物之保護期間為著作人生存期間及自死亡後50年，電影、無名及別名著作物、照片及應用美術著作物為例外（第2項至第4項），但至少均25年。吾人如承認電腦軟體有著作物性，則保護期間成為問題。

（三）就改編問題而言

依著作權法第27條規定，著作人專有將其著作物翻譯、編曲、變形、戲劇化、電影化或為其他改編之權利。此改編之範圍極不明確，如電腦軟體適用著作物之結果，原著作人有改編權，無形中會使軟體之受讓人利用軟體之範圍及程度大受限制，違反保護軟體之本意。

（四）就利用關係之處理而言

在著作權法，原則上不許利用他人之著作物，除非有著作權限制之情形，例如試驗問題之使用（著作權法第36條）、教科書之使用（著作權法第33條）等，否則利用他人著作物，應經個別著作權人之許諾。在專利法，雖然專利權人有獨占之專有權，但一般人得依強制許諾制度（專利法

---

30 此為通商產業省重工業局設置之委員會，見該委員會，ソフトウエアの法的保護について——中間報告書，頁28，昭和47年。

第92條）利用發明。電腦軟體如以著作權法來保護，則一般的強制許諾制度是否增訂、增訂後對其他著作物有無影響，有檢討之必要。

（五）就韌體之問題而言

韌體，係硬體形式之軟體，即儲存於媒體如唯讀記憶體上之程式資訊。韌體是否具有著作物性、是否應受著作權法之保護，即在電腦最發達之美國，亦有爭論[31]。故電腦軟體以著作權保護，實宜斟酌。

（六）就市場之競爭而言

由於美國係電腦最早發達之國家，目前世界上使用之電腦軟體，大部分適合美國IBM之電腦，且世界大部分使用電腦軟體，亦為IBM之軟體，從而其他新開發之軟體與IBM所擁有者，有極類似之可能，而如承認軟體得以著作權法保護，則新開發之軟體，侵害IBM著作權之可能性極大，此對國內電腦業之發展，有相當之打擊，此亦為承認電腦軟體以著作權加以保護不能不注意者。

二、肯定說之理由

肯定說主要承認電腦軟體係著作權法第2條第1項第1款之著作物[32]，惟著作權之內容並無實施權，故程式之實施本身，非著作權保護之範圍。又現行著作權法不承認電影著作物以外之頒布權[33]，程式著作權人有無複製物之頒布權，既無規定，應不予承認為妥。惟外國立法例多承認著作物有頒布權，有關頒布權所及之範圍如何，宜再深入討論。因此現行著作權

---

31 詳鄭中人譯，前揭書，頁107以下。

32 日本著作權法第2條第1項第1款，對「著作物」所下之定義為：「表現創作的思想或感情，而屬於文藝、學術、美術或音樂之範圍之物。」

33 日本著作權法第26條規定：「著作人專有公開上映其電影的著作物及其複製物加以頒布之權利。」「著作人專有公開上映其複製的電影的著作物，及將該電影著作物的複製物予以頒布之權利。」

法保護電腦軟體，亦有一定界限存在[34]。肯定說主要之理由有三：

（一）就著作物之性質而言，電腦軟體係著作權法上表現學術思想之言語著作物（著作權法第2條第1項第1款、第10條第1項第1款）。

（二）著作權之取得，無須任何方式，在著作物創作之同時，取得著作權（無方式主義）。易言之，無須申請、登記、公告等手續，權利保護容易、迅速且經濟。

（三）著作權不保護觀念、方法及過程本身，其保護者爲創作之表現方法。因此，即使在後之著作物與在前之著作物具有實質之類似關係，只要在後之著作物係獨立創作者，則非著作權之侵害，與專利權之具有獨占性不同。以著作權法保護電腦軟體較以專利法保護恰當[35]。

至於前述否定說所持之理由，亦可一一說明如下[36]。

（一）就著作人格權而言

否定說認爲軟體無個性之成分，其實不然。構成程式之命令，亦反映極強烈之性格。各命令之表現方法、命令之長短、命令之數量、命令之配列，均有不同。因此，軟體並非無個性。至於電腦軟體之創作性，雖非如文學作品具有高度之感情，惟就著作權要件之原創性而言，電腦軟體並無欠缺，其涵蓋於著作物範圍內，並無不當。至於就著作人格權之具體內容而言，著作人格權有公表權、姓名表示權及同一性保持權，已如前述。就公表權及姓名表示權而言，依著作權法第15條規定，職務上製作之軟體，其著作人既爲法人[37]，則公表與否、何時公表，自由法人決定之，其姓名

34　内田晉，問答式入門著作權法，頁456-461，新日本法規出版社，昭和54年；座談會，最近の著作權問題，ヅュリスト，第692號（1979年6月1日），頁26-31。

35　高石義一，前揭文，頁20-21。

36　高石義一，前揭文，頁21以下。

37　日本著作權法第15條規定：「基於法人或其他僱用人（以下稱法人等）之指示，而由受僱人在職務上作成之著作物，如以法人等之名義公表，除作成時之契約、勤務規則或其他別有規定外，其著作人爲法人等。」

之表示或不表示，亦由法人決定。至於在唯讀記憶體上不方便表示姓名，在唯讀記憶體以外之媒體表現，亦未嘗不可。又否定說認爲電腦軟體之使用，恆須適當加以修正，同一性保持權妨礙其修正。此一問題得以著作權法第20條第2項第3款加以解決，蓋著作權法第20條第2項第3款規定，依著作物之性質，利用之目的及態樣，認爲不可避免之改變，並非侵害同一性保持權。再者，否定說認爲美國著作權法無著作人格權規定，故保護電腦軟體較無困難。就此而言，美國雖非伯恩公約締約國，聯邦著作權法在形式上無著作人格權之規定，惟在實質上，聯邦著作權法、不正競爭法及侵權行爲法，均對著作人之著作人格權作同樣之保護。例如聯邦著作權法第106條賦予著作權人對著作物之排他支配權，此與日本著作權法之公表權及同一性保持權在實質上有相同之保護，即其是例。因此，美國著作權法保護電腦軟體與著作人格權之有無規定無關。

（二）就權利之保護期間而言

否定說認爲電腦軟體之生命較短，故保護期間亦宜較短。此理由似不足以說明電腦軟體不宜以著作權加以保護，蓋電腦軟體之發達期間未久，電腦軟體壽命較短之說，尚言之過早。況著作權法所保護之著作物中，不乏生命短之著作物，例如政治評論或其他時事分析之論文、雜誌類、變動激烈學科之學術書籍等，上開著作物其保護期間，與一般著作物無殊，未曾有任何問題，何以電腦軟體之保護期間獨有問題？

（三）就改編及利用關係之處理而言

改編在現行著作權法對電腦軟體究應如何適用，尚不十分明確，此一問題亦尚言之過早。就利用關係之處理而言，是否任何著作物均應允許強制授權，此爲著作權法之整體問題，況電腦軟體列爲得爲強制授權之範圍，亦未嘗不可。

（四）就韌體之問題而言

韌體是否受著作權法之保護，此固值得研究，惟其應從著作物性之觀

點加以考察。又此一問題似不影響其他電腦軟體之保護，易言之，韌體是否受著作權法保護，此係一特殊之問題，與一般電腦軟體受著作權法之保護，係截然二事，不得以此作為推翻著作權法保護一般電腦軟體之理由。

（五）就市場之競爭而言

否定說認為如承認電腦軟體具有著作物性，則將助長IBM在世界軟體市場的獨占。此亦不足為否認電腦軟體以著作權法加以保護之理由，蓋欲避免侵害IBM之軟體著作權，如經由IBM之授權，即可避免。若不問權利保護客體之性質如何，僅因為使若干特定企業站在有利之地位而全然否定電腦軟體之保護，實係本末倒置。況依著作權之性質而觀，獨立開發在後之電腦軟體，縱其與他人開發在先之電腦軟體相同，亦非著作權之侵害。電腦軟體應加以保護，既屬無疑，以專利權加以保護，豈非更助長IBM之獨占性？

伍、我國電腦軟體保護之若干問題

電腦軟體之法律保護方法，一般言之，有專利權之保護、著作權之保護、營業秘密侵害及不正競爭法之保護等，已如前述。我國尚無不正競爭法，自無法討論不正競爭與電腦軟體保護之關係。至於電腦軟體如有侵害營業秘密之行為，在民事上得依民法第184條請求賠償，在刑法上視其是否構成第317條、第318條之妨害秘密罪及第342條之背信罪，分別加以處罰[38]。至於電腦軟體是否得以專利法加以保護，因實務上乏人申請，未有案例可尋。理論上，電腦軟體在我國專利法上雖有保護之可能性[39]，惟因專利權之對象須具備新奇性之要件，電腦軟體能符合者較顯，且有洩露秘

38　詳蔣次寧，營業秘密之侵害與民事救濟，頁74以下，臺灣商務印書館，民國70年。

39　陳怡勝，前揭文，頁110-114。

密之可能，在費用上亦較昂貴，業者興趣較為有限。其爭執最大者，厥為電腦軟體以著作權法保護之問題。茲分現行著作權法及著作權法修正草案二方面言之。

一、現行著作權法上之問題

　　電腦軟體在現行著作權法有無保護？保護程度如何？前者係電腦軟體之著作物性之問題，後者係著作權法上著作人之權利，有若干得保護電腦軟體之問題。茲分別說明如下。

（一）電腦軟體之著作物性

　　電腦軟體具有著作物性，已為世界各國一致之趨勢，已如前述。我國實務上亦加以承認，似無問題。蓋著作權法係科技之產物，因科技之發展，著作權保護之範圍亦隨之而增加。司法院22年院字第891號解釋謂：「電影原係照片之美術著作物而因其攝製成劇，又應認為劇本，實含有著作權法第1條第1項第2、4兩款之性質，其呈請註冊時，應參酌該兩款及同法施行細則第2條之規定，分別辦理[40]。」即承認此一法理。又世界各國著作權法大抵均承認電腦軟體係「文學之著作物」，我國實務上將電腦軟體視為著作權法第1條第1項第1款「文學之著譯」，亦無可議之處。

（二）軟體權人在著作權法上權利之範圍

　　我國著作權法上著作人之權利，除著作人格權（第20條、第21條），僅重製（第1條第1項）、公開演奏、上演（第1條第2項）、翻譯

40　民國17年著作權法第1條第1項規定：「就左列著作物依本法註冊專有重製之利益者為有著作權：一、書籍論著及說部；二、樂譜劇本；三、圖書字帖；四、照片、雕刻、模型；五、其他關於文藝、學術或美術之著作物。」著作權法施行細則第2條規定：「依本法以著作物呈請註冊者，應備樣本二份，依後列著作物呈請註冊程式具呈送內政部……本法第一條第四款第五款之著作物不能具備樣本者，得以著作物詳細說明書或圖畫代替之。」

（第10條）等權利。惟學者由「重製」之概念廣義解釋包含狹義複製、發行、開演、翻譯、改作、演述等權利[41]。事實上，廣義之複製，尚應包括口述及播送在內[42]。電腦軟體如以不同層次加以複製，例如將程式打在卡片、紙帶上或錄於磁帶，均可解釋爲複製[43]。蓋著作權侵害之標準，非以「外面的形式」爲準，而係以「內面的形式」爲準，只要表現形式基礎之一定次序同一，即不失爲著作權之侵害[44]。又電腦軟體如以聲音形式表現，可能係「口述」或「演奏權」之侵害，如以影像形式表現，可能係「上映權」之侵害[45]。又電腦程式將高階語言譯爲低階語言，是否係「翻譯」，不無問題。由於現行著作權法不承認外國人著作物之翻譯同意權（著作權法施行細則第18條第2項），如解釋爲「翻譯」，將使電腦軟體以著作權保護作用盡失，似解釋爲廣義之複製爲妥。再者，現行著作權法有無承認實施權，頗有問題。又電腦軟體重在應用，因此現行著作權法解釋上雖承認電腦軟體具有著作物性，惟在實際適用上，權利仍受到相當之限制。

二、著作權法修正草案上之問題

（一）著作權法修正草案關於電腦軟體之規定

現行著作權法修正案[46]，已一讀通過，有關電腦軟體之規定，主要有三：

---

41 史尚寬，著作權法論，頁38，中央文物供應社，民國43年。

42 拙著，前揭書，頁69。

43 陳怡勝，前揭文，頁178。

44 楊崇森，著作權之保護，頁23-24，正中書局，民國66年；榛村專一，著作權法概論，頁63-65，嚴松堂，昭和8年；城戶芳彥，著作權法研究，頁53-55，新興音樂出版社，昭和18年。

45 內田晉，前揭書，頁460。

46 見立法院議案關係文書，民國72年10月1日印發，院總第553號，政府提案第2506號。

1. 草案第4條第1項規定：「左列著作，除本法另有規定外，其著作人於著作完成時享有著作權……五、電腦軟體……」此明定電腦軟體為受保護著作物之一。

2. 草案第4條第2項規定：「前項著作之著作權人，依著作之性質，除得專有重製、公開口述、播送、上映、演奏、展示、編輯、翻譯、使用等權利外，並得專有改作之權。」此明定電腦軟體專有「使用」之權。

3. 草案第12條第1項規定：「文字或語言著譯之編輯、電影、錄音、錄影、攝影、電腦軟體著作，其著作權期間為三十年[47]。」此明定電腦軟體之保護期間。

（二）著作權法修正草案規定之若干問題

　　現行著作權法修正草案有關電腦軟體規定，有下列問題：

1. 依世界各國通例，均將電腦軟體視為文學之著作物，美國、日本、歐洲各國，莫不均然。草案卻將電腦軟體視為獨立之著作物，有無必要？

2. 電腦軟體之意義，有廣狹不同，已如前述，故電腦軟體之意義，亟待確定。美國著作權法明文承認電腦軟體有著作權，其對電腦程式有明文定義，但不將其列為著作權保護之獨立項目之一，我國草案則反是。依草案第4條說明七謂：「電腦軟體，指不屬任何文字之其他邏輯符號之組合著作。」此一定義涵義不明，且未列於條文中，將來適用上，頗有困擾。

3. 草案第4條第2項規定，著作權人專有「使用權」。在著作權法上規定著作人專有使用權，此可能產生下列問題：

   (1) 使著作權和專利權性質與功能有混淆重疊之虞。蓋專利法第42條規定專利人專用「使用權」，又專利法第46條尚規定專利權處分契約之限制，著作權法無此規定，在適用上恐發生契約不公平之現象。

   (2) 著作權與一般物權本來權能各別，如今草案增加「使用權」，民

---

47 以上草案「著作」一語，實應為「著作物」。詳拙文，著作權之客體為「著作」抑或「著作物」，司法周刊，第193期（民國73年12月26日），第2版。

法第765條規定所有人亦有使用權之規定。設若甲有電腦程式著作權，則甲對程式專有使用權，乙向甲購買該程式之磁碟，甲有程式著作權，乙有磁碟所有權，乙有無使用該磁碟之權利？如無則乙買該磁碟又有何用？如有，乙之使用權係依民法第765條固有之權利，抑或甲之授權？如甲未明示授權，依草案第7條規定[48]，仍由甲保有，此時乙又如何救濟？如認為乙依民法第765條固有使用權，則甲著作權中專有使用權，豈非落空？

(3) 草案規定著作權中之使用權，並未限制僅在電腦軟體範圍，其他著作物亦包含在內。本來由於科技發達之結果，致使著作權所包含之權能及利用型態大幅增加，相對地對著作物所附著有體物之所有權之權能或作用即受重大限制。所有權作用受著作權之重重限制，而不斷退縮。例如書籍之買受人，雖可燒燬這本書，但不得將該書當眾宣讀，否則侵害著作權中之口述權是[49]，而此不得當眾閱讀即對所有權中之「使用權」加以限制（口述為使用之一種），蓋著作權人專有口述權也，然而此亦僅對「使用權」作部分限制而已。今草案又規定著作權人專有「使用權」，則所有人「使用權」又被剝奪矣，試問書籍之買受人，不能閱讀書籍（使用），購買該書籍又有何用？僅能擺在書架裝飾乎？如謂翻閱書籍並非使用，則書籍之使用，又係為何？世界各國著作權法中規定著作權人專有使用權者，我國草案係屬先例。未來整部著作權法窒礙難行，或因此而生。

4. 草案第12條第1項規定，電腦軟體之著作權期間為30年。此保護期間，是否太長，亦值斟酌。蓋依WIPO之標準草案，原則上為20年，最長不得逾25年；依日本通產省軟體法律保護調查委員會草案之保護期間為10年。

5. 電腦軟體之利用，往往會有適當之修正，此修正有無侵害著作人格權之

48　著作權法修正草案第7條規定：「著作權得全部或部分讓與他人或與他人共有。」「著作權讓與之範圍，依雙方約定；其約定不明者，推定由讓與人享有。」

49　楊崇森，著作權法論叢，頁270-271，華欣文化事業中心，民國72年。

同一性保持權，頗值得注意。依學者通說，同一性保持權，我國著作權法亦加以承認[50]。日本著作權法第20條第2項第3款規定，依著作物之性質、利用之目的及態樣，認為不可避免之改變，此一規定可解決電腦軟體同一性保持權之侵害問題。我國草案欲保護電腦軟體，對著作人格權宜有較周全之規定。

6. 現行草案有關強制授權（compulsory license）規定僅限於音樂著作物（草案第20條）。為避免電腦軟體之保護造成太大之獨占性，是否應擴大強制授權之範圍，此亦立法上值得斟酌之問題。

7. 現行草案未有如美國著作權法第107條合理使用之原則性規定（fair use），亦未有如日本、西德著作權法對著作權限制詳密之規定（日本著作權法第30條至第50條；西德著作權法第45條至第63條），我國著作權法承認電腦軟體加以保護，而著作權限制之規定又有所不足，是否將產生電腦軟體保護過分獨占之情形？此亦應一併考慮。

陸、結論

　　電腦軟體應以法律加以保護，此為不容置疑者，世界各國對此項論點，均無異議。至於其保護之方式如何，可能以專利法、著作權法、不正競爭法及營業秘密之侵害等方式，加以保護。上述保護之方式，應屬不互相排斥，各別保護。惟其中以著作權法保護，此較可能達成最大之保護程度。因此世界各國大都承認電腦軟體為文學之著作物，此在美國、日本及其他歐洲各國均然。惟電腦軟體在立法上明文加以規定者，除美國外，尚不多見。日本雖大部分學者主張以著作權加以保護，惟最近修正之著作權

50　呂基弘，著作人格權之研究，頁44，三民書局，民國70年改訂版；史尚寬，前揭書，頁37；張靜，著作權法評析，頁54，水牛出版公司，民國72年；拙著，前揭書，頁47-49。

法（1984年5月15日法律46號），對電腦軟體仍屬尚未明文規定[51]。我國現行實務上不管行政機關或司法機關，均承認電腦軟體得以著作權法保護，揆諸世界各國著作權理論趨勢，尚無可議之處。惟其保護程度如何，仍須進一步探討，方能加以確定。我國現行著作權法修正草案明文規定電腦軟體之保護，惟其有關規定，頗多可議之處。本文以為，我國目前對電腦軟體保護理論，尚在起步研究之階段，若干問題之解決方案，尚未成熟確定，貿然對電腦軟體加以立法，輕率簡陋，殆可斷言。惟現行著作權法修正草案，又已完成一讀，修正在即，似無須俟電腦軟體保護方案成熟確定，再行通過。蓋如過分延擱，則現行著作權法不敷需要，現階段文化保護將呈半真空狀態。為今之計，似可仿美國1776年著作權法及日本最近著作權法之修正，將電腦軟體保護問題暫予保留，俟歐日各國立法或我國電腦軟體保護理論較為成熟確定時，再行修法，較為妥當。至於現在電腦軟體之保護，仍得以判例為之，歐日各國均以此為計，似可採行也。

後記：本文原載軍法專刊，第31卷第5期、第6期，民國74年5月1日及同年
　　　6月1日出版。

51　見板東久美子，著作權法の一部改正—貸レユードの規制等，ヅユリスト，第820
　　號（1984年9月1日），頁67以下。

第十章
侵害著作權與偽造私文書罪

壹、前言

　　侵害著作權是否同時構成偽造私文書罪？實務上之見解，首見於最高法院49年台非字第24號判例。該判例謂：「翻印他人著作出版之書籍，如係翻印其著作物之內容，固係單純侵害他人著作權，若竟連同著作出版書籍之底頁，依出版法所載著作人、發行人、印刷者等等，一併加以翻印出售圖利者，則除觸犯著作權法第30條第1項侵害他人著作權之罪外，又已構成刑法第216條行使第210條偽造私文書之罪名，應依同法第55條，從一重之行使偽造私文書罪處斷。」該判例出現後，不管學術界或實務界，均受其影響。在實務界之影響，例如：

一、最高法院52年台上字第2454號判決[1]：「同時偽造已註冊之著作內容及其底頁著作人、封面設計人、發行人等姓名文字，係一行為而觸犯著作權法及偽造私文書罪名，復進而先後出售偽書，係基於一個概括之意思，應以連續行使偽造文書一罪論。」

二、最高法院53年台上字第2440號判決[2]：「被告翻印他人依法註冊之著作圖利，自係違反著作權法，雖書籍內容不能為偽造文書之客體，而書籍封面及底頁載明著作人印刷者、題名人，有一定事實之表示，足供證據之用，既與他人權義關係甚大，竟擅自偽造，一併加以翻印出售圖利，除觸犯著作權法外，又構成行使偽造私人文書之罪名，至又

1　見臺大政大判例委員會，中華民國裁判類編，刑事法（第六冊），頁518，正中書局，民國65年。

2　臺大政大判例委員會，前揭書，頁749。

製版偽造題名人印章及印文，為偽造私文書之一部，不另論罪。」

三、臺北地院62年5月份司法座談會[3]：「某甲盜印已註冊之著作物時，連同其底頁之著作人、發行人姓名一併翻印，涉嫌著作權法第33條第1項及刑法第210條之罪。惟盜印後批售其他書店或公然陳列販賣時，是否另成立行使文書罪？甲說：（略）。乙說：另成立行使罪，偽造文書之行使，不限於依文書之內容有所主張為必要，苟將偽造之文書冒為眞正文書，基於某種目的提示於人，以偽作眞，即屬侵害文書之作用，則不能謂非行使。在本問題，將盜印之著作物，冒充眞正著作物販賣以欺騙購讀者，即已侵害眞正著作物之信用而應成立行使罪。結論及研究結果均採乙說。」

以上係實務上較具代表性之見解。最近眾所矚目美商蘋果電腦公司自訴臺北日升電腦公司陳威林等人侵害蘋果二型電腦軟體著作權案，最高法院亦以偽造私文書罪加以判決[4]。另外，在學術界學者亦認為書籍之底頁載有著作人、發行人等之姓名者，具有文書性[5]。翻印書籍之底頁，為偽造私文書罪，如進而出售，係行使偽造私文書罪[6]。由此可見，最高法院49年台非字第24號判例，影響十分深遠。尤其新著作權法違反著作權法之罪，除常業犯外，為刑法第61條之輕微案件，此判例又為有關著作權法刑事責任方面唯一之判例。究竟此判例在理論上是否有當，有無影響著作權

3　前司法行政部刑事司編，刑事法律問題彙編（第四冊），頁2554，司法通訊社，民國66年。

4　見最高法院74年台上字第2963號刑事判決。

5　蔡墩銘，刑法各論，頁472，三民書局，民國58年；陳樸生，實用刑法，頁484，三民書局，民國62年；甘添貴，刑法各論（上），頁327，五南圖書，民國73年。

6　林山田，偽造或變造文書罪之研究，原載軍法專刊，第24卷第12期，輯錄於蔡墩銘主編，刑法分則論文選輯（上），頁237，五南圖書，民國73年。在國內著作權法著作中，多提及此判例，見楊崇森，著作權之保護，頁130-131，正中書局，民國66年；施文高，著作權法制原論，頁466-467，商務印書館，民國70年；張靜，著作權法評析，頁188，水牛出版，民國72年；拙著，著作權之侵害與救濟，頁125，著者發行，民國68年。上述楊崇森、施文高、張靜諸學者，均承認此判例理論頗為牽強，惟未詳述理由。

法之正常運作，頗有研究之必要。

貳、實務上見解之檢討

一、書籍之底頁是否爲文書？

實務上認爲翻印書籍之底頁，係僞造私文書，亦即承認書籍之底頁爲文書。書籍之底頁究竟是否爲文書？頗有檢討之必要。

按刑法上之文書，其涵義有廣狹不同，分別說明如下[7]：

（一）**狹義之文書**：指以文字或發音符號表示一定意思或觀念之有體物，例如刑法第109條至第112條之文書是。

（二）**廣義之文書**：指狹義文書外，並包括以象形符號表示之圖畫在內，例如刑法第352條之文書是。

（三）**最廣義之文書**：指除前二者外，凡在紙上或物品上之文字或符號，依習慣或特約，足以爲表示其用意之證明者，亦屬文書。例如刑法第210條至第216條之文書是。

由此可見，僞造私文書罪之文書，爲最廣義之文書。至於文書之性質，學者通說認爲須具備有體性、文字性、持續性、名義性、意思性[8]。其中「意思性」一項，即文書必須足以證明權利義務或生活事實[9]。例如日本刑法第159條，於1974年改正刑法草案，均謂僞造私文書之僞造客體必須爲「有關權利、義務或事實證明之文書或圖畫」[10]。故書籍之內容所

7　甘添貴，僞造文書罪之本質與文書之概念，原載法律評論，第48卷第2期，輯錄於蔡墩銘主編，前揭書，頁290。

8　甘添貴，前揭文，頁291-294；盧佳香，僞造文書印文罪之比較與檢討，頁6-10，文化大學出版部，民國72年；大塚仁，註解刑法，頁644-653，青林書院新社，昭和52年。

9　韓忠謨，刑法各論，頁232，三民書局，民國59年。

10　前司法行政部刑法修正委員會譯，各國刑法彙編（上冊），頁358-359、451，司

表示者爲抽象之意識，不具有文書之性質。名片、門牌、扁額通說認爲未具有一定之內容，僅表示人或物之同一性，亦不具有文書之性質[11]。

　　翻印書籍之底頁，依實務上之見解，係刑法第210條之僞造私文書罪，其所僞造之文書，非刑法第220條之文書。名片記載姓名、職業、住址、電話號碼，其記載與書籍之底頁相似，名片學者通說認爲非文書，實務上縱有認爲文書者，亦認係刑法第220條之文書，而非第210條之文書。名片既非刑法第210條之文書，何以書籍之底頁爲刑法第210條之文書？另依最高法院53年台上字第2440號判決認爲書籍封面之題名爲文書。扁額依學者通說非屬文書，扁額記載之內容與書籍封面題名類似，扁額既非文書，何以書籍封面之題名爲文書？如封面題名爲文書，則某出版社出版康有爲之《大同書》，封面題名均康有爲所寫，是否僞造私文書？僞造私文書罪爲公訴罪，遇有此情形，檢察官是否主動提起公訴？又如書籍封面及底頁如屬文書，則撕毀他人書籍，豈非爲毀損文書罪及毀損他人之物罪（刑法第352條及第354條）之想像競合犯？

二、翻印書籍之底頁是否「僞造」私文書？

　　僞造文書，其僞造有「有形僞造」與「無形僞造」二種。有形僞造，係指文書之作成人對自己無權製作之文書，竟假借他人名義作成之；無形僞造，係指自己有權製作之文書，爲不實之記載。有形僞造，又有形式主義與實質主義之別。形式主義者，認爲凡無製作權而擅自製作者，均係僞造；實質主義者，認爲僞造是否成立，應以文書內容是否虛僞爲準。我國多數學者，係採實質說。易言之，刑法第210條之僞造私文書罪，必

　　　法通訊社，民國69年。

11　盧佳香，前揭書，頁8；陳樸生，前揭書，頁483；史尚寬，論文書印文之僞造，原載軍法專刊，第4卷第4期，輯錄於蔡墩銘編，前揭書，頁263。有關名片是否爲文書，有認爲係刑法第220條之文書。見司法院第二廳編，刑事法律問題研究，第一輯，頁102，司法周刊雜誌社，民國71年。

須文書之名義人非屬眞正，且其內容亦復欠眞實，始足當之[12]。我國實務上亦採實質說。例如：

（一）最高法院20年上字第1050號判例：「刑法處罰偽造文書罪之主旨，所以保護文書實質的眞正，故不僅作成之名義人，須出於虛偽或假冒，即文書之內容，亦必出於虛構，始負偽造之責任。」

（二）最高法院29年上字第1165號判例：「上訴人即自訴人價賣產業與被告，立有買契屬實，該被告請人另寫一張，持以投稅，此項另寫之契紙，其內容既與原契相同，則對於上訴人及公眾不致發生何種損害，即與偽造私文書罪構成要件不合。」

（三）最高法院30年上字第465號判例：「刑法上之偽造文書罪，須以足生損害於公眾或他人爲成立要件，故行爲人向某甲追索債款，所提出之債券，雖係偽造，但某甲對行爲人確係負有此項債務，即不足生損害於他人，自與上開犯罪之要件不合。」

（四）最高法院69年台上字第3191號判決：「刑法上處罰有形的偽造文書，非只因其虛捏或冒用他人名義，而在於虛偽文書有害於公共信用及社會交往之安全，故必須內容虛偽，方有發生如此妨害之可能，以保護文書實質的眞正。是刑法第210條至第211條之所謂偽造文書，必須文書之名義人非屬眞正，同時其內容亦復有欠眞實，方爲相當，此觀同法第213條、第215條，就自己名義製作之文書而屬於無形之偽造特設處罰之規定，即足反證各該條規定以外之無形偽造，概在不罰之列，要無庸疑[13]。」

依最高法院上開見解，偽造私文書罪必須內容虛偽方可能構成偽造。翻印他人書籍之底頁，將眞正之著作人、發行人一併翻印，事實上內

12　韓忠謨，前揭書，頁234-235；蔡墩銘，前揭書，頁471-472；梁恆昌，刑法各論，頁195，著者發行，民國71年修正8版；俞承修，刑法分則釋義，頁465，三民書局，民國45年臺一版。但有反對說，見林山田，刑法特論（下），頁593，三民書局，民國68年初版；周冶平，刑法各論，頁387，三民書局，民國57年初版。

13　最高法院69年台上字第2241號判決、70年台上字第406號判決亦同旨趣。

容並無虛僞。例如甲寫A書，乙爲發行人，丙翻印A書，將書籍底頁一併翻印，則翻印之A書之著作人爲甲，發行人爲乙，內容並無有欠眞實，實不能視爲「僞造」私文書。

三、翻印書籍之底頁，是否足以損害公眾或他人？

僞造私文書之結果必須足以損害於公眾或他人者，始構成犯罪，否則如該行爲之結果不足以生損害於公眾或他人者，依學說及實務一致之見解，不負僞造私文書罪之刑責[14]。翻印他人書籍，固足以損害他人，然此已有違反著作權法之罪足以相繩。翻印書籍底頁之本身，表示書籍眞正之著作人與發行人，對公眾或他人是否有所損害，殊有商榷之餘地。就眞正之著作人與發行人而言，書籍被翻印，不標明眞正之著作人與發行人，較書籍被翻印，標明眞正之著作人與發行人，其損害尤大。蓋書籍之著作人，一生嘔心瀝血之創作，除希求在物質上有所報償外，尤望在創作上之名譽、地位上有所肯定。如認爲翻印書籍之底頁爲僞造私文書，則甲翻印乙著作之書籍，其上冠用著作人爲甲，其責任較輕，冠用著作人爲乙，反而責任較重，刑事責任如以著作人之實際損害衡量，實屬不能平衡。

四、翻印書籍底頁如進而出售是否「行使」僞造私文書？

行使僞造私文書，乃係將僞造之私文書作爲眞正文書而使用。至於「行使」，是否須就文書之內容有所主張爲必要？學說不一。有採形式說，認爲僅須提出充作眞正文書，並不以就文書之內容有所主張爲必要[15]；有採實質說，認爲行使僞造文書罪，必須提出僞造之文書，本於該

14　最高法院29年上字第1165號判例、30年上字第465號判例、51年台上字第1909號判例。

15　史尚寬，前揭文，頁272；孫德耕，刑法實用分則編，頁214，著者發行，民國65年增訂版；孫嘉時，刑法分則，頁313，著者發行，民國63年初版。

文書之內容有所主張，方得成立[16]。實務上係採實質說[17]，翻印書籍之底頁進而出售，其出售行為不過單純銷售翻印之著作，似無就書籍底頁之內容有所主張，無所謂「行使」偽造私文書之可言。

參、最高法院49年台非字第24號判例對著作權法之影響

一、由判例所衍生之問題

最高法院49年台非字第24號判例認為翻印他人書籍之底頁為偽造私文書，出售翻印底頁之書籍為行使偽造私文書。此似可演繹出以下推論：

（一）書籍之底頁載有著作人及發行人為文書，則書籍之封面載有著作人名稱亦屬文書[18]。如是，甲開設出版社，出版司馬遷之史記、梁啟超之飲冰室全集，其書籍之底頁及封面，均印有司馬遷、梁啟超之姓名，亦構成偽造私文書罪。如謂此種情形不足以損害公眾或他人，然則翻印他人剛出版之書籍，如連同封面或底頁一併翻印，翻印書籍內容，本身固以損害他人，但已有違反著作權法之罪相繩，何以翻印書籍封面底頁本身，亦有損害公眾或他人，而構成偽造私文書罪？

（二）翻印書籍連同書籍底頁及封面之著作人、發行人、印刷人、封面設計人一併翻印為偽造文書，則不僅著作人得提出告訴，連同印刷人、封面設計人、發行人，亦皆屬「被害人」，亦得提出告訴。

（三）日本人及新加坡人之著作，在實務上認為不受保護[19]。然而依最高

16　韓忠謨，前揭書，頁244；林山田，前揭書，頁625；甘添貴，前揭書，頁350。

17　最高法院26年滬上字第23號判例、47年台上字第1048號判例。

18　最高法院53年台上字第2440號判決即作如此推論。

19　施文高，前揭書，頁501。

法院49年台非字第24號判例，翻印日本人或新加坡人之著作，如連同書籍底頁及封面一併翻印，亦屬偽造私文書罪。

（四）既然書籍之底頁及封面具有文書性，偽造姓名不問偽造中文姓名或外文姓名皆為偽造私文書。如是則翻譯外文書，將原著作人名稱加以翻譯或根本未翻譯而印行於翻譯之書籍之底頁或封面，亦屬於偽造私文書。

（五）依學者通說及實務上之見解，偽造文書罪其文書之名義人，須為特定之人，但不以實際存在為必要[20]。依此見解，甲翻印乙之書籍，書籍底頁冠用甲為著作人之名義，固非偽造文書，如冠用乙或查無其人之丙為著作人名義，則均構成偽造私文書罪。

二、判例對著作權法之影響

最高法院49年台非字第24號判例，係有關著作權唯一的判例，已如前述。其對著作權法之基本理論與正常運作，有相當程度的影響及干擾作用。茲說明如下：

（一）就保護期間而言

著作權在法律上有一定的保護期限。蓋著作權具有社會性，除保護著作人個人之利益外，同時亦應重視社會公共的利益，而對個人之利益加以限制，以免保護過度反而阻礙人類文化的發展，因此著作權沒有一定之保護期限[21]。此保護期限在我國原則上為著作人終身享有，並得由受讓人或繼承人自受讓或繼承之日起，繼續享有30年（第14條第1項）。逾此保護期間，則著作歸屬於社會公有，任何人均得加以利用。惟依最高法院49年台非字第24號判例，翻印逾著作權保護期間之著作，如連同封面及底頁一併翻印，亦可能構成偽造私文書罪，偽造私文書罪為公訴罪，任何人均得

---

20 見最高法院21年上字第2668號、27年滬上字第113號及31年上字第1505號判例。

21 榛村專一，著作權法概論，頁159-160，嚴松堂，昭和8年。

告發。如此一來，最高法院49年台非字第24號判例，無形之中干擾了著作權保護期間制度。

（二）就製版權而言

所謂製版權，即無著作權或著作期間屆滿之著作，經製版人整理排印或就原件影印發行而產生之權利（著作權法第3條第22款）。一般著作之製版權為10年，電影著作之製版權為四年（著作權法第24條第1項、第2項）。製版權之取得，係採註冊主義，其註冊程序為應備申請書及樣本兩份，樣本應依出版法第20條規定，記載著作人、發行人之姓名、住址、發行年月日、發行版次、發行所、印製所之名稱及所在地（舊著作權法施行細則第7條、第11條）。申請製版權，既須在原出版物記載著作人、發行人之姓名等，則依最高法院49年台非字第24號判例，申請人構成偽造私文書罪。刑事訴訟法第241條規定：「公務員因執行職務，知有犯罪嫌疑者，應為告發。」內政部審查製版權之公務員均應將製版權申請人移送法院。依此，則最高法院49年台非字第24號判例，無形之中完全否定了著作權法上之製版權制度。

（三）就著作人格權而言

著作權法第26條規定，無著作權或著作權期間屆滿之著作，視為公共所有，但不問何人不得將其改竄、割裂、變匿姓名或更換名目發行之。違反著作權法第26條之規定者，處一年以下有期徒刑，得併科1萬元以下罰金（著作權法第44條）。又著作權法第25條規定，受讓或繼承著作權者，不得將原著作改竄、割裂、變匿姓名或更換名目發行之。但經原著作人同意，或本於其遺囑者，不在此限。違反著作權法第25條之規定者，處六月以下有期徒刑，得併科5,000元以下罰金（著作權法第43條），以上均為著作人格權（moral right）之規定。依最高法院49年台非字第24號判例，書籍之底頁具有文書性。又依學者之通說及實務上之見解，偽造文書罪其文書之名義人，不以實際上存在為必要。因此甲印行乙之書籍，書籍底頁印行之著作人名義為乙或查無其人之丙，均構成偽造私文書罪，已如

前述。然而，甲印行乙之書籍，著作人名稱爲乙方屬正確，而不侵害著作人格權，今著作人名稱爲乙係僞造私文書，著作人名稱爲甲反而不僞造文書，而僅侵害著作人格權。侵害著作人格權之刑度遠較僞造私文書罪之刑度爲輕，實屬不平衡。又如甲印行乙之書籍，著作人名稱冠用查無其人之丙，依刑法係屬僞造私文書罪，依著作權法係侵害著作人格權罪。如依刑法第55條規定從一重處斷，當應依僞造私文書罪處罰。由此可見，最高法院49年台非字第24號判例顯然影響著作權法上著作人格權之正常運作。

（四）就著作權限制而言

　　著作權之保護，向來有兩個互相對立的基本主張，一爲自由主義，一爲保護主義。主張自由主義者，認爲任何思想之創作，均不得視爲眞正之創作，均係直接或間接受前人之影響及啓發，因此，個人之創作，乃社會之產物，不得獨占，尤其在爲公益目的時之利用爲尤然；主張保護主義者，認爲人類思想之表現，應視爲人格之一部分而受尊重，人類創作性之著作，具有財產價值，如加以保護，則可刺激著作人努力創作，進而促進文化發展[22]。世界各國著作權法均兼採上開二種主義，即一方面保護著作權，一方面則在某種情形下，對著作權加以限制。我國著作權法第18條至第20條，第29條至第32條規定，即屬著作權限制（limitation on copyright）之規定。惟最高法院49年台非字第24號判例，可能會影響著作權法上著作權限制制度之正常運作。茲舉著作權法第29條第1項第3款爲例，依著作權法第29條第1項第3款規定，爲學術研究複製他人著作專供自己使用者，經註明原著作之出處者，不以侵害他人著作權論。設若甲爲學術研究目的且專供自己使用，影印乙之整本著作，應屬合法，不侵害著作權，但應「註明出處」。「註明出處」最簡便之方法厥爲連同書籍之底頁一併影印，惟連同書籍之底頁一併影印，則甲構成僞造私文書罪。再者，

22　拙著，著作權法之理論與實務，著者發行，民國70年；勝本正晃，日本著作權法，頁1-8，嚴松堂，昭和15年。

盲人之點字，學者通說認爲係文書[23]。著作權法第30條第1項規定：「已發行之著作，得爲盲人以點字重製之。」設若甲寫一本小說，盲人協會秘書乙將甲之小說作成點字書，如乙未在點字書底頁或封面註明甲爲著作人，則乙可能侵害甲之著作人格權，如乙在點字書底頁或封面註明甲爲著作人，則乙可能構成僞造私文書罪。因此，最高法院49年台非字第24號判例妨害了著作權法著作權限制制度之應有功能。

（五）就翻譯權而言

著作權法第4條第2項規定，著作權人專有翻譯權。惟依著作權法第17條第2項規定，外國人之著作如經註冊，著作權人享有本法所定之權利，但不包括專創性之音樂、科技或工程設計圖形或美術著作專集以外之翻譯。由此可見，一般之著作，外國人並無翻譯同意權。故甲翻譯外國人乙所寫小說，應屬合法，不構成著作權侵害，但翻譯應註明原著作之出處，否則可能構成著作人格權之侵害[24]。惟甲翻譯外國人乙之小說，連同著作人、發行人姓名一併翻譯而印行於甲之翻譯書上，依最高法院49年台非字第24號判例，仍然可能構成僞造私文書罪。因此，最高法院49年台非字第24號判例，亦干擾了著作權法第17條第2項限制外國人翻譯同意權之立法精神。

（六）就外國人著作之保護而言

著作權法第17條第1項規定：「外國人之著作合於左列各款之一者，得依本法申請著作權註冊：一、於中華民國境內首次發行者；二、依條約或其本國法令、慣例，中華民國人之著作得在該國享受同等權利者。」現行著作權法對中國人之著作採創作主義，對外國人之著作採註冊主義。外國人之著作未經註冊者，不受著作權法之保護。因此，甲翻印外國人乙未註冊之著作，應不違反著作權法，但如將乙之著作連同封面、底頁一併翻

---

23 韓忠謨，前揭書，頁232；甘添貴，前揭書，頁325；盧佳香，前揭書，頁6。
24 齊藤博，概說著作權法，頁138，一粒社，昭和55年。

印，則構成偽造私文書罪。又日本人或新加坡人之著作，實務上認為非「依條約或其本國法令、慣例，中華民國人之著作得在該國享受同等權利者」[25]，因此，除非該二國人民首次在中國發行著作，否則不受著作權法保護，任何人加以翻印，不侵害著作權，但如翻印過程連同書籍底頁、封面一併翻印，則可能構成偽造私文書罪。故最高法院49年台非字第24號判例亦與著作權法第17條第1項有關外國人著作保護之立法精神有違。

肆、最高法院49年台非字第24號判例有無維持之必要

一、判例之形成原因

最高法院49年台非字第24號判例，其形成原係薩孟武先生所著《政治學》被翻印，檢察官依違反著作權法、詐欺及偽造文書罪起訴，至第二審臺灣高等法院認為詐欺罪不成立，著作權法對翻印、仿製及以其他方法侵害他人之著作權已有處罰之規定，依特別法優先於普通法之原則，自應適用於特別法，無適用於普通法偽造私文書罪之餘地。案經最高法院檢察署檢察長提起非常上訴，最高法院乃有上述判例。此判例之產生，其最重要之原因為著作權法刑度太輕，蓋斯時著作權法對翻印、仿製及以其他方法侵害他人之著作權者，僅處500元以下罰金[26]，不足以有效遏止翻版盜印，為謀有效制裁仿冒者，乃以偽造私文書加以判決。

二、判例是否繼續維持之檢討

最高法院49年台非字第24號判例是否有維持之必要，頗有檢討之必

---

25 施文高，前揭書，頁501。
26 見民國38年1月13日修正公布之著作權法第30條第1項規定。

要，分下列三點言之。

（一）就刑度而言

　　刑法第210條之偽造私文書罪，處五年以下有期徒刑，依刑法第41條規定，為不得易科罰金之罪，處罰可謂頗重，在最近著作權法修正前，此判例亦頗有彌補著作權法刑度不足之憾[27]。惟新著作權法第38條第1項規定：「擅自重製他人之著作者，處六月以上三年以下有期徒刑，得併科三萬元以下罰金；其代為重製者亦同。」重製他人著作，如判六個月有期徒刑，尚可易科罰金，如判七個月以上之有期徒刑，則不得易科罰金矣。又著作權法第40條規定：「以犯前二條之罪之一為常業者，處六月以上五年以下有期徒刑，得併科五萬元以下罰金。」此規定刑度較偽造私文書罪為重（參照刑法第35條）。由此可見，就刑度之高低而言，最高法院49年台非字第24號判例，實無維持之必要矣。

（二）就法律理論而言

　　最高法院49年台非字第24號判例，在理論基礎上，頗有商榷之餘地，已如前述。在該判例尚未出現之前，我國著作權法學者，尚未有認翻印書籍之底頁為偽造私文書者[28]。日本學者及實務判例亦未見有如此之見解[29]，美國亦然[30]。我國實務上最高法院上開判例殊值得檢討。

27　翻印者如以自己當作著作人，仍不得處以偽造私文書罪，故最高法院49年台非字第24號判例對彌補刑度不足，仍非完全有效。

28　秦瑞玠，著作權律釋義，頁44以下，上海商務印書館，民國3年再版；鄭澤光，文化事業關係法令之實用，頁233以下，中國內政社，民國49年。

29　日本學者註釋書，主要代表者，例如：加戶守行，著作權法逐條講義，頁493以下，著作權資料協會，昭和54年3訂版；中川善之助、阿部浩二，著作權，頁305以下，第一法規出版社，昭和48年。有關判例書，例如：日本著作權判例研究會編，最新著作權關係判例集，昭和55年5月30日；岩松三郎等編，判例體系，無體財產權法（第七冊），頁4455以下；伊藤信男，著作權事件と著作權判例，頁14以下，文部省，昭和43年。

30　美國實務書，如Melville B. Nimmer, Nimmer on Copyright, Vol. Ⅱ, £162 Jnfra (1976).

（三）就著作權制度之影響而言

最高法院49年台非字第24號判例在過去雖有若干彌補著作權法刑度不足之功效，惟對著作權法之基本制度，如保護期間、著作人格權、著作權限制、翻譯權、外國人著作之保護等，確有相當程度不良之干擾，尤其製版權制度可能因此受到破壞，弊大於利，影響到著作權法正常之運作，實無維持之必要。

伍、結論

法律之變化與生長之因素有二：一為立法，一為判決。立法即依一定之立法程序增訂既有之規定；判決即法院於適用法律之際，闡明其疑義，補充其漏洞，創造新的制度，必要時更得有意識地改變現行法律之規定[31]。最高法院49年台非字第24號判例，確實對著作權法之若干制度，有相當程度之影響，幾至使著作權法之運作有扭曲的可能。考該判例之產生，主要原因為斯時著作權法刑度過低，不足以遏止盜印歪風，惟今時過境遷，新著作權法之刑度已經加重，足敷需要，最高法院49年台非字第24號判例自無維持之必要。尤其該判例在理論基礎是否穩固，殊值得商榷，為使最高法院判例見解能維持一貫，上開判例尤無存在必要，希實務界人士，勿忽視之！

後記：本文原載軍法專刊，第31卷第10期，民國74年10月10日出版。

---

31 王澤鑑，民法學說與判例研究（第一冊），頁293，著者發行。

第十一章
談著作權法之修正及其施行

壹、前言

　　民國74年，新著作權法於立法院三讀通過，並於7月10日總統正式公布，依中央法規標準法第13條規定，74年7月12日即正式生效。著作權法之修正，在各界備受矚目，新著作權法之通過，也引起若干爭議。一般民眾對新著作權法可能有下列若干印象：

一、著作權法在修正過程中，有若干利益團體進行遊說工作，致使法律失去若干公正性。

二、由於立法院二讀修正受到利益團體的左右，致使新著作權法民眾動輒得咎，如卡拉OK、影印等，一般人隨時都有觸法的危險。

三、就民眾之利益而言，新法不如舊法。

　　上述印象，實有相當程度的誤解，有待進一步澄清。當然，著作權法修正草案於行政院送立法院時，即有若干不完備及瑕疵，再加上立法院修正過程稍嫌草率，未舉辦聽證會，使各團體透過各種不同管道影響立法，倉促協調之結果，乃暴露出許多缺點。最近內政部著作權主管機關正在修正著作權法施行細則，主管機關一再強調新法有窒礙難行之處，如可能在施行細則中補救，則在施行細則中訂定；如不能在施行細則中補救，則即著手重新修法。因此，有關新著作權法之闕失及窒礙難行之處，實有提出檢討之必要。

貳、對修正過程若干觀念之澄清

一、利益團體之遊說活動並非壞規象

　　利益團體為本身的利益對立法機關進行遊說工作，在民主國家是一種極正常的現象。美國、日本著作權法的修正，數十個相關團體各代表著該團體自身的利益，進行影響立法的工作。由於團體各自利害不同，因此公開的遊說工作，益能使著作權法兼顧各方利益，臻於完善。只有在某些團體有遊說活動，某些利益相反的團體沒有表示意見，如此才會有法律偏頗的情形發生。此次著作權法之修正，新聞界及廣播界為避嫌起見，保持極佳的風度，在修正過程中一直「述而不作」，不表示有關自身的任何意見，致使將來報紙、廣播刊載、報導被告在法庭之陳述，也成為侵害著作權之行為。

二、毛病不是出在刪除「營利」規定

　　在原來行政院送立法院之著作權法修正草案第28條第1項第4款規定，「重製、公開口述、播送、上映、演奏、展示或使用他人之著作而營利者」，未經著作權人之同意或授權，視為侵害著作權。在立法院二讀時，將「而營利」三字刪除，改為「重製、公開口述、公開播送、公開上映、公開演奏、公開展示或出租他人之著作者」，未經著作權人之同意或授權，視為侵害著作權。有許多人以為，一般人動輒侵害著作權，係刪除營利規定所致，事實不盡然。報紙刊登被告法庭陳述、小說出租店出租他人小說、舊書攤公開展示他人小說、影印店影印他人著作，不見得非營利，卻都可能侵害著作權。況如「而營利」字眼加以保留，則著作權法許多條文，如第29條至第32條有關著作權限制的規定，均失去意義。抑有進者，如「而營利」字眼加以保留，則學校均可不經他人同意印發他人所著之教科書或參考書；財團法人如經辦人才訓練事項，也可不經他人同意複製他人著作為教材；公共電視製作節目利用他人著作也無須製作費。如

此下去，恐怕學術性的著作，沒有人願意寫了，只有寫武俠小說和言情小說，最受著作權法的保障。世界各國著作權法之著作權侵害與否，絕無一國以「營利」爲唯一之判別標準者，伯恩公約如此，美、日、西德及其他先進國家亦如此。新著作權法所以動輒得咎，乃在「著作權限制」之規定不足，而非刪除營利之規定。立法院在二讀時刪除營利規定而受詬病，是不公平的。

三、新法非不如舊法

　　一般人以爲，新法十分嚴苛刁酷，人民動輒得咎，以卡拉OK爲例，年輕人唱一首歌也違法。事實上新著作權法並非不如舊著作權法，新著作權法不僅對著作權人多增加了許多保護，有關調和社會利益之「著作權限制」的規定，也較舊法爲多。以卡拉OK爲例，不是僅在新著作權法爲侵害著作權之行爲，在舊著作權法也是侵害著作權之行爲。又在舊著作權法無論任何目的，影印學者一頁著作，均屬侵害著作權，在新著作權法第29條第1項第3款規定，爲學術研究目的且專供自己使用，如經註明出處，即使影印整本他人著作，也不違法。所以嚴格說來，新法動輒得咎，可以說舊法太差，新法修正太少，而不能武斷地說新法比舊法差。至於舊法動輒得咎一般人所以未感覺，一方面是舊法採註冊主義，而依法註冊的著作並不多，未受註冊之著作，不受著作權法之保護；一方面則爲一般人對著作權法認識不多，著作權人不會因小事而打官司，致一般民眾觸犯著作權法未引起注意。

四、立法院二讀時也有貢獻

　　立法院於二讀時作了不少修正，一般人以爲二讀時之修正，才造成民眾動輒得咎。事實上，立法院於二讀時，也有不可抹煞的貢獻，例如著作權法第4條第2項在草案中著作權人專有「使用權」，二讀時加以刪除，如未刪除，則一般人購買書籍只能陳列家中，而不能閱讀（使用），一經

閱讀即侵害著作權，此「使用權」如不加刪除，整部著作權法根本無法施行。又如二讀時在第33條民事賠償方面，增加許多規定，如不作為請求權、損害賠償之推定、判決書之公布等，使新著作權法增色不少。

參、新著作權法之缺失

新著作權法雖有若干優點，例如採行創作主義、擴大受保護著作之範圍、增加著作人之權利、加強侵害之民事責任、規定強制授權制度等，均較舊法進步許多，惟仍有不少缺點。其中有若干可在施行細則中加以補救，有若干則有待將來修法才能彌補。有關新法之闕失，茲說明如下。

一、章節分配不當

新著作權法雖增加不少內容，但有關章節之分配，仍沿襲舊法，分為五章：第一章總則、第二章著作權之歸屬及限制、第三章著作權之侵害、第四章罰則、第五章附則，章下不分節。上述五章已無法涵蓋著作權之全部內容。就章節之分配而言，新法與西德、日本、法國、義大利立法例章節之詳密分配，相去甚遠。先進國家著作權立法，就著作權之內容、出版權、保護期間、著作、著作人、著作權之登記等，均專章加以規定，新著作權法則付諸闕如。尤其新法中第25條至第27條係著作人格權之規定、第29條至第32條係著作權限制之規定，均列於第三章著作權之侵害中，章節分配十分不嚴謹。

二、用詞定義不妥

法諺有云：「法律所有之定義，均屬危險。」著作權法第3條對著作權32個相關用語加以定義，這些定義於二讀時才加以增列，曾引起不少委員的爭議。有若干定義確實不十分妥當，例如第3條第11款之編輯著作，

依伯恩公約第2條第5款、日本著作權法第12條規定，編輯物於其素材之選擇及配列具有創作性者，以著作物保護之。而依我國新著作權法則限於文字、語言著述及其翻譯之編輯，而不含其他，因此使老歌之編輯錄音不受著作權法之保護。又如第23款重製權之定義，規定圖形著作，就平面或立體轉變成立體或平面者，視同重製。此僅限於「圖形著作」，而不包含「美術著作」，與世界各國立法通例有違，將來實務上恐將引起爭議。再如第32款公開展示權，依西德著作權法第18條規定，公開展示權限於未公表之造形著作或未公表之照片著作，依日本著作權法第25條規定，公開展示權限於美術著作或未發行的照片著作。我國著作權法卻未加以限制，致使開架式的公眾圖書館、舊書攤公開展示他人有著作權的圖書，都可能成為違反著作權法之行為。

三、著作人格權之內容未明確規定

新著作權法對著作財產權之權能已有詳細規定（第4條第2項），但對於著作人格權的內容則未明確規定，僅在第25條規定：「受讓或繼承著作權者，不得將原著作改竄、割裂、變匿姓名或更換名目發行之。但經原著作人同意或本於其遺囑者，不在此限。」第26條規定：「無著作權或著作權期間屆滿之著作，視為公共所有。但不問何人不得將其改竄、割裂、變匿姓名或更換名目發行之。」此二條文實不足以說明著作人格權之內涵。日本著作權法將著作人格權分為公表權（第18條）、姓名表示權（第19條）及同一性保持權（第20條），詳細規定其內容。西德著作權法將著作人格權分為公表權（第12條）、著作人資格之承認權（第13條）、著作物醜化之禁止權（第14條）、因信念改變之收回權（第42條），對著作人格權之內容規定十分詳細，可為我國之參考。依我國著作權法第25條規定，著作人格權主張之範圍，限於「受讓或繼承著作權」，而不包含其他，此可能造成下列幾種情況無法救濟：

（一）**著作權限制**：著作權限制並非「受讓或繼承著作權」，例如依著作權法第29條第1項第2款規定，以節錄方式引用他人著作，供自己著

作之參證註釋，如經註明原著作之出處，不以侵害他人著作權論。因此，假設甲引用乙之著作，供自己著作之參證註釋，如註明出處，縱引用之部分加以改竄，仍不侵害乙之著作人格權。又著作權法第30條第1項規定，已發行之著作，得以盲人點字重製之。如為盲人點字目的重製他人著作，但將他人著作加以改竄，此在新著作權法，亦無法有效得到救濟。

（二）**轉載**：著作權法第19條第1項規定：「揭載於新聞紙、雜誌之著作，經註明不許轉載者，不得轉載或播送。未經註名不許轉載者，得由其他新聞紙、雜誌轉載或由廣播、電視臺播送。但應註明或播送其出處。如為具名之著作，並應註明或播送著作人姓名。」由此規定，假設甲在八報社副刊發表一篇小說，該副刊未記載本刊禁止轉載，B雜誌將甲之小說加以轉載，並註明出處，作者亦標明為甲，但中間穿插不少煽情文字，此時B雜誌嚴格依條文解釋並未侵害甲或八報社之權利。因為B雜誌之轉載為合法，且轉載並非「受讓或繼承」著作權，因此即使加以改竄，亦無處罰規定。

（三）**強制授權**：著作權法第20條第1項規定：「音樂著作，其著作權人自行或供人錄製商用視聽著作，自該視聽著作最初發行之日起滿二年者，他人得以書面載明使用方法及報酬請求使用其音樂著作，另行錄製。」此為強制授權之規定。強制授權不同於「受讓或繼承著作權」，因此如果甲依強制授權之規定錄製乙之音樂著作而加以改竄，依著作權法第25條規定，甲亦不侵害乙之著作人格權。

四、著作權限制之規定不足

新著作權法對著作權限制之規定，已較舊著作權法嚴密，但仍有不足。例如：

（一）**私人目的之使用**：他人著作供私人使用目的而利用他人著作，依世界各國著作權法立法通例，大抵上認為係合法之行為（參照日本著作權法第30條、西德著作權法第53條、第54條、義大利著作權法第

68條、澳洲著作權法第40條）。我國著作權法僅承認，「以節錄方式引用他人著作供自己著作之參證註釋」及「爲學術研究複製他人著作專供自己使用」，此二種情形爲合法，因此年輕人在卡拉OK店唱歌、學生郊遊彈吉他演奏他人歌曲、電視綜藝節目之家庭錄影，均違反著作權法。

（二）**政府機關之利用他人著作**：依世界各國著作權法立法通例，政府機關利用他人著作，在一定條件下，均限制著作權人主張著作權（義大利著作權法第67條、澳洲著作權法第43條、土耳其著作權法第30條、日本著作權法第42條）。例如日本著作權法第42條規定：「著作物於裁判程序目的及立法或行政內部資料認爲必要者，在其必要之範圍內，得加以複製。但依該著作物之種類、用途及其複製之部數、態樣上觀察，有害於著作權人之利益者，不在此限。」我國著作權法未有類似之規定，致使法官寫判決書引用學者著作未註明出處、立法院爲修改著作權法影印學者文章，均違反著作權法。

（三）**時事事件報導目的之利用**：依關於文學及藝術著作物的保護之伯恩公約（巴黎修正公約）第10條之2第2項規定：「以照片、錄影、廣播或有線廣播報導時事事件，在報導目的正當之範圍內，將該事件過程所見所聞之文學或美術著作物複製及向公眾提供，依同盟國之法令定之。」世界各國著作權法對報導時事事件目的均限制著作權人著作權之行使，我國未有類似規定，導致報社記者將被告信件登出、電視台爲報導新聞將演奏會實況簡短錄音、錄影而播出，均違反著作權法。

（四）**政治上演說及裁判程序陳述之利用**：依日本著作權法第40條第1項規定：「公開爲政治上之演說及裁判程序之公開陳述，除編輯同一人之著作物者外，不問以任何方法，得加以利用。」我國未有類似排除之規定，導致如江南命案報社全文刊登被告法庭之問答、選務工作人員爲蒐證起見對候選人之政見發表會加以錄音、錄影，均可能違反著作權法。

以上爲著作權限制不足之若干較主要者，由於我國著作權法著作權限

制規定不足，尚引起民眾若干動輒得咎的情況發生，例如在公園銅像下照像，可能侵害銅像著作權人之著作權；學生朗誦比賽公開背誦他人詩歌，可能侵害著作權人之公開口述權；鄉下迎神拜拜放映電影，可能侵害電影著作權人之公開上映權；布袋戲以現代歌曲配樂，可能侵害歌曲著作權人之公開演奏權等不勝枚舉。

五、著作鄰接權未專章規定

著作權法第18條規定：「演講、演奏、演藝或舞蹈，非經著作權人或著作有關之權利人同意，他人不得筆錄、錄音、錄影或攝影。但新聞報導或專供自己使用者，不在此限。」本條類似西方國家「著作鄰接權」之規定，著作鄰接權與著作權性質不同，保護期間、權利之限制與行使，亦不相同，歐洲各國著作權法，大抵上皆有專章規定，我國宜專章規定較妥。

六、轉載規定不合理

著作權法第19條規定：「揭載於新聞紙、雜誌之著作，經註明不許轉載者，不得轉載或播送。未經註明不許轉載者，得由其他新聞紙、雜誌轉載或由廣播、電視臺播送。但應註明或播送其出處。如為具名之著作，並應註明或播送著作人姓名。」依世界各國立法通例，得加以轉載或轉播者，限於在新聞紙或雜誌論議經濟、政治、宗教上時事問題之記事或其同性質之廣播，副刊上之文章、小說、詩詞等不包含在內。我國著作權法則規定所有在報紙、雜誌上之著作，只要未註明不得轉載，均得自由加以轉載，與世界各國立法通例相違。假設甲報社之報紙副刊記載「本刊禁止轉載」，乙雜誌將甲報紙副刊之小說加以轉載，究竟係侵害甲報社之著作權或該小說作者之著作權？如係侵害小說作者之著作權，則何以未寫「本刊禁止轉載」，其他報紙、雜誌即得轉載？如係侵害報社之著作權，則作者小說投稿報社，報社僅有登載一次的權利（民法第518條第1項），報社有

何權利追究其他報紙、雜誌之轉載？本條規定法理顯然十分矛盾。

七、擬制侵害著作權之規定矛盾

依著作權法第28條第1項第3款規定，就他人著作之練習問題發行解答書者，視為侵害著作權。又此「他人之著作」如為教育部審定之教科書者，並應得教育部之許可（第28條第2項）。就他人著作之練習問題發行解答書，如練習問題本身有抄襲之行為，固係侵害著作權，如練習問題本身係各類考試試題，而解答本身又係獨立解答，實無任何侵害著作權之行為可言。又如「他人之著作」為教育部審定之教科書，教育部不因審定而有著作權，何以就他人著作之練習問題發行解答書，如經原作者同意而未經教育部同意為侵害著作權之行為？法理上亦十分矛盾。又著作權法第28條第1項第7款規定，出版人出版著作權人之著作，未依約定辦理致損害著作權人之利益者，視為侵害著作權。此規定亦十分不合理。按出版人出版著作權人之著作，未依約定辦理，此僅係契約之違反，可依民法債務不履行辦理，如認為侵害著作權，恐在法理上無法自圓其說。例如甲有小說交乙出版，出版契約約明定價150元，結果銷路不佳，乙擅自降價為120元，實不能視為侵害甲之著作權。因為侵害著作權須侵害著作權法第4條第2項之權利。而此種情形，並無侵害著作權法第4條第2項之任何權利。

八、民事賠償適用之範圍過窄

依著作權法第33條規定，得請求民事賠償者，限於「侵害著作權」之情形，所謂「著作權」，依著作權法第3條第2款規定，限於侵害第4條第2項之權利，不包含著作人格權（著作權法第25條、第26條）在內。因此侵害著作人格權，不得依著作權法請求損害賠償，實屬立法上之疏漏。

九、刑事上若干規定不合理

著作權法第39條第1項規定，仿製他人著作者，處二年以下有期徒

刑，得併科2萬元以下罰金。「仿製」並非著作權法第4條第2項著作權之權能之一，仿製並非侵害著作權之權利，何以必須處罰？此實立法技術不佳所致。又著作權法第41條規定，違反第13條第2項、第18條或第19條之規定者，處1萬元以下罰金。按違反著作權法第13條第2項、第18條或第19條之行為，均侵害他人之重製權，依著作權法第38條規定，應處六月以上三年以下有期徒刑，得併科3萬元以下罰金，何以依著作權法第41條規定，僅處1萬元以下罰金，在刑度上，十分不平衡。

十、音樂著作權管理團體立法不當

著作權法第21條規定：「音樂著作權人及利用音樂著作之人為保障並調和其權益，得依法共同成立法人團體，受主管機關之監督與輔導，辦理音樂著作之錄製使用及使用報酬之收取與分配等有關事項。其監督與輔導辦法，由主管機關定之。」此管理團體不僅音樂著作權人可參與，利用音樂著作之人，亦可參與，與世界各國著作權管理團體大不相同。按音樂著作權人與利用音樂著作之人，為兩個利益相反之人，一併加入管理團體，此團體能否發揮功能，十分可疑。此猶如工會中有資本家參與，能否為工人謀福利，實在令人不敢厚望。不幸，往後音樂著作權問題之解決，又必須仰賴此一團體，將來內政部擬定之監督輔導辦法，實須特別研議斟酌。

肆、結論

著作權法係關係一國文化存續發展最重要的法律。國民的生活素質、知識水準，實與著作權法息息相關。此次著作權法之修正，雖較過去著作權法之歷次修正，有所進步，但與先進國家相較，仍有一段距離。在經濟掛帥、科技第一、安定至上高唱入雲的今天，著作權法顯然被視為無足輕重之小法律，此觀立法院著作權法三讀前後不過50個小時可見一斑。

然而，人類文明越進步，知識越成為經濟力量之一部分，工業的升級，有賴國民知識水準提升，沒有醇厚的文化品質為基礎，經濟的繁榮是不會持久的。世界上任何經濟進步繁榮的國家，絕對不會有落後的著作權法。經濟政策不配合文化發展，經濟的成長將只是沙漠中的樓閣，任何小風暴都會發生根本性的動搖，清末只重船堅炮利不重知識文化，即為一例。此次著作權法修正，顯然並非十分完善，值得主管機關即行檢討改進。尤其著作權法著作權限制規定不足，使一般人動輒得咎，如不加以全面檢討修正，可能會使法律威信受到懷疑。日本著作權法每一、兩年即有一次小修正，我們何必忌憚修正呢？

後記：本文原載生活雜誌，第17期，民國74年11月1日出版。

第十二章
著作鄰接權與日本著作權法

壹、著作鄰接權之基本概念及其國際保護

一、著作鄰接權之意義

著作鄰接權（英文：Neighbouring Right；德文：Angrenzedde Recht；法文：Droit Voisins），即表演家、錄音著作之製作人及傳播機關所享有類似著作權之權利[1]。因其享有之權利，與著作權相鄰接（certain rights called neighbouring on copyrights），故稱為「著作鄰接權」[2]。按將著作之內容，向一般公眾傳達，通常皆有利用著作之人居於其間，例如出版人、電影著作及錄影著作之製作人、表演人、錄音著作之製作人、傳播機關等是。上述利用著作之人，其中以表演家、錄音著作之製作人及傳播機關三者之間，最具有相互依存之密接關係，對人類文化之發展普及，具有相當的貢獻。尤以新科技視聽媒體急遽進步，以上三者經濟利益之保護，更形迫切。然而傳統著作權法對此三者之保護，不僅理論上有欠缺，且此三者之相互利用及依存關係又無法兼顧，不得已乃在著作權之外，尋求與著作人同等利益之保護方式。亦即承認將著作之內容向公眾傳達之媒體——表演、錄音及廣播本身，具有一定之精神的價值，而對於表演人（performers）、錄音著作之製作人（producers of phonograms）及傳播機關（broadcasting organizations）之行為賦予類似著作權之排他權利，因而

---

[1] 日本著作權資料協會編，著作權事典，頁242，出版社ニュース社，昭和53年。

[2] 日本文化廳，著作權法ハソドブシク，頁67，著作權資料協會，1980年；阿部浩二，鄰接權，ヅユリスト（昭和40年9月1日），頁30。

產生了「著作鄰接權」制度[3]。但此著作鄰接權，與民法物權編相鄰關係之權利（民法第747條至第800條），並不相同，不可混淆。

二、著作鄰接權之國際保護

（一）產生之背景

傳統之著作權公約——關於文學及藝術的著作物保護之伯恩公約[4]，乃為賦予文學及美術著作之著作人規定其國際保護而設計的。此利用著作之最重要形式，厥為文學及美術著作之重製、音樂著作之表演等，故著作人最重要之權利為重製權及公演權。但由於新的媒體——攝影（photography）膠捲（film）、錄音（sound recording）、廣播（broadcasting）的出現，著作人權利之保護，乃延伸至包含新的表現及利用形式。新的媒體影響智慧工作者其他的領域，並帶來新演出者及出現新的媒體機構。而此二者之保護，均未為傳統著作權法之所及。在1920年代，由於錄音工具使用增加，表演藝術家已開始尋求其表演之保護。此種保護運動表現於許多團體，特別是國際勞工組織（International Labour Organization, ILO）。蓋國際勞工組織受到表演人及其他智慧工作者在經濟與社會條件上之壓力，從而積極爭取表演人、錄音著作之製作人及傳播機關之法律保護[5]。表演人及其他智慧工作者此種情況之改變，誠如Thompsom謂：「在未滿100年前，表演藝術家之作品……，在許多國家，尚未改變。表演家之表演為簡短而局部的，僅實際出席者看得見聽得見，除非深藏在觀眾的腦海裡，否則不會重複出現。然此種情況在現代國家開始改變，尤其在第一次至第二次世界大戰期間，有三種主要之發明：留聲機（gramophone or phonograph）、電影（cinema）及收音機（sound radio），而使以上情況有顯著不同……。由於有聲電影的發展，

3　半田正夫、紋谷暢男，著作權のノウハウ，頁228，有斐閣，昭和57年。

4　詳拙譯，伯恩公約——關於文學及藝術的著作物保護之公約，大學雜誌，第133至136期。

5　Edward W. Ploman and L. Clark Hamilton, Copyright, p. 66 (1979).

而成為世界上主要娛樂的媒體⋯⋯。第二次世界大戰後，兩種發展十分重要：長時間的留聲錄音（the long-playing gramophone record）及全國性的電視（nationwide television）。其以不同質料——唱片（records）、膠捲（films）、磁帶（tapes）、金屬線（wire）等，就表演加以固定，成為可能，凡可進一步同時傳訊表演之聲音及影像至億萬國人之前，甚至超越國界[6]。」

此種科技之發展，對表演人之影響十分重大。蓋此改變表演人與觀眾之間的傳統關係，亦改變表演人及其收入之結構關係，其最大之憂慮為此可能產生大部分表演人失業的危險。在此之後，更有其他之演變關係繼續產生：音樂機械複製之製造商開始尋求對抗不法利用其產品之保護，特別是未經授權而複製其唱片者；傳播機關亦積極尋求其保護，以對抗未經授權之使用。基於著作權及尋求新保護形式之關係，國際相關團體乃漸產生規定鄰接權之觀念[7]。

（二）立法之沿革

有關表演家、錄音著作之製作人及傳播機關之國際保護，其擬議甚早。1928年伯恩公約修正羅馬會議時，各國代表即提出保護表演家權利方法之可能性。1939年在瑞士召開著作權專家委員會，即對保護表演家、錄音著作之製作人及傳播機關之保護開始起草公約。

第二次世界大戰以後，1984年伯恩公約布魯塞爾修正會議採納對以上三者之權利加以保護之建議，更且於會議中決議創設「伯恩同盟常務委員會」。1949年以來，每年常務委員會均召集開會，每次開會之議題均討論鄰接權之保護問題。1951年，伯恩同盟及國際勞工組織聯合在羅馬召開專家委員會，完成公約之預備草案（羅馬草案）。然而，國際勞工組織對表演家以勞動者加以保護，在法律上承認其有與著作權密接關聯之權利，

6　Edward Thompson, "International Protection of Performers' Rights: Some Current Problems," *International Labour Review*, Vol. 107, No. 4 (April 1973), p. 304.

7　Ploman and Hamilton, *op. cit.*, p. 67.

其見解與伯恩同盟不同。另外一方面，聯合國教科文組織（UNESCO）則積極傾向鄰接權之保護，於是國際勞工組織、聯合國教科文組織及伯恩同盟三者，乃就彼此之立場作進一步之討論、協調。

　　1956年，國際勞工組織與聯合國教科文組織召開專家委員會，未對羅馬草案加以修正，卻獨自作成草案（ILO草案）。另一方面，聯合國教科文組織與伯恩同盟，共同於摩納哥召開專家委員會，亦個別作成草案（摩納哥草案或蒙地卡羅草案）。上述二草案，前者保護水準較高，以社會、經濟的層面為著眼點，特別對複製技術之發展所伴隨表演家所謂技術的失業加以救濟；後者對表演家、錄音著作之製作人及傳播機關之保護，以世界多數國家通用為著眼點，以最小限度保護為內容。

　　1957年8月，聯合國教科文組織、伯恩同盟及國際勞工組織等三個國際機關與各國政府共同討論以上草案。1960年，三個國際機關之事務局長共同主持召開專家委員會，此次會議將以上兩個草案折衷協調而作成所謂「海牙草案」。1961年10月，以上三個國際機關共同召開鄰接權公約之外交會議，乃成立「關於表演家、錄音著作製作人及傳播機關保護之國際公約」（International Convention for the Protection of Performers, Producers of Phonograms and Broadcasting Organization）（一般稱為「鄰接權公約」）8。

三、鄰接權公約之內容9

（一）定義

　　鄰接權公約就下列名詞，規範其定義（第3條）：

1. 表演家（Performers）：謂演員、歌星、音樂家、舞蹈家以及其他將文

8　日本文部省，實演家，レユード製作者び放送事業者の保護に關する條約要覽，頁1以下，昭和39年；半田正夫，改訂著作權法概說，頁224-225，一粒社，昭和55年。

9　詳拙著，著作鄰接權公約，大學雜誌，第141期。原文見UNESCO, Copyright Laws and Treaties of the World, Rome Convention, 1961.

學或美術的著作，加以上演、歌唱、演述、朗誦、扮演或以其他方法加以表演之人。

2. 錄音著作（Phonogram）：謂專門以表演之音或其他之音為對象之聽覺的固定物。

3. 錄音著作之製作人（Producer of Phonograms）：謂最初固定表演之音或其他之音的自然人或法人。

4. 發行（Publication）：謂向公眾提供相當數量之發音片的複製物。

5. 複製（Reproduction）：謂對於固定物製作一個或一個以上之複製物。

6. 傳播（Broadcasting）：謂以公眾受信為目的，而用無線通信方法，將音或音及影像，加以傳送。

7. 再傳播（Rebroadcasting）：謂一個傳播機關，將其他的傳播機關之傳播，同時加以傳播。

（二）鄰接權與著作權之關係

　　表演家、錄音著作之製作人及傳播機關如未使用他人之著作，著作權與著作鄰接權，並不發生關係。惟表演家、錄音著作之製作人及傳播機關，通常均使用他人著作，此時著作權與著作鄰接權即發生權利上的錯綜關係。著作權與著作鄰接權即屬各別獨立之權利，故公約規定：本公約所賦予之保護，對文學及美術的著作之著作權之保護，不加以變更及影響。因此，本公約之規定，不得作損害此著作權保護之解釋（第1條）。

（三）內國國民待遇原則

1. 基本規定

　　公約適用上之內國國民的待遇，依下列規定之被要求保護之締約國的國內法令定之（第2條）：

(1) 對於表演家為其國民，而於其本國領域內為表演、廣播或最初固定者。

(2) 對於錄音著作之製作人為其國民，而於其本國領域內最初固定或最初發行者。

(3) 對於在其本國有主事務所之傳播機關，而其為傳播之傳播設備設於其本國者。

2. 各別規定

可分為三：

(1) 表演家之保護：每一締約國，於有下列情形之一時，應對於表演家賦予內國國民待遇之保護（第4條）：

① 在其他締約國為表演家。

② 表演被併入受保護之錄音著作。

③ 表演並未被固定於錄音著作上，而被放入受保護之傳播中。

(2) 錄音著作之製作人之保護：每一締約國，於有下列情形之一時，應對於錄音著作之製作人賦予內國國民待遇之保護（第5條第1項）：

① 錄音著作之製作人為其他締約國之國民者（以國籍為標準）。

② 音的最初固定係在其他締約國者（以固定為標準）。

③ 錄音著作的最初發行係在其他締約國者（以發行為標準）。錄音著作最初在非締約國發行，而在該最初發行後30日內亦在締約國發行者（同時發行），視為該錄音著作在該締約國最初發行（同條第2項）。

任何締約國得以通知書寄送聯合國秘書長，聲明不適用發行標準或固定標準（同條第3項）。

(3) 傳播機關之保護：每一締約國，於有下列情形之一時，應對於傳播機關賦予內國國民待遇之保護（第6條第1項）：

① 傳播機關之主事務所設於其他締約國者。

② 為傳播之傳播設備設於其他締約國者。

任何締約國得以通知書寄送聯合國秘書長，聲明傳播僅就傳播機關之主事務所設於其他締約國，以及為傳播之傳播設備設於其他締約國，始受保護（同條第2項）。

（四）權利之內容

1. 表演家之權利

(1) 原則：公約所賦予表演家之保護，應包括下列可能性之防止（第7條第1項）：

① 未經表演家之同意，將表演傳播及向公眾傳達。但該表演之傳播向公眾傳達係為已經傳播之表演或固定物者，不在此限。

② 未經表演家之同意，將未經同意之表演，加以固定。

③ 未經表演家之同意，將其表演之固定物加以複製，如果：

(a) 最初之固定，其本身未經表演家之同意者。

(b) 複製之目的與表演家同意之目的不符者。

(c) 依第15條（保護之例外）規定最初固定，而複製並非依該條規定之目的者。

(2) 內國規定之事項：下列二款依被要求保護之締約國的國內法令定之。但不得有害於表演家與傳播機關之間契約之表演家的運作操縱能力（同條第2項）：

① 表演家同意傳播者，關於再傳播、傳播目的之固定以及為傳播目的而將此固定物加以複製之保護。

② 傳播機關為傳播目的之固定物，其使用之期間及條件。

(3) 集體表演：如若干表演家參與同一之表演，締約國得以國內法令規定表演家依其權利之行使決定代表者之方法（第8條）。

(4) 保護範圍之擴張：任何締約國得以國內法令擴展公約之保護至未將文學及美術著作加以表演之藝術家（第9條）。

2. 錄音著作之製作人的權利

(1) 原則：錄音著作之製作人就其錄音著作直接或間接享有授權複製及禁止複製之權利（第10條）。

(2) 保護之方式：締約國之內國的國內法令，要求某種方式之履行為錄音著作之製作人或表演家或其兩者之權利保護之條件時，如已發行之商業性錄音著作及其包裝上印有P符號之標記，並附有最初發行

之年月日，而以此方法作爲保護要求之適當標記者，此標記之記載，視爲該條件之履行。又如複製品或其包裝上未能確認製作人或得製作人授權權利行使之人（附有姓名、商標或其他專用名稱）者，其標記之記載，應包括有錄音著作製作權利人之姓名。再者，如複製品或其包裝不能確認主要表演人者，其標記之記載，應包括錄音著作固定完成之國家擁有其表演權利之人的姓名（第11條）。

(3) 錄音著作之第二次使用：以商業目的發行之錄音著作或此錄音著作之複製物，直接使用於廣播或爲其他公開傳達者，使用人應對於表演人或錄音著作之製作人或其二者給付單一之適當報酬。當事人間未協議者，其報酬之分配，依國內法令定之（第12條）。

3. 傳播機關之權利

傳播機關享有下列授權或禁止之權利：

(1) 對於傳播之再傳播。

(2) 對於傳播之固定。

(3) 下列之複製：

　① 未得傳播機關之同意所作傳播之固定物的複製。

　② 如複製非依第15條規定保護之例外之目的，依該條規定傳播之固定物的複製。

(4) 在應支付入場費之公眾場所演出之電視傳播的公開傳達。但決定此權利行使之條件，依此權利被要求保護之國家的國內法令定之。

（五）保護之例外

1. 原則

締約國得以國內法令，就下列事項，規定本公約保護之例外（第15條第1項）：

(1) 個人之使用。

(2) 時事報導之片斷的使用。

(3) 傳播機關利用自己之設備，就自己之傳播所爲簡短之錄音。

(4) 專門爲教育或科學研究目的之使用。

2. 內國規定之事項

　　締約國得以國內法令規定表演家、錄音著作之製作人及傳播機關之保護，與依其國內法令所規定文學及美術的著作之著作權保護，作相同之限制。但有關強制授權之規定，不得牴觸公約規定（同條第2項）。

（六）保護期間

　　公約所賦予之保護期間，自下列所規定事項之翌年起算，至少不得短於20年（第14條）：

1. 關於錄音著作或表演被固定於錄音著作者，錄音著作被固定之年。
2. 關於表演未被固定於錄音著作者，表演演出之年。
3. 關於傳播者，傳播播放之年。

（七）鄰接權與其他保護之關係

　　本公約之保護與其他保護彼此獨立，故本公約之保護，不得損害對於表演人、錄音著作之製作人及傳播機關之其他保護（第21條）。

貳、日本舊著作權法對表演家、錄音著作之製作人及傳播機關之保護

一、有關規定之內容

　　日本明治32年舊著作權法並未承認著作鄰接權，惟其對表演家、錄音著作之製作人及傳播機關，亦有若干保護規定[10]，分述如下。

10　半田正夫、紋谷暢男，前揭書，頁230-231；日本國立國會圖書館調查立法考查局，著作權法改正の諸問題，頁196以下，昭和45年。

（一）表演家之保護

　　日本舊著作權法第1條第1項規定：「凡屬於文書、演講、圖畫、建築、雕刻、模型、照片、演奏、歌唱或其他文藝、學術或美術（包含音樂，以下同）範圍之著作物的著作人，應專有複製其著作物之權利。」舊法第1條受保護之著作中，包含演奏及歌唱在內。故演奏、歌唱之人，有著作權。其與作曲人、作詞人同樣，以第一次之著作人而受保護。嚴格言之，演奏者、歌唱者，係利用著作方面之人，而非著作之創作人，應非著作人。故明治32年日本舊著作權法立法當初，著作物之範圍中不包含演奏及歌唱在內。俟大正9年舊著作權法修正，方始列入。大正9年舊著作權法之修正，係受著名桃中軒雲右衛門事件判決之影響[11]。該事件經過情形略述如下：桃中軒雲右衛門之浪花節唱片被不法商人複製廉價販賣，東京地方裁判所判決有罪，經上訴到最高法院後，大正3年7月4日被當時著名審判長橫田秀雄博士判決無罪。其無罪之理由十分詳細，主要如下[12]：

1. 著作權法第1條第1項，有關美術範圍之著作，包含音樂著作在內。

2. 即與之音樂演奏，屬於一種純粹之瞬間創作，除演奏人主觀將該旋律加以確定，或演奏人特地製作樂譜加以固定外，不得視為音樂之著作，受著作權法之保護。

3. 未使用樂譜而從事新曲之創作，如作曲者欲取得著作權，須對該具有創意之新旋律得使之成為一種定型，同時有反覆可能性之程度。

4. 雲右衛門之浪花節樂曲，並無固定之旋律，此音樂著作縱製成唱片，亦不得以著作權保障之，故加以侵害複製並不侵害著作權。

　　上開判決雖然爭議甚多，惟對相關業者有極大之打擊。大正9年，乃於舊著作權法第1條第1項例示之著作中加上「演奏、歌唱」，另外在第32條之3增加用錄音機器複製他人著作視為偽作。

---

[11] 大審大正3年7月4日刑3判，大正3年（れ）233號，刑錄20輯1360、新聞951號，頁13。

[12] 岩松三郎等編，判例體系，無體財產權法，頁3918-3919；伊滕信男，著作權事件と著作權判例，頁20-23，文部省，昭和43年。

　　日本舊著作權法第1條第1項既明文承認演奏者及歌唱者有著作權，故演奏者、歌唱者享有舊著作權法承認之諸權利，例如對該演奏或歌唱專有複製權（舊法第1條第1項）、現不問有無著作權，均享有著作人格權（舊法第18條）、關於無線電播送之同意權（舊法第22條之5）[13]、錄音權及以錄音物上演之權利（舊法第22條之6）[14]。

（二）錄音著作之製作人的保護

　　日本舊著作權法第22條之7規定：「凡將他人之著作物以聲音用機械合法地複製於機器者，應視爲著作人，並對其機器具有著作權。」該條係昭和9年舊著作權法修正，將原第32條之3刪除而新增加者。舊著作權法第22條之7既規定錄音著作之製作人有著作權，此著作權之內涵包含複製權，固無問題。惟有無包含類似劇本著作權之上演權，頗有爭論。學者多持肯定說[15]，但舊著作權法第30條第1項規定：「已經發行之著作物，以左列方式複製者，不視爲僞作……第八，將聲音以聲音用機械複製於機器供給上演或播送者。」故以上爭論，對表演人及錄製人雙方，較無實益。

（三）傳播機關之保護

　　傳播機關播送其著作物，原則上應得著作權人之許諾（舊法第22條之5第1項）。傳播機關欲廣播已發行或上演他人之著作物時，如支付相當補償金爲條件，得加以強制授權（舊法第22條之5第2項）[16]。但如劇本

13　日本舊著作權法第22條之5規定：「屬於文藝、學術或美術範圍之著作物，其著作權應包括其著作物廣播之同意權（第1項）。」「傳播機關擬廣播已經發行或上演他人之著作物時，應與著作權人協議，協議不成立時，得依命令之規定繳納主管機關所規定之相當價金而廣播其著作物（第2項）。」「對於前項償金之金額有異議者，得以訴訟請求其增減（第3項）。」「對於前項之訴訟，以著作權人或廣播機關爲被告（第4項）。」

14　日本舊著作權法第22條之6規定：「屬於文藝、學術或美術範圍之著作物，其著作權應包括其著作物以聲音用機械複製於機械及上演之權利。」

15　山本桂一，著作權法，頁242-243，有斐閣，昭和48年增補版；半田正夫，前揭書，頁230-231。

16　同註13。

或樂譜不以營利爲目的，且演出者不受報酬而上演或播送時，如明示出處（舊法第30條第1項第7款、第2項），或將合法錄音之錄音著作加以播放而明示其出處者，均認爲係合理使用，而非著作權之侵害。

二、問題之所在

日本舊著作權法雖對表演家、錄音著作之製作人及傳播機關之保護有所規定，惟未採鄰接權制度。其規定有下列問題[17]：

（一）演奏歌唱爲著作物之媒體與著作物之本質有異。舊法第1條著作物例示之規定，將通常音樂著作物之利用如演奏者、歌星與著作物之創作者如作曲家、作詞家同樣以第一次之著作人加以保護，兩者相互之關係不明確。又舊法第1條對演奏、歌唱以外表演家之保護亦有欠缺，應加以補救。

（二）舊法第22條之7明定錄音著作之製作人有著作權，但未明示其著作權所涵蓋之具體內容，尤其其與第1條例示著作物中之演奏、歌唱同受保護，解釋上易生問題。

（三）舊法第30條第1項第8款規定對著作權人之經濟利益有極大的抑制，外國立法並無其例，著作權人強烈要求刪除。

（四）表演家、錄音著作之製作人及傳播機關三者，於利用音樂著作之際，有相互依存之密切關係。從而在立法處理上，三者之間的關聯性，首先應加以考慮，舊法將其視爲各個獨立之著作，解釋上諸多疑義。

三、舊著作權法之修正與新著作權法鄰接權制度的採行

日本舊著作權法未採行著作鄰接權制度，在理論上學者頗多疵議[18]，

---

17 半田正夫、紋谷暢男，前揭書，頁231。
18 國立國會圖書館調查立法考查局，前揭書，頁198以下。

有關團體亦極力主張採行著作鄰接權制度[19]。故日本於昭和45年（1970年）修正著作權法，乃根據鄰接權公約創設著作鄰接權制度，明確規定表演家、錄音著作之製作人及傳播機關三者之權利為「著作鄰接權」（現行著作權法第89條）[20]，並刪除舊著作權法第30條第1項第8款之規定。有關日本現行著作權法著作鄰接權制度之詳細內容，詳如後述。

參、日本現行著作權法之著作鄰接權制度

一、種類

依日本現行著作權法，表演家、錄音著作之製作人及傳播機關，有下列二系列之權利。

（一）第一系列（著作鄰接權）

1. 表演家：表演之錄音權、錄影權、廣播權、有線廣播權。
2. 錄音著作之製作人：錄音著作之複製權。
3. 傳播機關：傳播之錄音權、錄影權、照片複製權、再廣播權、有線廣播權、電視播送之傳達權。

（二）第二系列（商業用錄音著作之第二次使用費請求權）

1. 表演家之商業用錄音著作之第二次使用費請求權。
2. 錄音著作製作人之商業用錄音著作之第二次使用費請求權。

以上二系列之請求權，第一系列之諸權利，具有類似物權之排他性；第二系列之第二次使用費請求權，僅具有債權之性質，不具排他性。

19　例如NHK、日本民間放送聯盟、日本音樂家連合會、日本書籍出版協會等均極力主張採鄰接權制度。詳文部省，著作權制度審議會資料集（五），頁7-8。

20　詳拙譯，日本著作權法，大學雜誌，第131至132期。

依日本著作權法第89條第5項規定，著作鄰接權僅指第一系列之權利，第
二系列之權利不包含在內。但此僅在立法技術上作如此之區分，一般習慣
上亦將第二系列之權利列入廣義著作鄰接權之概念中。蓋此二者之區別，
僅在保護期間、對權利侵害之物權請求權及罰則上有其意義，其餘無區別
之實益[21]。

二、表演家之權利

（一）表演家之概念

　　受鄰接權保護之表演家，即演員、舞蹈家、演奏家、歌手及其他為
演藝之人，以及指揮或演出演藝之人（第2條第1項第4款）。所謂「演
藝」，即以演出、舞蹈、演奏、歌唱、話藝、朗誦或其他方法表演之演劇
的著作物（類似此等行為包含非著作物之演出而具有藝能性質者）（第2
條第1項第3款）。表演家之演藝，例如落語家、講談師、浪曲師、漫才
師、漫談家依據通常台本所為之口演是。魔術、曲藝、腹語術等，亦屬於
此具有藝能性質之演藝。但野球、體操、摔角、拳擊及其他運動競技，並
不具有藝能性質，故運動競技之選手，並非此之表演家。但在舞台上表演
之機械體操等，則為此之演藝[22]。

（二）權利之內容

　　表演家在著作權法上享有下列權利：

1. 表演之錄音權、錄影權

　　表演人專有對其表演加以錄音及錄影之權利（第91條第1項）。故對
表演家之表演加以錄音、錄影或增製其錄音、錄影之固定物，非得表演家

21　尾中普子、久久湊伸一、千野直邦、清水幸雄，著作權法，頁106-107，學陽書
　　房，昭和53年；加戶守行，著作權法逐條講義，頁357，日本著作權資料協會，昭
　　和54年3訂版。
22　內田晉，問答式入門著作權法，頁375，新日本法規出版社，昭和54年。

之允許，不得為之[23]。但如已得表演人之許諾而製作電影著作（含錄影著作），就該電影著作加以增製固定物者，除非專門以錄音物錄音，否則無須再得表演人之同意（第91條第2項）。

茲將上述關係圖示如下：

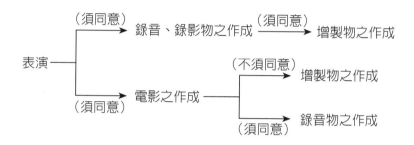

2. 表演之播送權即有線播送權

(1) 表演人專有對其表演加以播送及有線播送之權利（第92條第1項）。因此，與錄音、錄影之情形相同，播送或有線播送表演，應得表演家之同意。

(2) 下列情形無須得表演家之同意（第92條第2項）：

① 就已廣播之表演加以有線廣播者。

② 經權利之許諾合法錄音、錄影之表演加以播送或有線播送者。

③ 就第91條第2項無須經許諾之電影的增製物收錄之表演加以播送或有線播送者。

茲將表演之播送及有線播送權之關係圖示如下：

---

23 日本著作權法第2條第1項第13款規定：「錄音：即在物上對音加以固定或增製其固定物。」同項第14款規定：「錄影：即在物上對連續影像加以固定或增製其固定物。」

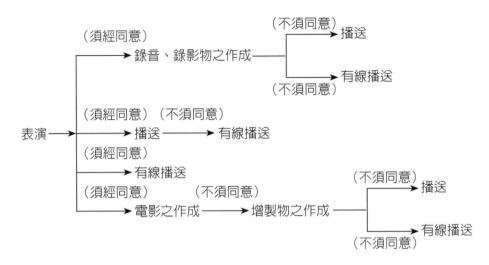

(3) 傳播機關得有播送表演之權利人（第92條第1項）的許諾，就其演藝，以播送目的加以錄音或錄影，無須再經同意（第93條第1項本文）。即爲使表演之播送有效圓滑之利用起見，表演家之許諾權，加以一定之限制。但下列情形例外須經表演家之同意：

① 契約別有規定者（第93條第1項但書）。

② 以使用與有關該許諾之播送節目不同之播送節目爲目的而加以錄音或錄影者（第93條第1項但書）。

③ 合法作成之錄音物或錄影物，以廣播以外之目的，加以使用或提供者（第93條第2項第1款）。

④ 合法作成之錄音物或錄影物以使用與有關許諾之廣播節目不同之節目爲目的，加以使用或提供者（第93條第2項第1款）。

⑤ 傳播機關合法作成之錄音物或錄影物，另外提供其他以播送爲目的之傳播機關者（第93條第2項第2款）。

(4) 得權利人（第92條第1項）許諾其表演之播送者，其表演除契約別有規定外，得爲下列之播送：

① 關係該許諾之播送（第94條第1項本文）。

② 得該許諾之傳播機關，使用依第93條第1項規定作成之錄音物或錄影物所爲之廣播（所謂「重複播送」）（第94條第1項第1

款）。

③ 曾提供該錄音物之其他傳播機關，自得權利人許諾之傳播機關，取得第93條第1項規定作成提供之錄音物或錄影物，加以播送者（所謂tape network）（第94條第1項第2款）。

④ 其他傳播機關自得該許諾之傳播機關，取得有關該許諾之廣播節目，加以廣播者（第94條第1項第3款）。

以上表演之播送，表演家之同意權人幅度受到限制，對表演家之經濟利益不無損害，爲使表演家與傳播機關兩者之利益加以調和，以上②至④之播送，傳播機關，應對表演之權利人支付相當之報酬（第94條第2項）。

茲將以上播送之關係，圖示如下：

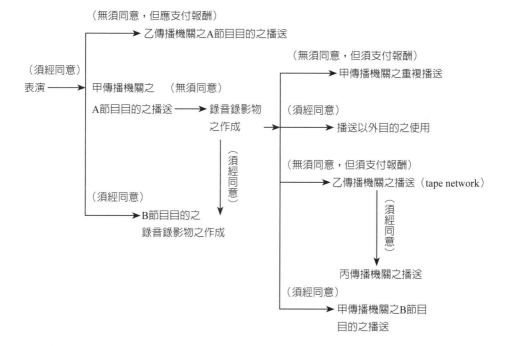

3. 商業用錄音著作之第二次使用費請求權

傳播機關或有線傳播機關自市面上購買商業用錄音著作播放音樂之

情形十分普遍，表演家乃失去現場表演的機會，因此而產生機械失業之現象。尤以近來日本民間播送及音樂供給（Music Supply）企業急遽增加，對表演家產生極大的威脅，為使表演家減少喪失經濟利益，日本著作權法乃承認表演家有第二次使用費請求權[24]。易言之，傳播機關及以提供音樂為主要目的之從事有線播送之人，對得表演人許諾之表演，加以錄音或以商業用錄音著作，加以播送或有線播送者（以受信該播送而為再播送或有線播送者除外），應支付有關該表演（限於著作鄰接權之存續期間內）之表演人第二次使用費（第95條第1項）。茲分述如下。

(1) 請求權人

① 如在國內有相當數目以表演為業之人組成（包括其聯合體）並得文化廳長官指定同意之團體，收取第二次使用費之權利，僅由該團體行使，各個表演家並非請求權人（第95條第2項）。文化廳長官遇有具備下列要件之團體，應加以指定：a.不以營利為目的；b.其構成員得任意加入或退出；c.其構成員有平等之表決權及選舉權本身確有足以行使收取第二次使用費之能力（第95條第3項）。目前被指定之團體，僅日本藝能表演家團體協議會[25]。

② 表演家申請加入受文化廳指定之團體，該團體原則上不得拒絕，但限定表演家須具備一定之資格方得加入者，不在此限。

③ 受指定之團體不得拒絕為權利人行使其權利之要求（第95條第4項）。又受指定之團體於接獲權利人行使其權利之要求時，有以自己之名義，為權利人為關於其權利之訴訟上或訴訟外行為之權利（第95條第5項）。

(2) 使用費之支付義務人

第二次使用費之支付義務人，係傳播機關及以提供音樂為主要目的之有線播送業者（所謂Music Supply業者）。第二次使用費之數額，每年由

24　齊藤博，概說著作權法，頁264-265，一粒社，昭和55年；加戶守行，前揭書，頁375。

25　昭和46年文化廳告示第6號，並見半田正夫，前揭書，頁239。

受指定之團體與傳播機關或其他團體以協議定之（第95條第7項）[26]。如協議不成立，則當事人得依命令規定[27]，就其數額請求文化廳長官裁定之（第95條第8項）。

三、錄音著作之製作人的權利

（一）錄音著作之製作人的概念

　　所謂錄音著作，即留聲機用音盤、錄音帶及其他對音加以固定之物（專門再生影像之音者除外）（第2條第1項第5款）。所謂錄音著作之製作人，即最初在錄音著作上對音加以固定之人（第2條第1項第6款）。

（二）權利之內容

　　錄音著作之製作人享有著作權法上以下之權利：

1. 錄音著作之複製權

　　錄音著作之製作人專有複製其錄音著作之權利（第96條）。故複製錄音著作者，應得錄音著作之製作人之同意。但以個人、家庭及其他類似之範圍內之使用目的，無須得其同意（第102條準用第30條）。

2. 商業用錄音著作之第二次使用費請求權

　　傳播機關等以商業用錄音著作為播送或有線播送者（以受信該播送為再播送或有線播送者除外），對於錄音著作之製作人（以著作鄰接權之存續期間為限），應支付第二次使用費（第97條第1項）。此與表演家同，乃為使錄音著作之製作人及商業用錄音著作之使用者間利益平衡起見，所為之規定。以上之使用費，如在國內有相當數目以製作商業用錄音著作為業之人組成（包括其聯合體）並得文化廳長官指定同意之團體，得僅由該

26　例如日本藝能表演家團體協議會於昭和55年與下列四團體協議該年之使用費數額如下：日本放送協會51,000,000日圓、日本民間放送聯盟117,500,000日圓、日本有線放送聯盟3,920,000日圓、全國有線音樂放送協會3,360,000日圓。以上金額頗為可觀。

27　詳見日本著作權法施行令第53條以下。

團體收取使用費，各別的錄音著作之製作人不得收取使用費（第97條第2項）[28]。有關團體收取使用費之其他程序，準用表演家團體之規定（第97條第3項）。

四、傳播機關之權利

（一）傳播機關之意義

　　所謂「傳播」，係指以公眾直接受信爲目的而爲無線通信之送信（第2條第1項第8款）。所謂「傳播機關」，係指以從事傳播爲業之人（第2條第1項第9款）。以有線傳播爲業之人及特定人間所爲之無線通信，並非此之傳播機關[29]。

（二）權利之內容

1. 廣播之錄音權、錄影權及攝影複製權

　　傳播機關專有以錄音、錄影、攝影或其他類似方法複製播送之音或影像而播送或以受信廣播爲有線播送之權利（第98條）。故對於播送之音加以錄音、對於電視播送之畫面加以錄影、攝影，或以其他方法複製，應得傳播機關之同意。但以個人、家庭或其他相類似之範圍內使用爲目的所爲之錄音、錄影，無須得傳播機關之同意（第102條準用第30條）。

2. 廣播之再播送權及有線播送權

　　傳播機關專有將其受信廣播再播送或有線播送之權利（第99條第1項）。因此，對於廣播之再播送及有線播送者，應得傳播機關之同意。但於依法令規定應爲有線播送之人所爲之有線播送，例外無須得傳播機關之同意（第99條第2項）。

3. 電視播送之傳達權

　　傳播機關專有以特別裝置擴大影像傳達其電視播送，或以受信有線

28　目前文化廳長官指定之團體爲日本錄音著作協會，昭和46年文化廳告示第7號。
29　加戶守行，前揭書，頁27。

播送而為受信電視播送之權利（第100條）。因此，將電視廣播以艾多福（Eidophor）電視投影方式向公眾傳達者，應得傳播機關之同意[30]。

五、著作鄰接權之保護期間、限制、行使及登記

（一）著作鄰接權之保護期間

著作鄰接權之保護期間為20年，自下列各款行為之日所屬之年的翌年起算：

1. 關於演藝，為演藝之時。
2. 關於錄音著作，最初將其音固定之時。
3. 關於播送，為播送之時。

以上之期間，僅係著作鄰接權之保護期間。有關商業用錄音著作之第二次使用費請求權，其性質係屬債權，與上述保護期間並無關係，僅依民法規定因10年不請求權於時效而消滅（日本民法第167條第1項）。

（二）著作鄰接權之限制

1. 著作鄰接權通常伴隨一般著作的利用，故與著作權之限制一樣，著作鄰接權亦應加以限制。

   以下之情形無須得鄰接權人之同意，得加以利用：

   (1) 私的使用目的之複製（第102條第1項準用第38條）。
   (2) 圖書館等場所在一定條件下之複製（第102條第1項準用第31條）。
   (3) 公正慣行之引用（第102條第1項準用第32條）。但其複製如有明示其出處之習慣者，應按照其複製之態樣，在合理的方法及程度內，明示其出處（第102條第2項）。
   (4) 學校或其他教育機關之複製（第102條第1項準用第35條）。
   (5) 考試問題之複製（第102條第1項準用第36條）。但以營利為目的之複製者，應支付鄰接權人相當於通常使用金數額之補償金。

30　半田正夫，前揭書，頁203。

(6) 為增進盲人為目的之設施所為供盲人借用目的之錄音（第102條第1項準用第37條第2項）。但其複製如有明示其出處之習慣者，應按照其複製之態樣，在合理的方法及程度內，明示其出處（第102條第2項）。

(7) 非營利目的之上演（第102條第1項準用第38條第1項）。

(8) 時事事件報導目的之利用（第102條第1項準用第41條）。

(9) 裁判手續等之複製（第102條第1項準用第42條）。但其複製如有明示其出處之習慣者，應按照其複製之態樣，在合理的方法及程度內，明示其出處（第102條第2項）。

(10) 傳播機關短暫之錄音（第102條第1項準用第44條）。

2. 在新聞紙或雜誌上揭載發行之有關政治上、經濟上或社會上之時事問題之論述（第39條第1項）、公開為政治上之演說或陳述及裁判程序之公開陳述（第40條第1項）、國家或地方公共團體之機關所為之公開的演說或陳述（第40條第2項），得將其著作之播送為有線播送，或以特別的裝置擴大播送影像，公開傳達（第102條第3項）。

3. 以上著作鄰接權之限制，對於鄰接權人之利益有重大之影響，加以擴大解釋宜嚴格謹慎，特別對法律所允許自由利用之目的以外的利用，已逾越自由利用之範圍，自應構成著作權之侵害。因此，下列行為仍應得鄰接權人之同意，否則構成鄰接權之侵害（第102條第4項）：

(1) 以第30條、第31條第1項、第35條、第37條第2項、第41條、第42條或第44條第1項所規定目的以外之目的作成之表演等之複製物加以頒布，或將該表演、錄音著作之音或播送之音或影像，向公眾提示者。

(2) 違反第44條第2項規定，傳播機關保存錄音物或錄影物者。

（三）著作鄰接權之行使

1. 轉讓：著作鄰接權得將其全部或一部轉讓之（第103條準用第61條第1項）。著作鄰接權之全部讓與固無問題，一部讓與，例如在權能上表演家將錄音、錄影權與播送、有線播送權分離而為讓與；在時間上對讓與

之時間附加一定之期限（例如讓與一年之播送權）；在場所上限定某一地區得播放表演之錄影帶是[31]。

2. 消滅：著作鄰接權因下列二情形而消滅：

    (1) 鄰接權人死亡，其鄰接權依民法（明治29年法律第89號）第959條（繼承財產之歸屬國庫）之規定歸屬於國庫者。

    (2) 鄰接權人為法人經解散，其鄰接權依民法第72條第3項（剩餘財產之歸屬國庫）或其他類似之法律規定，而歸屬於國庫者（第103條準用第62條第1項）。

3. 利用之同意：著作鄰接權人對於他人，得許諾其著作鄰接權之利用（第103條準用第63條第1項）。得許諾利用之人，於與其許諾有關之利用方法及條件之範圍內，得利用其表演、錄音著作及廣播（第103條準用第63條第2項）。得許諾利用之人，如將其利用權轉讓第三人，仍應得著作鄰接權人之同意，方得為之（第103條準用第63條第3項）。鄰接權人為播送之許諾，契約如無特別規定，不包含錄音及錄影之許諾（第103條準用第63條第4項）。

4. 著作鄰接權之共有：數人共同參加表演（例如合唱團等），其著作鄰接權由參加人共有。又將著作鄰接權讓與複數之人，其受讓人亦共有著作鄰接權。著作鄰接權之共有，與著作權之共有相同，各共有人非得其他共有人之同意，不得讓與其應有部分，或以其為質權之標的（第103條準用第65條第1項）。又共有著作鄰接權，非得共有人全體之同意，不得行使其權利（第103條準用第65條第2項）。再者，著作鄰接權之共有，雖應經其他共有人之同意，方得讓與其應有部分，或以其為質權之標的，但各共有人無正當理由，不得拒絕同意（第103條準用第65條第3項）。

5. 著作鄰接權之設質：著作鄰接權為質權設定之標的，如設定行為無特別約定者，著作鄰接權人得行使其著作鄰接權（第103條準用第66條第1項）。以著作鄰接權為標的之質權，質權人得就該著作鄰接權之轉讓

31　加戶守行，前揭書，頁423。

或該著作鄰接權之利用，著作鄰接權人所得之金錢或其他之物，加以實行，但該實行以權利先受扣押者爲限（第103條準用第66條第2項）。

（四）著作鄰接權之登記

1. 下列事項，未經登記，不得對抗第三人：(1)著作鄰接權之移轉或處分之限制；(2)以著作鄰接權爲標的之質權的設定、移轉、變更或消滅（因混同或著作鄰接權或擔保之債權之消滅者除外），或處分之限制（第104條準用第77條）。
2. 以上登記，文化廳長官應記載於著作鄰接權登記原簿。任何人得請求文化廳長官製作著作鄰接權登記原簿之謄本或副本，或閱覽著作鄰接權登記原簿或其附屬書類（第104條準用第78條）。

六、著作鄰接權與著作權之關係

（一）基本關係

　　表演家、錄音著作之製作人及傳播機關，如未使用著作權人之著作，則著作權與著作鄰接權並不牴觸，二者並不生任何關係。然而，表演家、錄音著作之製作人及傳播機關間，通常均利用著作權人之著作，此時著作權與著作鄰接權密切接觸，雙方權利關係即錯綜複雜。依日本現行著作權法規定，兩者係各別獨立之權利，著作鄰接權不影響著作權人之權利（第90條）。惟此一規定並不十分明確，在具體個案之適用上，仍可能發生若干問題。

（二）具體關係

1. 表演家之權利與著作權之關係

　　著作權人就其著作專有上演權[32]。因此，表演家上演著作權人之著

---

[32] 日本著作權法第22條規定：「著作人專有將其著作以公眾直接所見所聞爲目的（以下稱「公開」）而上演及演奏之權利。」

作，應得著作權人之同意。受上演許諾之表演家所為之表演，表演家發生
著作鄰接權。故就該表演加以錄音、錄影或播送者，應得表演家之同意
（第91條、第92條），但著作權人之權利並不因此而受剝奪（第90條）。
未得著作權人之許諾，仍不得為錄音、錄影或播送。但合法被錄音、錄影
之表演加以播送或有線播送者，無須得表演家之同意（第92條第2項）。
不過，此播送仍為著作權人之播送權及有線播送權所及，未得著作權人之
同意，不得有效播送[33]。

2. 錄音著作之製作人之權利與著作權之關係

既存之音樂將其錄為錄音著作，錄音著作之製作人，應得著作權人
複製之許諾（第21條）。受許諾之錄音著作的製作人，適法地作成錄音著
作，錄音著作之製作人即發生著作鄰接權。因此，第三人欲複製其錄音著
作，應得錄音著作之製作人的同意（第96條）。此外，未得著作權人之
複製的許諾，亦不得為有效之複製。又傳播機關以商業用錄音著作為播送
或有線播送者，對錄音著作之製作人，應支付第二次使用費（第97條第1
項）。但此僅傳播機關與錄音著作之製作人之關係，傳播機關與著作權人
之間的關係並不因此而受影響。易言之，傳播機關如未得著作權人播送或
有線播送之許諾，仍不得有效地播送或有線播送[34]。

3. 傳播機關之權利與著作權之關係

著作權之中包含播送權，傳播機關播送著作權人之著作，應得著作權
人之許諾（第23條）。將音樂著作之錄音加以播送，在舊法如錄音物為合
法且播送出處，無須經著作權人同意（舊法第30條第1項第8款）。在現行
法則不同，現行法對播送他人音樂與現場之演奏加以播送一樣，應得著作
權人之許諾。又在著作權上除播送權外，亦包含為複製權一種之錄音及錄
影權。對作成播送用之固定物，亦為著作權人權利之所及，應得著作權人
同意[35]。受許諾之傳播機關合法地播送時，對其播送發生著作鄰接權。因

33　中川善之助、阿部浩二，著作權，頁282，第一法規出版社，昭和48年。

34　中川善之助、阿部浩二，前揭書，頁284-285；半田正夫，前揭書，頁250。

35　傳播機關短暫之錄音為例外。日本著作權法第44條第1項規定：「傳播機關，於無

此，欲對其播送錄音、錄影、再播送或有線播送者，應得傳播機關之同意（第98條、第99條）。但著作權人之權利不因此而被剝奪，未得著作權人之同意，仍不得有效錄音、錄影、播送或有線播送[36]。

肆、我國著作權法之檢討

一、舊著作權法之有關規定

　　著作鄰接權觀念之產生與科技之發展，具有密切之關係。我國第一部成文之著作權法為宣統2年公布之滿清政府之著作權律，依著作權律第1條規定：「凡稱著作物而專有重製之利益者，曰著作權。稱著作物者，文藝、圖畫、帖本、照片、雕刻、模型皆是。」斯時對表演人、錄音著作之製作人及傳播機關本身，均未保護。民國4年北洋政府之著作權法第1條規定：「下列著作物，依本法註冊專有重製之利益者，為著作權：一、文書、講義、演述；二、樂譜、劇本；三、圖畫、字帖；四、照片、雕刻、模型；五、其他有關學藝美術之著作物。」民國17年國民政府之著作權法第1條第1項規定：「就下列著作物依本法註冊專有重製之利益者，為有著作權：一、書籍、論著及說部；二、樂譜、劇本；三、圖畫、字帖；四、照片、雕刻、模型；五、其他關於文藝、學術或美術之著作物。」民國4年、17年之著作權法，受保護著作權之客體，均未有表演、錄音著作及廣播[37]。其中表演及廣播本身須採創作主義方有保護之可能，錄音著作

　　害於第二十三條第一項規定之權利，得將播送之著作，以自己播送之目的，自己之設備或播送同樣著作傳播人之設備，短暫地加以錄音或錄影。」第2項：「依前項之規定作成之錄音物或錄影物，於錄音或錄影之日起六個月後，不得保存。但於依命令規定之官方的紀錄保存所保存者，不在此限。」

36　半田正夫，前揭書，頁250-251。

37　有關我國前清著作權律以來之各著作權法全文，可參考拙著，著作權法逐條釋義，頁297以下，著者發行，民國75年初版。

雖採註冊主義亦有保護之可能。惟因斯時錄音著作（含唱片）尚未十分發達，故未受保護也。民國24年，上海各留聲機唱片公司，因上海各廣播無線電台於播音時播送唱片，營業深受影響，於是向上海無線電播音同業公會提出下列六項要求：（一）只准播簽字公司唱片；（二）唱片須向製片公司直接購置，播送時僅以購買唱片為限；（三）播送唱片每日不得逾兩小時；（四）新出唱片每星期播送一次，每一星期每日不過一次；（五）播送前後須將唱片之片名、號數及製片者名稱報告聽眾。播送唱片，須完好無損者，否則製片商得請求停止播送；（六）每台每月繳納版權費150元，須每月第一日到期付清。當時交通部就此一問題呈請司法院解釋，司法院乃以24年11月22日院字第1353號解釋謂：「留聲機片，既非出版品，亦非著作物，並無專有公開演奏之權，購買人本其所有權作用，無論如何使用，即不問其以供個人娛樂，或以供公眾收聽，應任憑其自由，出售人、製造人、發行人均不得干涉[38]。」

　　民國33年著作權法修正，該法第1條規定：「就左列著作物，依本法註冊專有重製之利益者，為有著作權：一、文字之著譯。二、美術之製作。三、樂譜劇本。四、發音片照片或電影片。就樂譜劇本、發音片或電影片有著作權者，並得專有公開演奏或上演之權。」此即規定發音片受保護。經註冊之發音片並有重製及公開演奏之權；表演及廣播本身，依然不受保護。民國38年、53年著作權法修正，對此並無變更。依舊著作權法規定，發音片之製作人既專有重製權及公開演奏權，則不僅翻製他人唱片為違法[39]，公開播放他人唱片，亦屬違法[40]。

二、新著作權法之有關規定

　　我國新著作權法於74年7月10日總統公布。依新著作權法第4條第1項

38　詳司法院秘書處，司法院解釋案編（第二冊），頁1076-1077，民國65年印行。
39　詳行政院52年11月6日台52內字第7418號令。
40　拙著，著作權之侵害與救濟，頁68-69，著者發行，民國68年。

規定，受保護之著作，包含錄音著作及演講、演奏、演藝、舞蹈著作在內（第10款、第13款）。第2項規定，受保護之著作，著作權人專有重製、公開口述、公開播送、公開上映、公開演奏、公開展示、編輯、翻譯、出租、改作等權利。故下列情形係屬違法：

（一）就唱片、錄音帶加以翻錄（重製）、在電視及電台上播出（公開播送）、在舞廳或夜總會播放（公開演奏），均屬違法。又唱片、錄音帶亦不得出租他人，否則侵害著作權人之出租權。

（二）演奏、演藝、舞蹈[41]本身即受著作權法之保護，故未經演奏人、演藝人、舞蹈人之同意，不得錄音、錄影、攝影。但新聞報導或專供自己使用者，不在此限（第18條）。此所謂「新聞報導」，係指新聞紙、雜誌、廣播電台、廣播電視等之新聞報導而言。電視綜藝節目就舞蹈加以錄影、廣播電台新聞以外之節目就演奏加以錄音、報紙副刊編輯就演講加以筆錄，皆非此之「新聞報導」[42]。又此「專供自己使用」，有別於供公眾或他人使用。故公司企業內部業務上之利用，非屬「自己使用」[43]，個人以團體組織之成員的立場為遂行團體組織之目的所為之錄音、錄影、攝影，亦非此之「專供自己使用」[44]。

（三）著作權法第18條僅規定，專供自己使用或新聞報導得就演奏、演藝、舞蹈加以錄音、錄影、攝影，而未規定得加以公開播送，故縱專供自己使用或新聞報導目的而播送他人之演奏、演藝、舞蹈，如未經同意或授權，即屬侵害著作權（第28條第1項第4款）。

---

41 以上三者均相當於日本著作權法之「實演」。

42 拙著，著作權法逐條釋義，頁140。

43 佐野文一郎、鈴木敏夫，改訂新著作權法問答，頁230-231，出版開發社，昭和54年。

44 日本東京地方裁判所昭和52年7月22日判決。

三、檢討

　　由於科技發達，大眾傳播工具不斷翻陳出新，任何新的傳達、表現創作型態的媒體出現，均可能對著作權法產生衝擊。錄音、錄影、播送工具發達，對表演人、錄音著作之著作人、傳播機關之權利，產生極大之影響。以上三者，均須作適當保護，因此而產生「著作鄰接權」。我國民國17年著作權法對以上三者，尚未加以保護。民國33年著作權法修正，始對發音片加以保護；民國74年著作權法修正，始對表演人加以保護，然對傳播機關本身之保護，則付之闕如。再者，我國著作權法自始未承認著作鄰接權，現行著作權法（即民國74年修正之著作權法）對表演人、錄音著作之製作人、傳播機關之保護，尚有不少缺失，略述如下：

（一）著作鄰接權，即表演家、錄音著作之製作人及傳播機關所享有類似著作權之權利，已如前述。我國現行著作權法，僅對表演家、錄音著作之製作人明文加以保護（第4條），傳播機關則不直接受保護。易言之，傳播機關之播送，須本身享有其廣播錄音著作、錄影著作之著作權，方始受到保護。如錄音、錄影著作之著作權人與傳播機關非屬同一人，則傳播機關對其播送之聲音或影像，並無錄音權、錄影權及攝影權，且不得再為播送及有線播送。如此對傳播機關在廣播上之投資，未免有失公平。我國著作權法為保護與著作相關的投資利益，投資於錄音有錄音著作權，投資於文字著述之整理排印、美術著作之影印、電影著作之合法拷貝尚有製版權[45]。我國著作權法第24條有關美術著作、電影著作之製版權，在著作權法立法例上，十分罕見，可見現行著作權法對保護著作之相關投資不遺餘力，但對外國均加以保護之傳播機關之投資卻獨加以忽視，殊令人不解。

（二）依著作權法第3條第1款「著作」之定義為：指屬於文學、科學、

45　詳施文高，國際著作權法制析論（上冊），頁418以下，著者發行，民國74年。彼謂製版權係投資利益之保護。另見拙著，著作權法逐條釋義，頁165-168。

藝術或其他學術範圍之創作。同條第3款「著作人」之定義爲：指
創作著作之人。故著作係一種精神上之創作，著作人須有創作之行
爲。著作鄰接權觀念之產生，其理由之一爲：表演人、錄音著作之
製作人、傳播機關等利用著作之人，較少傳統之著作行爲。例如表
演人大多演唱他人歌曲、錄音著作之製作人係就他人之演唱加以錄
音、傳播機關則係就表演或錄音著作，加以播送是。現行著作權法
第4條將表演及錄音著作等，列爲受保護之「著作」，與第3條「著
作」、「著作人」之定義，本質上有所未合。

(三) 依日本立法例採「著作鄰接權」制度，其理由之一係表演家、錄
音著作之製作人及傳播機關三者間，在利用音樂著作之際，有相互
依存之密切關係。在立法之處理上，應重視三者之關聯性，如視爲
各個獨立之著作，解釋上諸多疑義[46]。我國現行著作權法將表演、
錄音著作視爲獨立之著作，在解釋上可能產生若干疑義。例如：甲
有歌曲著作權，乙經甲同意加以演唱，丙欲作成唱片，須經乙之同
意，是否須經甲之同意？又丙經甲乙雙方同意作成唱片，丁欲在電
台播送，須經丙之同意，是否須經甲乙之同意？又丁經甲乙丙之同
意就唱片加以播送後，就其播送加以錄音或再播送，是否須再經甲
乙丙之同意？如丁經甲乙丙之同意就其播送錄音，是否得將其錄音
帶轉送戊播送？又戊播送後是否可加以錄音……。以上情形，在日
本著作權法，因採著作鄰接權制度有明確規定，適用上不生疑義。
我國著作權法規定十分簡陋，有待立法加以補救。

(四) 依鄰接權公約第15條規定，在個人之使用、時事報導之片斷使用、
傳播機關利用自己之設備就自己之傳播所爲簡短之錄音、專門爲教
育或科學研究目的之使用等，例外得不加以保護。日本著作權法對
著作鄰接權有諸多限制之規定；我國著作權法雖對錄音著作、表演
人加以保護，惟相對權利限制之規定則十分缺乏，利用著作之人，

46　半田正夫、紋谷暢男，前揭書，頁231。

往往有動輒得咎之憾。舉例言之：

1. 著作權法第18條規定：「演講、演奏、演藝或舞蹈，非經著作權人或著作有關之權利人同意，他人不得筆錄、錄音、錄影或攝影。但新聞報導或專供自己使用者，不在此限。」此規定僅言「筆錄、錄音、錄影、攝影」，而不言「重製」、「公開播送」，故甲報社記者採訪他人演講，雖可筆錄，但報社卻不能印成報紙報導（重製），乙電視記者雖可就演講加以錄影，但卻不能播出（公開播送），使本條成為具文。尤其本條之對象僅限於「演講、演奏、演藝或舞蹈」，而不包含「錄影著作」、「錄音著作」在內[47]，故一般人如就電視上之綜藝節目（錄影著作之播送），加以錄影（家庭錄影），因其非就現場之表演加以錄影，不適用著作權法第18條規定，而仍屬於侵害著作權之行為。按一般私的目的之使用（private use），各國立法大多列為著作權限制之一種，不侵害著作權[48]。我國著作權法卻仍屬於侵害著作權人之重製權，依著作權法第38條第1項，處六月以上三年以下有期徒刑，得併科3萬元以下罰金，殊屬過苛。

2. 依日本著作權法第38條規定：「不以營利為目的，對於聽眾或觀眾亦無收取入場費（不問任何名義，因著作物之提示所受之對價，第2項同）者，得公開上演、演奏、口述、上映或有線播送已公表之著作物。但該上演、演奏、口述、上映、有線廣播，對於演藝人員或為口述之人支付報酬者，不在此限。」「不以營利為目的，且無由聽眾或觀眾中收取費用之已廣播或有線廣播之著作物，得以受信裝置公開傳達。通常家庭用受信裝置，亦適用之。」本條規定，於著作鄰接權有準用（日本著作權法第102條）。我國現行著作權法

---

47 錄音著作、錄影著作、演講、演奏、演藝、舞蹈著作，三者在著作權法第4條第1項著作權之客體中，均屬分別獨立。

48 詳拙文，著作物之私的複製與著作權之限制，軍法專刊，第31卷第1期，頁22以下。

無類似著作權限制之規定。故電台播放他人唱片，如無插播廣告，亦須付使用費；歌星勞軍義演、慈善義演，使用他人歌曲，電視台加以播出，均應付使用費，似非合理。按作品具有著作之性格，法律即賦予著作人獨占利用的保障。惟此獨占利用之保障，並非毫無限制。蓋著作權具有社會性，著作人創作其著作，一方面固係自己勞心之結果，一方面亦係受前人文化薰陶之結果。因此為了促進人類文化的普及發展，各國著作權法一方面對於著作人在著作人個人之利益予以保障，一方面則承認著作在一定範圍內得供人自由利用，亦即所謂著作權之限制（limitation on copyright）[49]。上述非營利目的之上演，具有公益之性質，實不宜認為著作權之侵害，以與著作權法第1條「調和社會公共利益」之目的相符。

（五）著作權法第4條第1項第5款承認編輯著作有著作權。伯恩公約（1971年巴黎修正）第2條第5項規定：「文學及美術著作之編輯物（諸如在素材之選擇及配列上形成智慧的創作物之百科全書及選集），在無害於其構成該編輯物部分之各著作著作人之權利的範圍內，以智慧之創作物保護之。」此編輯著作之種類，就各國立法例觀之，大致有下列六種[50]：

1. 言語著作之編輯[51]：包括論文集、名句集、特種法規集、編輯報導記事、小說、論文、雜文之報紙、雜誌，或就語言著述加以筆記蒐集之演說集、雄辯集等。

2. 造形著作之編輯：造形著作中，如模型、雕刻、建築，在本質上不適宜編輯，惟如複製為照片或圖畫，仍有編輯之可能。

3. 音樂著作之編輯：例如蒐集多數之樂譜而編成特種之名曲集。

---

49 日本國立國會圖書館調查立法考查局，前揭書，頁102-103；拙著，前揭文。

50 城戶芳彥，著作權法研究，頁133-135，新興音樂出版社，昭和18年；拙著，著作權法逐條釋義，頁37-38。

51 日本著作權法第10條第1項第1款「言語之著作」，相當於我國著作權法第4條第1項第1款、第2款文字著述及語言著述。

4. 電影著作（含錄影著作）之編輯：將各種特殊之電影畫面加以抽出蒐集，而編成一部電影。例如集合各種特殊之冒險場面，而編成特殊之冒險電影是。

5. 錄音著作之編輯：例如甲唱片之A曲，乙唱片之B曲，丙唱片之C曲，輯錄為一新唱片是。

6. 攝影著作之編輯：例如將所有入選得獎之日出照片編輯成攝影專輯是。

　　依著作權法第3條第10款「編輯著作」之定義為：「指利用二種以上之文字、語言著述或其翻譯，經整理、增刪、組合或編排產生整體創意之新著作。但不得侵害各該著作之著作權。」此定義似僅承認上述六種編輯著作中之第一種，其他五種不包含在內。因此錄音著作之製作人之編輯著作、傳播機關合法編輯之錄影著作不受保護，此定義頗有瑕疵。

（六）著作權法第18條規定：「演講、演奏、演藝或舞蹈，非經著作權人或著作有關之權利人同意，他人不得筆錄、錄音、錄影或攝影。但新聞報導或專供自己使用者，不在此限。」違反本條者，科1萬元以下罰金（第41條）。第18條之筆錄、錄音、錄影、攝影是否為重製之態樣？著作權法第3條第23款規定，「重製權」係指「不變更著作型態而再現其內容之權」。日本著作權法第2條第1項第15款「重製」，係指「以印刷、照片、複寫、錄音、錄影或其他方法有形地再製」。如解釋筆錄、錄音、錄影、攝影並非重製之型態，則違反第18條規定，並非侵害著作權之行為。蓋著作權法所稱之「著作權」，係指因著作完成而發生第4條所定之權利，而第4條第2項著作權人之權利中，並無筆錄、錄音、錄影、攝影也[52]。如是則違反第18條規定，既非侵害著作權之行為，何以加以處罰？又著作權

---

[52] 著作權法第4條第1項規定：「左列著作，除本法另有規定外，其著作人於著作完成時享有著作權」，此所謂「本法另有規定」，依行政院草案說明係指第5條、第6條兩條規定，不包含第18條規定。

法第33條規定，請求民事救濟，以侵害「著作權」爲要件，違反第18條規定，如何依著作權法規定請求民事救濟？反之，如筆錄、錄音、錄影、攝影，解釋爲「重製」之型態，則演講、演奏、演藝、舞蹈爲著作權法第4條第1項受保護之著作（第13款），就演講、演奏、演藝、舞蹈著作加以筆錄、錄音、錄影、攝影，係屬著作權法第38條第1項前段之「擅自重製他人之著作」，處六月以上三年以下有期徒刑，得併科3萬元以下罰金。然而依著作權法第41條規定，違反第18條規定者，僅處1萬元以下罰金，刑度差距極大，在立法技術上，殊非妥當[53]。

（七）依日本著作權法規定，表演家之著作鄰接權有：表演之錄音權、錄影權、播送權、有線播送權；錄音著作製作人之著作鄰接權僅有錄音著作之複製權。依我國著作權法第4條規定，表演人、錄音著作之製作人之權利，與一般著作相混淆，依著作之性質，專有重製、公開口述、公開播送、公開上映、公開演奏、公開展示、編輯、翻譯、出租、改作權。以上十種權利，表演人、錄音著作之製作人是否均享有，抑或某些權利不得享有？如某些權利不得享有，究係哪些權利不得享有？解釋上頗成問題。例如甲歌星之演唱有某些特殊之動作，乙歌星並未錄影，僅模仿其演唱動作，此在日本著作權法不侵害著作鄰接權，在我國著作權法是否可作如此之解釋，規定並不明確，易滋疑義。表演人、錄音著作之製作人有何特殊權能，似宜如日本著作權法明確規定爲妥。

（八）依日本著作權法第68條規定：「傳播機關，就已公表之著作，要求著作權人許諾該著作之廣播，未成立協議，或協議不成立者，得因文化廳長官之裁定，並支付著作權人文化廳長官所定相當於通常金額數之補償金而播送其著作。」「依前項規定播送之著作，得以有線廣播或受信裝置公開傳達。於此情形，爲該有線播送或傳達之

---

53 拙著，著作權法逐條釋義，頁253-254。

人，除第三十八條規定者外，應支付著作權人相當於通常使用金額
數之補償金。」日本著作權法對傳播機關利用他人之著作採強制授
權制度，使傳播機關利用他人著作，十分便利，有利於文化之廣泛
傳播。我國現行著作權法（即74年修正之著作權法）第20條規定：
「音樂著作，其著作權人自行或供人錄製商用視聽著作，自該視聽
著作最初發行之日起滿二年者，他人得以書面載明使用方法及報酬
請求使用其音樂著作，另行錄製。」「前項請求，著作權人應於一
個月內表示同意或進行協議；逾期未予同意或協議不成立，當事人
之一方得申請主管機關依規定報酬率裁決應給之報酬後，由請求人
錄製。報酬率由主管機關定之。」我國著作權法僅承認錄音著作及
錄影著作對音樂之強制授權，而未承認傳播機關對著作之強制授
權，對傳播機關之保護，亦有缺失。

伍、結論

　　著作權法乃關係一國文化發展最重要之法律，我國最早成文著作權法
係前清宣統2年之著作權律，其後民國4年、17年各有著作權法之公布。民
國17年公布之著作權法，於民國33年、38年、53年及74年各有修正。回
顧我國著作權法之發展，自前清宣統2年公布著作權律以來迄民國53年之
修正著作權法，幾乎無所進步。民國74年著作權法作大幅度之修正，乃稍
具現代著作權法之形貌[54]。然而現行著作權法（即74年修正之著作權法）
較諸先進國家仍有一段距離，尤其對表演人、錄音著作之製作人、傳播機
關權利之保護，尚十分簡陋，實不敷實際需要。西德於1965年修正著作
權法，即採納鄰接權公約之有關規定而確立著作鄰接權制度。日本舊著作

54　拙著，前揭書，自序；詳拙文，我國著作權法之立法演變及其修正方向，中國比
　　較法學會73年度法制建設研討會報告，中國比較法學會學報，第七輯，頁173以
　　下。

權法雖對表演人及錄音著作之製作人加以保護，但並未採納著作鄰接權制度，與「音樂著作，其著作權人自行或供人錄製商用視聽著作，自該視聽著作最初發行之日」之我國現行著作權法相似。惟1970年日本著作權法作全面之修正，確立著作鄰接權制度，對表演人、錄音著作之製作人及傳播機關三者之保護，十分周密，對三者之相互利用關係，尤其特別重視。反觀我國現行著作權法，對以上三者之保護及由其相互利用關係所衍生的諸多問題，仍未能解決，已如前述。易言之，我國現行著作權法仍落後日本著作權法15年以上。未來傳播媒體不斷快速進步，由著作權法產生之問題必層出不窮，我國似應及早謀求對策，參照鄰接權公約及德、日等先進國家立法，確立著作鄰接權制度，以解決新傳播媒體所帶來之問題。

後記：本文原載中興法學，第22期，民國75年3月出版。

第十三章
電腦程式與著作權法

壹、前言

　　電腦乃新興科技的產物，雖然自第一部電動計算機問世迄今不過半世紀，但電腦的發展與運用，已使人類產業的結構，有革命性的影響。更由於微電腦的發明，電腦深入人類生活的領域，未來人類生活將與電腦息息相關。1982年美國時代雜誌選出風雲人物為電腦，實非無見。電腦的重要性，已不言可喻。

　　電腦之結構，可分成兩部分：一為硬體（hardware），一為軟體（software）。硬體是指電腦機械設備本身；軟體為指揮或幫助硬體進行工作之技術。電腦軟體之意義，有廣義、狹義、最狹義三種。廣義者，包括硬體之設計、製造、裝置等有關之技術，以及使電腦進行作業之程式與程式設計之技術；狹義者，指程式及程式設計技術；最狹義者，則指程式而言。本文所探討者，主要針對最狹義之電腦程式而言。

　　電腦程式，在法律上應受保護，此為世界各國一致承認之趨勢。因為電腦程式所投資之時間及金錢花費極鉅。據估計在1970年代，世界各國花費在電腦軟體系統的創造與維持上，每年即有150億美元。為保護先行投資者，防止重複投資，並促進電腦程式之流通，電腦程式有以法律加以保護之必要。至於其法律保護方法為何，一般而言，有下列幾種：專利權之保護、著作權之保護、營業秘密侵害及不正競爭法之保護等。以上各種保護方法，目前有側重以著作權法保護之趨勢。

　　至1985年11月止，在著作權法中明文承認電腦程式保護之國家有：美國、匈牙利、菲律賓、澳洲、西德、法國、英國及我國。墨西哥著作權法雖未修正，惟著作權法施行細則卻明文承認電腦程式適用著作權法。著作

權法正在修正中準備承認電腦程式之保護的國家有：西班牙、馬來西亞、新加坡、韓國（現已修正通過）。著作權法修正對電腦程式是否納入正在討論者有：加拿大、荷蘭、哥倫比亞、香港、芬蘭、紐西蘭、阿根廷、中國。法院已肯定承認電腦程式受著作權法保護之國家有：日本、美國、西德、法國、英國、義大利、匈牙利、荷蘭、澳洲、加拿大、香港及我國。

　　由此可見，電腦程式以著作權法加以保護，已是大勢所趨，不能加以否定。我國著作權法於74年7月10日總統公布，依中央法規標準法第13條規定，於74年7月12日凌晨生效。新著作權法已明文承認電腦程式受保護，究竟新著作權法對電腦程式如何加以保護，誠值得吾人瞭解。

貳、著作權法對電腦程式之專門規定

一、沿革

　　電腦程式在美國1909年著作權法雖未明文承認，但1964年5月19日美國著作權局（Copyright Office）卻宣布接受電腦程式申請著作權註冊，而將電腦程式認為是一種書籍（books）。16年後，我國著作權主管機關──內政部於民國69年答覆電腦程式之申請人請求釋示「電腦軟體」是否可為著作權之標的，內政部著作權審定委員會研究結果認為：電腦軟體屬於廣義的文字註釋，參照外國立法例，可依著作權法規定享有著作權[1]。

　　當時，內政部正在修正著作權法，鑑於：（一）電腦軟體雖屬於廣義之文字註釋，但其表達方式與著作利用方式特殊；（二）著作權保障期間不同於一般文字著作。因此修法會議決定於著作權法修正草案第4條另列一款「電腦軟體」，以資明晰適用，並且於草案第12條明定電腦軟體之保

---

[1]　內政部69台內著字第32194號報院函、行政院69年8月18日台69內字第9599號函准予備查。

護期間為30年。其後，立法院二讀時，鑑於電腦軟體意義過寬，乃將「電腦軟體」改為「電腦程式」，並對「電腦程式」一語於第3條加以定義，此外，並在第29條第2項規定電腦程式著作權之限制。茲就電腦程式之意義、保護期間及限制三方面加以說明。

二、電腦程式之意義

著作權法第4條第1項第14款，將「電腦程式著作」列為受保護著作之一，與文字作分別規定。第3條第19款更對電腦程式著作定義為：「指直接或間接使電腦產生一定結果為目的所組成之指令。」茲析述如下：

（一）依世界智慧財產權組織（WIPO）之國際事務局（International Bureau）1978年發表之「電腦軟體保護之標準規定」（Model Provisions on the Protection of Computer Software），電腦軟體包含電腦程式（computer program）、程式描述（program description）及附屬資料（supporting material）三種。我國著作權法所保護之電腦程式顯然不包含程式描述及附屬資料在內。因此，如流程圖、使用說明書、問題描述（problem description）、操作手冊、方塊圖等，均不屬於電腦程式著作之範圍；或可認為著作權法第4條第1項第1款之「文字著述」或屬於第16款「科技或工程設計圖形著作」之範圍。電腦程式著作之保護期間為30年（第12條第1項）、文字著述或科技或工程設計圖形著作之保護期間，原則上為著作人終身及其死亡後由繼承人享有30年（第8條、第14條）。

（二）著作權法所保護之電腦程式著作，僅指原始程式（source program）抑或包含目的程式（object program）？美國著作權法將原始程式視為「文學之著作」（literary works），而法院多數認為原始程式之著作權及於目的程式，在日本文化廳及法院一致之見解認為原始程式係受保護之著作，目的程式係原始程式之複製物。我國著作權之主管機關雖承認原始程式及目的碼皆可申請著作權，但理論上，著作權法第4條第1項第14款之「電腦程式著作」，應認為

係指原始程式，而將目的碼視為其重製物，似較妥當。

三、電腦程式之保護期間

在美國、日本著作權法，電腦程式之保護期間原則上與一般著作之保護期間相同。依我國著作權法，電腦程式之保護期間僅30年（第12條第1項）。保護期間之計算，在外國立法例，通常自著作人死亡或事件發生（例如公表）之年的翌年之1月1日起算（伯恩公約第7條第5項、日本著作權法第57條、西德著作權法第69條）。我國著作權法則自著作完成之日起算，著作完成日期不詳者，依該著作最初發行之日起算（第15條第1項）。所謂「發行」，係指將著作依其性質提供滿足公眾合理要求之數量的複製物，以供利用之謂[2]。此所謂「最初發行」，以受保護之著作為準。例如A為美國人，其電腦程式於1986年1月1日在美國最初發行，1986年5月1日在中國最初發行，該電腦程式在中國之保護，仍以1986年1月1日起算保護期間。

此外，電腦程式如有修改，其修改部分與原程式不能分割者，其保護期間仍以原程式創作或發行時起算。例如甲於1985年1月15日創作完成一電腦程式，同年3月15日甲就此程式加以修改，則修改之程式的保護期間，仍自1985年1月15日起算（第15條第2項）。

四、電腦程式著作權之限制

著作權法第29條第2項規定：「電腦程式合法持有人為配合其所使用機器之需要而修改其程式，或因備用存檔需要而複製其程式，不以侵害他人著作權論。但經修改或複製之程式，限於該持有人自行使用。」本條可分成下列二種情形：

（一）**程式之修改**：著作權法上著作人有兩種權利，一為著作人格權，一

2　參照伯恩公約第3條第3項、世界著作權公約第6條。

為著作財產權。著作人格權在學理上有：公表權、姓名表示權及同一性保持權；著作財產權有：重製權、公開口述權、公開播送權、公開上映權、公開演奏權、公開展示權、編輯權、翻譯權、出租權及改作權。電腦程式之持有人為配合機械使用之需要，往往需對程式加以修改，最常見之情形為修改專為某一機型設計的程式以適用於另一不同機型。此種修改，如無特別規定，可能將侵害著作權人著作財產權中之改作權及著作人格權中之同一性保持權。為避免此種侵害，因此著作權法第29條第2項乃規定，電腦程式之合法持有人為配合其所使用機器之需要而修改其程式，不以侵害他人權利論。但經修改之程式，限於該持有人自行使用，以免造成合法使用者之困擾。茲就使用人之修改權說明如下：

1. 有修改權之人為電腦程式之「合法持有人」，此與美國著作權法第117條及日本著作權法第47條限於「所有人」不同。因此，依我國著作權法第29條規定，有修改權之人除所有人外，尚包含借用人及合法的承租人在內。但不包含未經授權出租而出租的承租人及其他電腦程式在物權上的無權占有人在內。

2. 修改程式之人限於自己使用。例如A公司開發之程式，B公司如合法購買A公司之該程式，其後B公司為自己使用目的而為程式之增訂、變更，無須得A公司之同意。但如變更後之程式B公司將其提供給顧客，或為提供B公司之顧客而修改其程式，B公司非得A公司之同意不可，蓋如為提供B公司顧客目的而改變，或對其顧客提供經修正之程式，無須得A公司之同意，則B公司即無須為基礎工程程式之開發投資及努力，僅對A公司程式之改變加以投資努力，即有與A公司同等或更好之程式（機能增加之部分），且可以較A公司更便宜之使用費流通於市場，如此一來，A公司辛苦開發投資反為B公司坐享其成，並不合理，故著作權法第29條第2項規定修改之程式限於持有人（即修改人）自行使用。

（二）**程式之複製**：電腦程式往往可能因機械故障或使用不當或其他原因而消除，故有備用存檔之必要。但為備用存檔而複製程式，又可能

侵害原著作權人之重製權。因此，著作權法第29條第2項規定，電腦程式之合法持有人因備用存檔需要而複製其程式，不以侵害他人著作權論。但複製之程式，限於該持有人自行使用。因此，為自己使用目的而複製程式為合法，無須得原著作權人同意，但複製之程式不得借予或租予他人，或向公眾發售，如有此行為者，則侵害著作權之重製權。

參、電腦程式著作

一、著作權之主體

（一）著作人

1. 著作人之意義：電腦程式之著作人，即創作電腦程式之人（第3條第3款）。著作人原則上原始地享有著作權。此創作電腦程式之人，不限於成年人，未成年人亦可。又電腦程式之著作人不限於個人（自然人），公司（法人）或其他團體，亦可直接為著作人（第11條）。再者，電腦程式之著作，限於直接創作電腦程式之人。著作人之助手，單純在著作人指揮下提供勞務（如蒐集資料、打字）之人，不得視為著作人。

2. 共同著作人：所謂共同著作，即二人以上共同創作之著作，其各人之貢獻，不能個別分離地利用之謂。例如甲乙共同創作一電腦程式，甲乙即為共同著作人。此時甲乙對該電腦程式著作之著作權成立「準共有」，每人有二分之一的應有部分。甲欲出售其二分之一之著作權與丙，應得乙之同意，該電腦程式欲授權他人利用，亦應得甲乙雙方共同同意方可。但如電腦程式被他人侵害，甲乙得單獨提起訴訟，各請求侵害人二分之一的賠償（第34條）。

3. 職務上著作之著作人：著作權法第10條規定：「出資聘人完成之著作，其著作權歸出資人享有之。但當事人間另有約定者，從其約定。」第11條規定：「著作權自始依法歸機關、學校、公司或其他法人或團體

享有者，其期間為三十年。」法人或團體之受僱人基於僱傭契約集體完成電腦程式，則法人或團體為著作人。例如A公司請20個程式設計師為職員，開發電腦軟體，其集體設計完成之程式，A公司為著作人。

（二）著作權人

著作權因著作之創作事實而發生，在電腦程式創作之時，著作人為著作權人。但如著作人死亡或著作人將著作權轉讓，則著作人即非著作權人。

二、著作權的客體

（一）**著作之意義**：電腦程式之所以受保護，仍因電腦程式係「著作」，故電腦程式必須符合「著作」之要件，才受著作權法之保護。所謂「著作」，係指「屬於文學、科學、藝術或其他學術範圍之創作」（第3條第1款）。依此定義，受保護之著作須符合下列四要件：

1. 須具有原創性（originality）：即電腦程式係自己獨立創作，而非抄襲他人之作品。如係自己獨立創作（independent creation），而無接觸他人作品，創作之結果縱與他人之電腦程式有本質上之類似（substantial similarity），然不僅不侵害他人之著作權，自己亦有獨立之著作權。

2. 須具有客觀上之一定形式：著作權法保護電腦程式者，乃保護其表現形式（expression）而非保護其構想（idea）。因此，電腦程式必須與思想分離而在客觀上與媒體結合，方開始受保護。又其保護之對象，並非其原理（principle）、概念（concept）或發明（discovery）本身，而係保護電腦程式在表現上處理、安排之一定次序。

3. 須屬於文學、科學、藝術或其他學術範圍之創作：電腦程式著作，依著作權法第4條第14款既屬於受保護之著作，自屬於「其他學術範圍之創作」。

4.須非不受保護之著作：基於公益或其他理由，有若干電腦程式著作不受著作權法保護。例如：

(1)公務員職務上創作之電腦程式（第5條第1款）。

(2)該電腦程式爲政府舉辦各種考試之考題（第5條第4款）。

(3)該電腦程式違反公序良俗經政府依法禁止出售或散布（第6條第1項第3款）。

（二）**第二次著作之保護**：爲著作權發生原因之著作行爲，除創作外，尚有編輯、翻譯、改作等。原始著作之創作人爲第一次著作人，編輯、翻譯、改作之人爲第二次之著作人。第二次著作人所創作者，爲第二次著作（derivative）之保護，不影響原著作之著作人的權利。例如甲創作一電腦程式，乙經甲同意，爲重大之改變，則如丙竊用該程式，丙同時侵害甲乙之著作權。如丙僅竊用修改前之程式，則丙僅侵害甲之著作權，而不侵害乙之著作權。但乙享有第二次著作之著作權，必須乙經甲同意而修改方可。乙若未經甲之同意，僅限於配合自己合法使用機器之需要，且自己使用方能修改程式，修改後之程式，並不得供第三人使用（第29條第2項）。

三、著作人之權利

（一）概説

　　著作人就其電腦程式著作，享有著作人格權及著作財產權。但著作人如將著作讓與他人，則僅有著作人格權，而無著作財產權，因著作人格權是不可移轉的，但由著作人格權派生的各個權能，得同意他人行使。又我國著作權法係採創作主義（美國人以外之其他外國人之著作爲例外，詳後述），著作人之權利無待註冊，自創作完成時即自然發生（第4條第1項）。至於如何舉證，原則上有下列兩種情形，推定爲電腦程式之著作人：

1.名稱表示之推定：在電腦程式上以通常之方法表示著作人名稱，推定爲該電腦程式之著作人。如筆名或其他別名表示，若能證明該別名爲著作

人所採用者，亦得推定為著作人。

2. 真名登記之推定：以真名向主管機關登記之人，推定為該電腦程式之
著作人。我國著作權法雖採創作主義，向主管機關登記只是證明權利
存在之方法，而非權利發生的要件，但如電腦程式受侵害，欲請求省
（市）、縣（市）政府或司法警察官、司法警察扣押侵害物或請求有
關機關禁止侵害物輸出、輸入或沒入，則非向主管機關註冊，不得為之
（第35條、第36條）。

（二）著作人格權

　　著作人有著作人格權。著作人格權，在美國著作權法無明文規定，
日本及其他歐陸國家多有明文。日本著作權法於1985年6月7日修訂著作權
法（1986年1月1日正式生效），明文承認電腦程式受著作權法保護，其著
作權法亦承認電腦程式之著作人（不問為自然人或法人），享有著作人格
權。依我國學者通說，著作人之著作人格權有下列三種：

1. 公表權：乃著作人對於其尚未發表之著作，享有對公眾發表之權利。因
此，甲如創作一電腦程式著作，尚未發表或讓與任何人，甲之債權人不
得強制執行甲所創作電腦程式之物權及著作權（第22條）。不過，若
甲已出售予他人或甲受他人之委託而創作，甲不得主張自己有公表權。

2. 姓名表示權：即著作人享有在其著作之原作品，或其著作向公眾提供或
提示之際，以真名或別名為著作人名稱加以表示或不表示著作人名稱之
權利。我國著作權法第25條規定：「受讓或繼承著作權者，不得將原
著作改竄、割裂、變匿姓名或更換名目發行之。但經原著作人同意或
本於其遺囑者，不在此限。」故A公司開發之程式，B公司受讓（例如
購買）其程式之著作權，B公司不得對其顧客主張程式係自己開發，易
言之，在B公司銷售、出租之程式上，程式之著作人仍應冠A公司而非
B公司。當然，A公司如同意B公司利用（銷售、出租）其程式時，以B
公司為著作人名義，則B公司以自己為著作人，並無不可。又著作權法
第26條規定：「無著作權或著作權期間屆滿之著作，視為公共所有。
但不問何人不得將其改竄、割裂、變匿姓名或更換名目發行之。」因

此，上例如A公司未同意B公司更改著作人名稱，則縱然電腦程式著作權保護期間30年已屆滿，B公司或其他人在利用其程式時，亦不得將該程式標明為自己所開發或創作。

3. 同一性保持權：即著作人有保持其著作之同一性的權利，不受違反其意思之變更、切除或其他改變（第25條、第26條參照）。電腦程式著作人之同一性保持權，較受限制。電腦程式之合法持有人，為配合其所使用機器之需要而修改其程式，不侵害著作人之同一性保持權（第29條第2項）。

（三）著作財產權

著作人有著作財產權。著作財產權即著作權法第3條第2款之「著作權」。依著作權法第3條第2款，「著作權」指因著作完成而發生第4條所定之權利。第4條所定權利之內容即：重製、公開口述、公開播送、公開上映、公開演奏、公開展示、編輯、翻譯、出租、改作等十種權利。電腦程式著作之著作權人專有重製權、編輯權、出租權、改作權，學者看法較趨一致，而無爭執。至於電腦程式著作之著作權人有無公開口述、公開播送權、公開上映權、公開展示權、翻譯權，較有爭論。茲分別說明如下：

1. 重製權：所謂重製權，指不變更著作型態而再現其內容之權（第3條第23款）。電腦程式之侵害以重製的情形最普遍。程式的抄襲，如全部相同，係屬重製，部分相同，亦為重製。至於相同之程度究竟百分之幾才算侵害，世界各國著作權法及法院實務，並無具體之認定標準，應由法院依具體個案認定之。

2. 編輯權：所謂編輯權，指著作人就其本人著作，享有整理、增刪、組合或編排產生著作之權（第3條第24款）。例如甲創作五個程式，功能類似，乙就此五個程式編輯印書，則乙侵害甲之編輯權。

3. 出租權：所謂出租權，指著作原件或其重製物為營利而出租之權（第3條第26款）。例如甲有電腦程式之著作權，乙合法購買甲電腦程式複製品之所有權，乙未經甲之同意，不得將其電腦程式出租予丙（出借為合法）。

4. 改作權：所謂改作權，指變更原著作之表現型態使其內容再現之權（第3條第27款）。例如甲有電腦程式之著作權，乙合法購買甲電腦程式複製品之所有權，乙修改該程式以適用於另一不同機型，如為自行使用目的，係屬合法（第29條第2項），但修改後供他人使用，則係侵害甲之改作權。

5. 公開口述權：所謂公開口述權，指將著作內容口述於公眾之權（第3條第28款），電腦程式著作在理論上亦有公開口述權。例如甲有電腦程式之著作權，乙未經甲之同意，不得公開加以朗讀是。所謂「公開」，即在不特定人或特定多數人之情形。

6. 公開播送權：所謂公開播送權，指用有線電或無線電或其他方法將著作內容以影像或聲音播送於現場以外公眾之權（第3條第29款）。例如甲有電腦程式之著作權，乙未經甲之同意，不得在廣播電台或電視台講解該程式是。

7. 公開演奏權：所謂公開演奏權，係指用樂器或其他方法將著作內容以聲音再現於現場公眾之權（第3條第31款）。例如甲有A音樂之著作權，乙經甲之同意將該音樂用電腦程式以聲音表現，丙未經甲乙同意在公開場所播放，可能同時侵害甲乙之公開演奏權（此點也有若干學者認為丙僅侵害甲之公開演奏權，而未侵害乙之著作權）。

8. 翻譯權：所謂翻譯權，指著作人就其本人著作，享有以他種文字、符號、語言翻譯產生著作之權（第3條第25款）。例如甲以BASIC語言創作電腦程式，乙未經甲之同意將程式改為COBOL或FORTRAN，乙係侵害甲之翻譯權（此種情形，亦有學者認為乙侵害甲之改作權）。

9. 公開上映權：所謂公開上映權，指用器械裝置或其他方法將著作內容以影像再現於現場公眾之權（第3條第30款）。例如甲有電腦程式之著作權，乙未經甲之同意而使程式內容公開在終端機上顯現，此時乙侵害甲之公開上映權（此種情形部分學者亦有不同見解）。

10.公開展示權：所謂公開展示權，指將著作原件或其複製物展示於公眾之權（第3條第32款）。公開展示權之對象，限於照片及美術著作；電腦程式著作，解釋上無公開展示權。

肆、電腦程式著作權之限制

一、概說

　　著作權為財產權之一種，財產權依憲法規定，應加以保障（憲法第15條），但為增進公共利益所必要，亦得加以限制（第23條）。著作權法第1條規定：「為保障著作人著作權益，調和社會公共利益，促進國家文化發展，特制定本法。」為保障著作人之著作權益，著作權法對著作人賦予著作權。為調和社會公共利益，著作權法在一定情形下，對著作權人之著作，加以一定之限制，其限制主要如下：

（一）**時間之限制**：電腦程式之著作權有一定之保護期間，逾此期間其著作權消滅。有關電腦程式之保護期間，前已述及，茲不復贅。

（二）**標的之限制**：電腦程式著作，如屬不受保護之著作，則無著作權。何種情形為不受保護之著作，本文於「著作之意義」中已述及，亦不復贅。

（三）**事務之限制**：即有一定之正當理由，可適度利用他人之著作。例如第29條至第32條是，此即所謂「公平利用」之情形。

（四）**著作人之限制**：世界各國對外國人著作之保護，均有一定條件限制。例如日本著作權法第6條至第9條、美國著作權法第104條是，我國著作權法第17條亦有類似之規定。

二、電腦程式之公平利用規定

（一）**編輯教育部審定之教科書**：著作權法第29條第1項第1款規定：「節選他人著作，以編輯教育部審定之教科書者」，如經註明原著作之出處，不以侵害他人著作權論。例如甲創作之電腦程式，被乙編入教育部審定之教科書，如有註明出處，乙不侵害甲之著作權。

（二）**引用**：著作權法第29條第1項第2款規定：「以節錄方式引用他人著作，供自己著作之參證註釋者」，經註明原著作之出處者，不以侵

害他人著作權論。例如甲創作A電腦程式著作，乙爲寫有關電腦方面之碩士論文，引用一部分之電腦程式，如註明出處，則乙不侵害甲之著作權。

（三）**學術研究之複製**：著作權法第29條第1項第3款規定：「爲學術研究複製他人著作，專供自己使用者」，如經註明原著作之出處者，不以侵害他人著作權論。例如甲創作A電腦程式著作，乙爲學術研究專供自己使用目的而影印甲之程式，則乙不侵害甲之電腦程式之著作權。

（四）**電腦程式之修改或複製**：著作權法第29條第2項規定：「電腦程式合法持有人爲配合其所使用機器之需要而修改其程式，或因備用存檔需要而複製其程式，不以侵害他人著作權論。但經修改或複製之程式，限於該持有人自行使用。」此前已論及，茲不復贅。

（五）**盲人點字之重製**：著作權法第30條第1項規定：「已發行之著作，得爲盲人以點字重製之。」故甲有A電腦程式之著作權，乙未經甲之同意將該程式作成盲人用之點字，則乙不侵害甲之著作權。惟此限於該程式「已發行」，「未發行」者不包含在內。

（六）**試題之利用**：著作權法第31條規定：「政府辦理之各種考試、公立或經立案之私立學校入學考試，得重製或節錄已發行之著作，供爲試題之用。」因此甲有A電腦程式之著作權，政府舉辦之高普考、資訊測驗檢定等各種考試，得將該A程式重製或節錄作爲試題之用。

（七）**圖書館之重製**：依著作權法第32條規定，供公眾使用之圖書館、博物館、歷史館、科學館、藝術館，於有下列情形之一，得就其收藏之電腦程式著作重製之：

1. 應閱覽人之要求，供個人之研究，影印已發行電腦程式著作之一部分（一半以下），或揭載於期刊之整個程式。但每人以一份爲限。
2. 基於保存資料之必要，以該程式著作已絕版或無法購得者爲限。
3. 基於同性質機構之要求，亦以該程式著作已絕版或無法購得者爲限。

三、外國人創作之電腦程式的保護

（一）外國人電腦程式申請註冊之要件

著作權法第17條第1項規定：「外國人之著作合於左列各款之一者，得依本法申請著作權註冊：一、於中華民國境內首次發行者。二、依條約或其本國法令、慣例，中華民國人之著作得在該國享受同等權利者。」我國著作權法對中國人之著作採創作主義，程式一經創作完成，即有著作權。但對外國之著作，則採註冊主義，外國人創作之程式，須經註冊，方有著作權。不過，美國因與我國有條約上之互惠關係，故美國人之電腦程式，無須在中國註冊，只要創作完成，即享有著作權。在此所謂「外國人」，乃指無中華民國國籍之人，故無國籍之人為外國人，而雙重或多重國籍者，如有一國籍為中國國籍，則非外國人。外國人之電腦程式申請註冊，只要符合下列二種情形之一即可，無須二者均具備：

1. 於中華民國境內首次發行者：此所謂「於中華民國境內首次發行」，係指第一次發行係在中華民國境內，如在外國已發行，而後在中華民國境內再發行，則非「於中華民國境內首次發行」。但如在中華民國境內與外國同日第一次發行，解釋上屬於「中華民國境內首次發行」。又此所謂「首次發行」係指著作權人為銷售、出租或著作權移轉為目的，首次將著作原件重製並予公開散布而言。著作原件的展示，不包括在內。

2. 依條約或其本國法令，中華民國人之著作，得在該國享受同等權利者。在過去主管機關註冊實務，得在我國申請著作權註冊之國家有：美國、英國、法國、加拿大、西班牙、西德、瑞士、瑞典、阿根廷、厄瓜多；不得在我國申請註冊權之國家有：日本、新加坡。但最近主管機關重新檢討與我國有著作權互惠關係之國家，目前肯定可在我國申請著作權註冊之國家有：美國、英國、西班牙等三國，其他者在陸續檢討中。

（二）外國人著作得享有權利之內容

著作權法第17條第2項規定，外國人之著作如經註冊，「著作權人享有本法所定之權利。但不包括專創性之音樂、科技或工程設計圖形或美術

著作專集以外之翻譯」。故外國人之著作權，不包含翻譯同意權，對外國人之著作未經同意加以翻譯，並不違法。例如以BASIC語言設計之程式，另以FORTRAN加以改寫，美國法院解釋爲翻譯，在我國如亦解釋爲翻譯，則美國人以BASIC設計之程式，中國人以FORTRAN加以改寫，並不違法。但如將英文指令一對一機械地譯成中文指令，因目的碼同一，應解釋爲侵害原著作權人之重製權，而非屬於翻譯範圍。

（三）未認許外國法人之訴訟能力

著作權法第17條第3項規定：「著作權人爲未經認許成立之外國法人，對於第三十八條至第四十四條之罪得爲告訴或提起自訴。但以依條約或其本國法令、慣例，中華民國人之著作得在該國享受同等權利者爲限。」外國法人非經認許，雖可視爲民事訴訟法第40條第3項之非法人團體，提起民事訴訟，但卻不得在刑事上提出告訴或自訴。惟我國與美國之間有條約上之互惠關係，因此美國未經我國認許之法人，其著作權受侵害，得在中國提出告訴或自訴。

伍、電腦程式著作權之變動及註冊

一、著作權之變動

（一）概說

著作權之變動原因主要有二：一爲讓與，一爲繼承。著作權之轉讓或繼承，均應向主管機關爲轉讓或繼承之登記，否則不得對抗第三人（第16條）。例如甲將A程式之著作權出資於乙，甲乙未至內政部辦理轉讓登記，甲又將A電腦程式之著作權出資於丙，甲與丙至內政部辦理著作權轉讓登記，此時丙取得該電腦程式之著作權，乙僅得向甲請求賠償，而不得對丙主張有著作權。如第三人丁侵害A電腦程式，僅丙可提出訴訟，乙不得提出訴訟。

（二）著作權之讓與

依著作權法第7條規定：「著作權得全部或部分轉讓他人。」「著作權讓與之範圍，依雙方約定；其約定不明者，推定由讓與人享有。」此規定可分下列二種情形：

1. 著作權讓與之範圍、著作權讓與之方法，往往由著作人與利用著作之人以契約任意定之，可讓與全部，亦可讓與一部。讓與一部係對著作財產權之權能，加以一定之限制，此限制之態樣，主要有下列三種：

   (1) 內容之限制：例如甲有A電腦程式之著作權，甲授權乙可使用、改作、出租甲之電腦程式，但不能為營利目的而複製甲之電腦程式，此時乙如有複製出售行為，即侵害甲之著作權。

   (2) 地域之限制：例如甲有A電腦程式之著作權，甲授權乙僅在國內重製銷售該程式，乙如重製銷售於國外，即侵害甲之著作權。

   (3) 時間之限制：例如甲有A電腦程式之著作權，甲授權乙在一年內可重製銷售，乙逾一年仍製造銷售，即侵害甲之著作權。

2. 著作權讓與契約與權利之保留：著作權之讓與，由當事人依契約決定之，如契約文義不明，則應為有利於著作人之解釋，即「權利由讓與人保留」。

（三）著作權之繼承

著作權為財產權之一種，可加以繼承（民法第1148條）。電腦程式著作之保護期間為自創作完成時起30年，如30年未屆滿而著作權人死亡，則由繼承人繼續享足其剩餘之期間，如著作權人無繼承人，則著作權消滅，任何人均得自由利用。

二、著作權之註冊

（一）註冊之要件

1. 中國人之電腦程式

中國人之電腦程式著作申請註冊，須繳納下列文件：

(1) 絕對必要文件

① 申請書乙份。

② 著作樣本二份（原始程式或目的程式均可）。

③ 程式說明書二份：程式說明書應載明：

a. 創作目的。

b. 應用技巧。

c. 產生效果。

d. 流程圖或設計方法或其他類似之說明。

e. 程式語言。

④ 註冊費：月租費的百分之十或定價的三倍，如低於600元以600元計算；如高於6,000元以6,000元計算。

(2) 相對必要文件

① 委任書：如委託他人申請，應附委任書。

② 受讓證件：如係受讓他人著作權，應附受讓證件。

③ 繼承證件：如係繼承他人著作權，應附戶籍謄本及繼承證明文件各乙份。

2. 外國人之電腦程式

外國人之電腦程式著作申請註冊，除前述之要件外，尚須下列文件：

a. 經公證之切結及委託書。

b. 該外國之本國著作權執照影印本或其他原始權利證明文件。

（二）註冊之效力

外國人之著作，須經註冊方有著作權（美國例外）；中國（包含美

國）人之著作，雖自創作完成時，即有著作權，但註冊有下列效果：

1. 註冊後推定有著作權，在訴訟中無須另行舉證。
2. 著作權之轉讓、繼承或設定質權，須經註冊方能對抗第三人（第16條）。
3. 省（市）、縣（市）政府或司法警察官、司法警察對侵害他人業經著作權註冊之著作，經告訴、告發者，得扣押其侵害物，依法移送偵辦（第35條）。
4. 以發售為目的輸入或輸出侵害他人業經著作權註冊之著作，應予禁止；必要時得沒入其侵害物（第36條）。

陸、電腦程式著作權侵害之救濟與處罰

一、概說

電腦程式著作權受侵害，得對侵害人提起民事及刑事訴訟。但在訴訟前，有幾種息訟方式：

（一）當事人自行和解（民法第736條）。
（二）當事人聲請主管機關調解（著作權法第50條）。
（三）當事人聲請鄉鎮市調解委員會調解（鄉鎮市調解條例第9條）。
（四）當事人聲請法院調解（民事訴訟法第404條）。

以上四種方式，後二種方式效力較強。

二、對侵害之民事救濟

（一）概說

廣義之著作權，包含著作人格權及著作財產權二種。著作人格權受侵害，不能依著作權法予以民事救濟，僅能依民法規定請求禁止侵害及損害賠償（民法第18條、第184條）。因著作權法上之「著作權」，係指著作

財產權而言（第3條第2款、第4條第2項），著作權法第33條民事救濟之規定，亦指著作財產權之侵害而言。著作權法第33條規定：「著作權人對於侵害其著作權者，除依本法請求處罰外，並得請求排除其侵害；其受有損害時，並得請求賠償；有侵害之虞者，並得請求防止之。數人共同不法侵害著作權者，連帶負損害賠償責任。」「前項損害賠償額，除得依侵害人所得利益與被害人所受損失推定外，不得低於各該被侵害著作實際零售價格之五百倍。無零售價格者，由法院依侵害情節酌情定其賠償額。」「侵害他人著作權，被害人得依法院判決確定後，將判決書一部或全部登報公告，其費用由侵害人負擔。」依此規定，著作權受侵害，其民事救濟，有侵害禁止請求權、損害賠償請求權及判決書之公布三種。此外，著作權人亦得依民法規定向加害人請求不當得利。

（二）侵害禁止請求權

　　電腦程式之著作權人對於侵害其著作權者，得請求排除其侵害；有侵害之虞者，得請求防止之，此二者合稱「侵害禁止請求權」。其中請求排除其侵害，即「妨害除去請求權」；有侵害之虞者，請求防止之，即「防止侵害請求權」。茲分述如下：

1. 妨害除去請求權：著作權人主張妨害除去請求權，須就侵害人之侵害行為負舉證責任（民事訴訟法第277條）。例如乙未經甲之同意而複製甲創作之電腦程式或出售，如甲能舉證證明乙之侵害行為，則甲得請求法院查扣乙之複製品，禁止乙再出售。

2. 防止侵害請求權：著作權人主張防止侵害請求權，須以著作權有受侵害之虞為要件。易言之，即著作人須證明著作權在客觀上處於危險之狀態，隨時有可能受到侵害。

　　以上著作權人之侵害禁止請求權，不以侵害人故意或過失為要件。侵害人善意無過失，著作權人亦有侵害禁止請求權。

（三）損害賠償請求權

1. 要件

著作權人對侵害其著作權者，得請求損害賠償。但損害賠償請求權之成立，須具備下列要件：

(1) 須侵害人有侵害行為：即未經著作權人之同意而為著作之利用（如重製、改作、出租）。

(2) 須侵害具有違法性：侵害著作權其侵害行為必須具有違法性，如有著作權限制（第29條至第32條，前已述及）之情形，其行為無須負賠償責任。

(3) 須侵害人有故意過失：故意者，侵害人須有下列認識：①兩程式為同一或本質之類似；②被利用之程式具有著作權；③自己之行為為侵害行為。過失者，並不絕對要求達到一般交易的注意程度，而應從行為人在生活上或職業上之地位加以判定。易言之，即應注意、能注意而不注意。

(4) 須因侵害之行為而發生損害：即侵害與損害之間，須有相當因果關係。

(5) 須侵害人有責任能力：侵害人如為成年人，應負損害賠償，固無問題。在電腦程式之侵害，侵害人如未成年，亦多有識別能力，此時應由行為人與法定代理人連帶負賠償責任（民法第187條）。

2. 損害賠償之證明及計算

因侵害著作權而請求損害賠償，權利人原則上須證明：(1)加害人故意或過失；(2)著作權侵害與損害間之因果關係；(3)應賠償之損害額。例如乙侵害甲之電腦程式著作權，甲須證明自己實際上損害若干，方能向乙請求賠償。甲為此種證明，有時不甚容易，故著作權法另規定兩種證明及計算方法：

(1) 損害額之推定：即侵害人所得之利益推定被害人之損害。例如乙侵害甲程式之著作權，乙扣除成本共獲利100萬元，甲得向乙請求100萬元之賠償。此外，在解釋著作權人行使著作權通常得獲取金錢之

數額，亦得作為自己所受損害之數額請求賠償。例如乙侵害甲程式之著作權，甲因此而減少100萬元之營業，甲得向乙請求100萬元之賠償。

(2) 法定賠償：侵害著作權之損害賠償額，不得低於各該侵害著作實際零售價格之500倍。無零售價格者，由法院依侵害情節酌定其賠償額。例如乙侵害甲程式之著作權，乙之零售價格每一複製品為100元，甲為1,000元，法定賠償應以甲之零售價格為準，乙至少應賠50萬元。

（四）不當得利請求權

一般著作權受侵害，多請求損害賠償，鮮有請求不當得利者。因請求損害賠償，得依刑事附帶民事訴訟程序提出，免納裁判費（刑事訴訟法第504條第2項）。但損害賠償請求權之消滅時效期間為自請求權人知有損害及賠償義務時起，二年間不行使而消滅，如一直未知悉則自侵害人有侵害行為後10年，時效亦完成（民法第197條第1項）。不當得利請求權之時效則為15年（民法第125條）。不當得利請求權時效較長，如請求損害賠償時效消滅，尚可依不當得利規定請求加害人返還利益（民法第197條第2項）。

（五）判決書之公布

智慧財產權（例如專利、商標、著作權）為權利人關於精神智慧方面之權利，對於智慧財產權加以侵害者，往往對權利人的名譽、聲望及信用等有所損害。因此，依我國著作權法第33條第3項規定：「侵害他人著作權，被害人得於法院判決確定後，將判決書一部或全部登報公告，其費用由侵害人負擔。」

三、對侵害之刑事制裁

（一）主體與行為

侵害著作權得加以刑事制裁之人為故意侵害著作權之人，過失者不包含在內（刑法第11條、第12條）。因此，甲故意侵害乙之電腦程式著作權，甲除應負民事上的賠償責任外，同時亦應負刑事責任。如甲過失侵害乙之電腦程式著作權，則甲僅負民事上之賠償責任，無須負刑事責任。

（二）行為之種類

侵害電腦程式著作權應負刑事責任者，有下列情形：1.侵害重製權（第38條）；2.侵害其他著作權（第39條）；3.侵害著作權之常業犯（第40條）；4.侵害翻譯權（第41條）；5.侵害著作人格權（第43條）；6.侵害著作權已屆滿著作之著作人人格的利益（第44條）；7.假刊註冊之處罰（第45條）。

（三）侵害重製權之處罰

著作權法第38條規定：「擅自重製他人之著作者，處六月以上三年以下有期，得併科三萬元以下罰金；其代為重製者亦同。」「銷售、出租或意圖銷售、出租而陳列、持有前項著作者，處二年以下有期徒刑，或併科二萬元以下罰金。意圖營利而交付前項著作者亦同。」依此規定，侵害重製權之犯罪類型有七項：

1. 擅自重製他人之著作權：例如甲未經乙之同意而拷貝乙有著作權之電腦程式是。電腦程式之抄襲，解釋上亦屬於本罪。
2. 代為重製他人之著作權罪：例如甲需要使用乙創作之電腦程式，甲乃請丙代為拷貝，此時丙成立「擅自重製他人著作罪」，甲成立「擅自重製他人著作罪」之教唆罪（刑法第29條）。代為重製他人著作罪，實際上無適用之可能。
3. 銷售重製物罪：例如甲拷貝乙創作之電腦程式，丙明知甲之程式為拷貝者，又銷售給丁，則丙構成本罪。丙如不知程式為拷貝者，無罪。至於

丁不管是否知悉程式為拷貝，皆屬無罪。甚至於丁拿該盜版程式營利而使用（例如拿紫微斗數算命之程式為人算命），亦不構成犯罪。

4. 出租重製物罪：例如甲擅自重製乙之電腦程式售予丙，丙出租給丁，丙構成本罪，丁無罪。

5. 意圖銷售、出租而陳列重製物罪：例如甲擅自重製乙之電腦程式售予丙，丙意欲販賣、出租而陳列於自己店中架子上，雖尚未賣出，然丙構成本罪。

6. 意圖銷售、出租而持有重製物罪：例如甲擅自重製乙之電腦程式售予丙，丙以經營程式之銷售、出租為業，將盜版之程式收藏於店中之內室，如有熟人欲購而售之，則丙之收藏行為構成本罪。

7. 意圖營利而交付重製物罪：例如甲擅自重製乙之電腦程式售予丙，丙為電腦硬體之販賣商，將電腦硬體出售予丁，附贈盜版程式一套，則丙構成本罪。

　　以上七種犯罪類型，第一、二種處六月以上三年以下有期徒刑，得併科3萬元以下罰金。實際上如剛好被處六個月有期徒刑，尚可易科罰金，如被處超過六個月有期徒刑，則無易科罰金之可能。至於第三至七種犯罪類型處二年以下有期徒刑，得併科2萬元以下罰金，如實際上被判六個月以下有期徒刑，均可聲請易科罰金。

（四）侵害其他著作權之處罰

　　著作權法第39條規定：「仿製他人著作或以其他方法侵害他人之著作權者，處二年以下有期徒刑，得併科二萬元以下罰金；其代為製作者亦同。」「銷售、出租或意圖銷售、出租而陳列、持有前項著作者，處一年以下有期徒刑，得併科一萬元以下罰金。意圖營利而交付前項著作者亦同。」依此規定，侵害其他著作權之犯罪類型有下列八種：

1. 仿製他人著作罪：在過去舊著作權法時期，法院實務判決有認為著作的抄襲為「仿製」者，其實在新著作權法，解釋上仿製的意義應涵蓋於「重製」之範圍內，依第38條第1項前段處罰。

2. 以其他方法侵害他人著作權罪：例如甲有電腦程式之著作權，乙合法購

買甲程式之複製品而修改程式出租給客戶，或乙將甲之程式在電台、電
視台講解，乙即構成本罪。

3. 代為製作以其他方法侵害他人著作權之著作罪：此種情形，實際上無適
用之可能。

4. 銷售以其他方法侵害他人著作權之著作罪：例如甲違法改作乙之電腦程
式而銷售丙，丙又銷售丁，丙構成本罪。

5. 出租以其他方法侵害他人著作權之著作罪：例如甲違法改作乙之電腦程
式而銷售丙，丙又出租丁，則丙構成本罪。

6. 意圖銷售、出租而陳列以其他方法侵害他人著作權之著作罪：例如甲違
法改作乙之電腦程式而銷售丙，丙欲再銷售他人而陳列於店中架上即被
查獲，則丙構成本罪。

7. 意圖銷售、出租而持有以其他方法侵害著作權之著作罪：例如甲違法改
作乙之電腦程式而銷售丙，丙經營程式銷售店，將程式藏於店中內室，
如有熟人則售之，丙尚未售出即被查獲，丙構成本罪。

8. 意圖營利而交付以其他方法侵害他人著作權之著作罪：例如甲違法改作
乙之電腦程式而銷售丙，丙出售合法之程式給丁而附贈向甲購買之程
式，則丙構成本罪。

　　以上八種犯罪類型，第一至三種，處二年以下有期徒刑，得併科2
萬元以下罰金；第四至八種，處一年以下有期徒刑，得併科1萬元以下罰
金。以上各種犯罪類型，如實際上被處六個月以下有期徒刑，得聲請易科
罰金。

（五）侵害著作權之常業犯的處罰

　　著作權法第40條規定：「以犯前二條之罪之一為常業者，處六月以
上五年以下有期徒刑，得併科五萬元以下罰金。」所謂「常業」，即賴此
種行為維持生活之意，不以行為之次數為限。如有常業之意思，一次行為
即構成本罪；如非以侵害著作權為謀生之職業，縱有多次之侵害行為，亦
非常業。例如甲無其他職業，準備以販賣盜版之他人程式為職業，甲販賣
店開張第一天即被查獲，甲仍構成本罪。

（六）侵害翻譯權之處罰

依著作權法第41條規定，侵害他人翻譯權者，科1萬元以下罰金。例如甲乙均為中國人，甲未經同意將乙用BASIC語言設計之程式改為FORTRAN語言，甲構成本罪。

（七）侵害著作人格權之處罰

著作權法第25條規定：「受讓或繼承著作權者，不得將原著作改竄、割裂、變匿姓名或更換名目發行之。但經原著作人同意或本於其遺囑者，不在此限。」違反本條規定，處六月以下有期徒刑，得併科5,000元以下罰金。例如甲創作A電腦程式，乙購買甲之A電腦程式之著作權，並於程式上表明自己為著作人，則乙構成本罪。

（八）侵害著作權已屆滿著作之著作人人格利益之處罰

著作權法第26條規定：「無著作權或著作權期間屆滿之著作，視為公共所有。但不問何人不得將其改竄、割裂、變匿姓名或更換名目發行之。」違反者，處一年以下有期徒刑，得併科1萬元以下罰金。例如甲創作A電腦程式，程式著作權期間已屆滿，乙以自己為著作人名義複製出售客戶，則乙構成本罪。

（九）假刊註冊之處罰

著作權法第45條規定：「未經註冊之著作或製版物刊有業經註冊或其他同義字樣者，除由主管機關禁止銷售外，科八千元以下罰金。」例如甲創作一電腦程式著作，尚未向內政部為著作權註冊，但在程式上卻註明：「本程式業已註冊，請勿盜版。」則甲構成本罪。

（十）沒收

著作權法第46條規定：「依第三十八條至第四十四條處罰者，其重製物、仿製物、複製物、供犯罪所有之機具、製版、底片、模型等沒收之。」故不問重製、出租、改作、翻譯或以其他方法侵害他人之電腦程

式，因侵害行為產生之程式，均沒收之。複製他人程式之機器，亦可加以沒收。

（十一）告訴

　　侵害著作權之罪，除非侵害著作權已消滅之著作之著作人格權而著作人又已死亡，否則均為告訴乃論之罪（第47條）。著作權人或著作權人之配偶，均得提出告訴（刑事訴訟法第232條及第233條第1項）。又告訴人提出告訴，應於知悉犯人之時起六個月內為之（刑事訴訟法第237條第1項）。在連續犯，自告訴人知悉侵害人最初之行為時，尚未逾六個月，仍得行使告訴權（最高法院25年上字第6994號判例）。

（十二）侵害著作權之兩罰規定

　　著作權法第48條規定：「法人之代表人、法人或自然人之代理人、受雇人或其他從業人員，因執行業務，犯第三十八條至第四十五條之罪者，除依各該條規定處罰其行為人外，對該法人或自然人亦科以各該條之罰金刑。」本條之行為人為：1.法人之代表人；2.法人之代理人；3.法人之受僱人；4.法人之其他從業人員；5.自然人之代理人；6.自然人之受僱人；7.自然人之其他從業人員。以上諸人，因執行職務，犯侵害著作權之罪者，除依各該條實際行為人外，對該法人或自然人，亦科以各該條之罰金刑。例如A公司之代表人甲，因執行職務，擅自重製B公司之電腦程式，甲依著作權法第38條第1項前段「擅自重製他人之著作」，處六月以上三年以下有期徒刑，得併科3萬元以下罰金；A公司則科3萬元以下罰金是。

柒、結論

　　在過去吾人提到先端科技的保護，即立刻聯想到以專利法為中心的工業所有權法。但電腦程式往往欠缺專利權保護所必須之「新穎性」

（novelty）的性質，世界各國立法趨勢，已趨向以著作權法為保護之中心。在過去著作權法具有濃厚的文化氣息，在現代以工商經濟為主導的社會型態下，著作權法僅扮演著清高不受重視的角色。但自去年著作權法修正通過，將電腦程式納入著作權法保護之範圍，著作權法就如同「法律的灰姑娘」，搖身一變，身價百倍，躍登資訊產業的大舞台。然而，傳統著作權法所保護之著作，與電腦程式著作，在性質上畢竟略有差異。因此，吾人將電腦程式之保護，納入傳統著作權法保護之架構上，除應探討著作權法之一般性外，尚應特別注意電腦程式著作之特殊性。本文係就傳統著作權法保護體系的觀點來探討電腦程式在著作權法之適用。至於實際上適用之成效如何？有無立法上的不妥之處？尚有待各業者、學者、專家共同努力去檢討、發掘，俾我國資訊產業，有非常公平、正當的法律秩序，以迎接未來資訊世紀的來臨。

後記：本文係民國75年4月28日作者於工業局在美國貿易中心舉辦「中美電腦產品權利保障及製銷之有關法令與實務研討會」之講稿。

第十四章
論著作權人之改作權

壹、前言

改作權（Adaptation Right）[1]，係指變更原著作之表現型態使其內容再現之權[2]，改作權本質上是一種間接重製權[3]。早期各國著作權法僅規定著作權人有重製權（Reproduction Right），而無改作權，斯時改作權包含於重製權之概念中，其後改作權方自重製權中分化獨立出來。我國自前清宣統2年公布著作權律以來，迄民國53年修正著作權法，均未明文承認改作權[4]。現行著作權法（74年7月10日修正公布）第4條第2項規定著作權法專有改作權。第28條第1項第5款規定，用文字、圖解、圖畫、錄音、錄影、攝影或其他方法改作他人之著作，除另有規定外，未經著作權人同意或授權者，視為侵害著作權。故依現行著作權法規定，改作權已別於重製權。又現行著作權法第38條第1項前段規定：「擅自重製他人之著作者，處六月以上三年以下有期徒刑，得併科三萬元以下罰金。」第39條第1項規定：「以其他方法侵害他人之著作權者，處二年以下有期徒刑，得併科二萬元以下罰金。」現行著作權法侵害重製權依第38條第1項前段規定處斷，侵害改作權依第39條第1項前段規定處斷，二者刑度不同。究竟改作

---

1 改作權，有稱為「翻改權」，見史尚寬，著作權法論，頁45，中央文物供應社，民國43年；又有稱為「改編權」，見聯廣公司譯，日本著作權法，頁17，台視文化公司，民國73年。

2 我國著作權法第3條第27款。

3 城戶芳彥，著作權法研究，頁189-190，新興音樂出版社，昭和18年。

4 前清宣統2年著作權律迄民國53年著作權法條文可參見拙著，著作權法逐條釋義，頁297-361，三民書局經銷，民國75年。

權之內涵如何？各國著作權法之規定如何？改作權與美術之異種重製有何關係？

又改作權係一種著作財產權，其與著作人格權中之同一性保持權（right of preserving the integrity）有何不同？相互關係如何？凡此於現行著作權法之解釋及適用上，均易產生問題，頗有研究之必要。

貳、改作權之立法例

一、伯恩公約（1971年巴黎修正）[5]

文學或美術著作之著作人，享有授權改編、編曲及為著作之其他改變的排他權利（第12條）。文學或美術著作之翻譯、改編、編曲或其他改變，在無害於原著作著作權之範圍內，與原著作受同樣之保護（第3條第3項）。

二、美國著作權法（1976年修正）

美國著作權法第106條第2款規定賦予著作權人「將有著作權之著作製作第二次著作」之專有權利。所謂第二次著作（derivative work），依第101條之定義，必須「本於一個或一個以上既存之著作」。因此，第二次著作必須包含在前之既存著作。而既存著作之著作權人專有製作第二次著作之權利，即為改作權[6]。至於改作權之意義，係指著作權人得禁止未授權之翻譯、編曲（musical arrangement）、戲劇化（dramatization）、小說化（fictionalization）、電影對白（motion picture

---

5　伯恩公約全文可參閱拙譯，關於文學及藝術的著作物保護之公約──伯恩公約，大學雜誌，第133期至第136期。

6　Melville B. Nimmer, Nimmer on Copyright: A Treaties on the Law of Literary, Musical and Artistic Preperty, and the Proteation of Ideas, §8.09 at 8-107 (1981).

version）、錄音（sound recording）、美術重製（art reproduction）、刪減（abridgment）、濃縮（condensation），或此著作之任何其他可能之重作（recast）、改變（transformed）或改作（adapted）[7]。

三、澳洲著作權法（1980年修正）[8]

澳洲著作權法第31條第1項規定，著作權人專有改作其著作（to make an adaptaiton of the work）之權，而所謂「改作」（adaptation），係指：

（一）關於非戲劇形式之文學著作轉換爲戲劇形式（不問爲原創之語言或不同語言）。

（二）關於戲劇形式之文學著作轉換爲非戲劇形式（不問爲原創之語言或不同語言）。

（三）關於文學著作（不問爲非戲劇形式或戲劇形式）：

　　1. 著作之翻譯，或

　　2. 關於故事或行爲傳達之著作內容全部或主要以圖片表達。

　　3. 關於音樂著作之編曲或改寫（an arrangement or transcription）。

四、法國著作權法（1971年修正）

（一）關於文學、戲劇或音樂著作之改作（adaption），其意義依第2條之規定（第48條第1項）。

（二）關於文學、戲劇或音樂著作之著作權所限制之行爲係……(f)著作之改作（making any adaption of the work）（第2條第5項）。

（三）本法稱「改作」者，係指：

　　1. 關於文學或戲劇之著作，下列情形均屬之：

　　　①非戲劇之著作，改變爲戲劇著作（不問以原創之語言或不同之

7　17 U.S.C. Sec. 101 (definition of a "derivative work").

8　The United Nations Educational, Scientific and Cultural Organization: Copyright Law and Treaties of the World (1983).

　　　　語言）。

　　②戲劇著作改變爲非戲劇著作（不問以原創之語言或不同之語
　　　言）。

　　③著作之翻譯。

　　④就故事或行爲所表達故事之內容以圖畫表現，並適於以書籍、
　　　新聞紙、雜誌或類似之期刊加以重製。

　2. 關於音樂著作，係指著作之編曲或改寫（arrangement or transcrip-
　　tion）。

　本法列舉之定義，不影響上述第(1)款之概括行爲（第48條）。

五、土耳其著作權法（1952年修正）

　　凡著作本於（are based upon）其他著作及完全取決於（dependent upon）其他著作者，視爲改作物（adaptations）。其主要情形如下（第6條）：

（一）翻譯。

（二）小說（novel）、短篇小說（a short story）、詩歌或戲曲以其他形
　　　式加以改作。

（三）音樂、美術、科學或文學之著作爲電影、廣播或電視播送目的而轉
　　　變爲電影或其他形式。

（四）音樂之編曲或配音（synchronizations）。

（五）美術著作改變爲其他形式。

（六）爲發行目的將同一作者之所有著作或類似種類之著作之蒐集。

（七）爲特定之目的及特別之計畫所爲之編輯或詩文集（anthologies）。

（八）未發行之科學調查及研究著作爲發行目的而校訂（the edition）
　　　（非科學之調查及研究之改寫者除外）。

（九）他人著作之註釋（annotations）、解說或濃縮（abridgement）。

六、日本著作權法（1970年修正）

著作人專有將其著作翻譯、編曲、變形、戲劇化、電影化或為其他改作之權利（第27條）。

參、改作權之內容

由上述各國立法例觀之，改作權之內容，廣義言之，包含翻譯、編曲、變形、戲劇化、電影化、小說化、錄音、增刪潤飾、圖片化、非戲劇化、編輯、註解等等。茲就以上諸改作型態，說明如下。

一、翻譯

翻譯（translation），係一種文字或語言著述，轉變為他種文字或語言著述[9]。例如中文譯為日文，英文譯為德文是。但將文字著述譯為盲人用點字、對密碼加以解讀、速記符號轉化為一般文字，是否為翻譯？頗有爭論，有採肯定說者[10]，有採否定說者[11]。依我國著作權法第3條第8款、第9款、第25款之定義觀之，似以肯定說為妥。翻譯本係改作之一種型態，但我國著作權法第4條第2項著作權人之權利中「翻譯權」與「改作權」並列，故依我國著作權法，翻譯係獨立於改作之外，非屬於改作之範圍。

二、編曲

編曲（musical arrangement）為改作權之一種型態，立法上似無異

---

9 我國著作權法第3條第8款、第9款。

10 Addison-Wesley Publishing Co., v. Brown, 223 F. Supp. 1219 (E.D. N. Y. 1963).

11 加戶守行，著作權法逐條講義，頁28，日本著作權資料協會，昭和54年。

論。我國學者亦加以承認[12]。所謂編曲，其類似之型態極多，茲討論如下[13]：

（一）**將既存之樂曲，改變為他種演奏形式之樂曲**：例如鋼琴或小提琴之獨奏曲，改變為室內樂、交響樂或爵士、探戈、倫巴、華爾滋等舞曲，或將獨唱曲改變為合唱曲。易言之，即將既存之樂曲為適應多種類之樂器或聲音目的而加以改變，係典型之改作型態。此時改變後之樂曲成立第二次著作。

（二）**將既存之樂曲添加新的作曲部分**：例如在既存樂曲之旋律上添加伴奏、助奏、間奏部分或為其他附加之行為。此時添加而成立之著作，通常不視為新著作。著作權法第28條第1項第2款規定，「選輯他人著作或錄原著作加以評註、索引、增補或附錄者」，未經著作權人同意或授權，視為侵害著作權。故在他人既存樂曲上添加新的作曲部分，如加以公開演奏或重製，為侵害著作權之行為。惟如經既存樂曲之著作權人同意者，其添加部分之著作權，類推適用民法第812條第2項之規定，由既存著作之著作權人享有，但添加作曲部分之人有不當得利請求權（類推適用民法第816條）。

（三）**選擇樂曲之一部加以利用**：選取歌劇之一部加以演奏歌唱，或為配合演奏時間而省略樂曲之一部而加以利用，此非改作，不成立第二次著作。

（四）**將既存樂曲之一部或全部加以某種改變**：例如將一小節加以改變，將十六小節之樂曲改為三十二小節；二拍子、四拍子之樂曲改為三拍子、六拍子之樂曲；或將樂曲複雜化或單純化，此種情形視為改作，如改變具有高度創作性可成立第二次著作。

（五）**樂曲音調之轉化**：例如將A調轉為B調，將低音樂曲轉為高音樂曲，此轉變曲不視為新樂曲，並非第二次著作。

12　史尚寬，前揭書，頁30。

13　城戸芳彥，前揭書，頁116以下；半田正夫，改訂著作權法概說，頁127，一粒社，昭和55年。

（六）**將多數既存樂曲組合成一樂曲**：此種情形依外國著作權法視爲編輯著作，產生新著作權[14]。我國著作權法第3條第10款編輯著作之定義，不包含音樂在內，故此種情形在我國是否得依著作權法成立第二次著作，頗有問題。

（七）**西洋音樂與國樂的相互轉變**：此種編曲一般可成立第二次著作。

（八）**樂曲或歌劇等之歌詞部分加以翻譯或改變**：此因音樂部分並無改變，無編曲改作之問題。

三、戲劇化

戲劇化（dramatization），即將小說改編爲劇本是。未經授權而將小說改編成劇本，成立改作權之侵害[15]，此在各國著作權立法例上，十分一致。我國著作權法之改作權，顯然包含此種形式。

四、電影化

電影化（cinematographing），即將文藝作品、漫畫等作成電影著作。一般文字著述之電影化，通常以先爲劇本爲前提。電影化在我國著作權法上亦屬於改作之形式。

五、小說化

小說化（fictionalization），即非小說改編爲小說。美國1976年修正著作權法，House Reporter特別提及小說化爲改作權之形式之一[16]。惟事實本身之故事化，並無侵害改作權，蓋第二次著作必須基於一個或一個以

14　拙著，前揭書，頁37-38。

15　See Metro-Goldwyn-Mayer Inc. v. Showcase Atlanta Cooprratioe Prods., Inc., 479 F.Supp. 351 (N. D. Ga. 1979).

16　House Reporter, p. 62.

上之既存著作，而事實本身並無著作權，並不視為著作也。因此，改變非小說著作為小說而成立改作權，必須該小說著作包含既存非小說著作，而非僅事實本身源自該非小說著作[17]。小說化在我國著作權法上當屬於改作權之範圍。

六、錄音

　　美國著作權法及日本舊著作權法皆承認「錄音」（sound recording）係改作之一種型態[18]。日本舊著作權法第22條之7規定：「凡將他人著作物以聲音用器械合法地複製於機器者，應視為著作人，並對於機器有著作權。」即承認錄音係改作之方法，因合法之錄音而成立第二次著作。然日本現行著作權法則不承認錄音為改作之一種[19]，而承認係「複製」之型態[20]。我國學者雖有謂錄音係「改作」之方法者[21]，惟本文認為，演奏、演講之錄音，原則上並不變更著作之表現型態，依我國著作權法宜認為係「重製」之方法，而非「改作」之方法[22]，惟將文字著述錄於錄音帶，則係變更著作之表現型態，成立改作矣。

17　Melville B. Ninvner, *op. cit.*, p. 8-11.

18　日本舊著作權法稱「寫調」，並以此為改作之一種型態。見榛村專一，著作權法概論，頁118，嚴松堂，昭和8年；勝本正晃，日本著作權法，頁115，嚴松堂，昭和15年。

19　參照日本著作權法第27條。

20　日本著作權法第2條第1項第15款規定，複製即以印刷、照片、複寫、錄音、錄影或其他方法有形地再製。

21　史尚寬，前揭書，頁30。

22　我國著作權法第3條第23款規定，「重製權」係指不變更著作型態而再現其內容之權。同條第27款規定，「改作權」係指變更原著作之表現型態使其內容再現之權。第28條第1項第5款之「錄音」，似非指就他人演唱、演奏之原樣錄音而言。

七、增刪潤飾

　　著作之增刪潤飾，依美國及土耳其著作權法，認為係改作之方法。日本舊著作權法第19條規定：「對原著作物加以標點、批評、註解、附表、圖畫或為其他之修正增減或改作，仍不能產生新的著作權。但應視為新著作物者，不在此限。」著作之增刪潤飾，例如附索引、目次、增添判例、例題，並不產生新的著作權[23]。但如批評、註解等修正增減具有高度之獨創性，則可成立新的著作權[24]。增刪潤飾是否具有高度之創作性，應依具體個案認定之，例如就論語、孟子、聖經等加以註解，如果有相當創作性，依具體情形，或認為改作，或認為單純之創作，而成立新的著作權。在他人有著作權之著作上增刪潤飾，如未達成立新著作之程度，則原著作之添加部分，類推適用民法第812條添附規定，由原著作之著作人取得添加部分之著作權，但添加人就添加部分喪失著作權之損失，對原著作之著作權人得請求不當得利（類推適用民法第815條、第816條）[25]。

八、圖片化

　　澳洲、英國著作權法皆明文規定，故事或行為以圖片加以表達，係一種改作，例如將小說以圖片表達是。依我國著作權法第28條第1項第5款規定，圖畫、圖解得為改作方法之一，故圖片化得成立改作，而形成第二次著作。

九、非戲劇化

　　戲劇著作改變為非戲劇著作，例如劇本改為小說、詩歌是，此在澳

23　勝本正晃，前揭書，頁113。
24　東京地方裁判所昭和12年7月5日判決，評論26卷諸法，頁724。
25　城戶芳彥，前揭書，頁112-113。

洲、英國著作權法皆明文承認，日本學說亦予承認[26]。此在我國著作權法解釋上亦應屬於以文字方法之改作（第28條第1項第5款）。

十、編輯

依土耳其著作權法，編輯亦屬於「改作」之行為。我國著作權法第4條第2項規定著作權人專有「編輯權」，故編輯在我國並非改作之方法。

十一、美術之異種複製

美術著作之異種複製，廣義言之，有下列二種：（一）以與原著作不同之技術加以複製；（二）以照片就美術著作加以複製。茲分別說明如下：

（一）**以與原著作不同之技術加以複製**：例如將雕刻物、美術工藝品、建築物、模型、照片等作成圖畫；將繪畫以雕刻、工藝美術等加以利用是。我國民國17年公布之著作權法第19條規定：「就他人之著作，闡發新理或以與原著作物不同之技術，製成美術品者，視為著作人享有著作權。」此即承認美術之異種複製享有新的著作權。美術之異種複製，係複製之媒體不同。複製之媒體不同構成著作權之侵害，似無疑義。依美國法院實務見解，將三度空間之著作，以三度空間加以重製[27]，或將二度空間之著作，以三度空間加以重製[28]，均構成著作權之侵害，例如自卡通作成洋娃娃，係侵害著作權之重製權[29]。美國著作權法對美術之異種複製認係侵害重製

---

26 勝本正晃，前揭書，頁116。

27 See Tennessee Fabricating Co. v. Moultrie Mfg. Co., 421 F. 2d 279 (5 th Cir. 1970).

28 See Walco Prods., Inc. v. Kittay & Blitz, Inc., 354 F. Supp. 121, 175 U.S.R.P. 471 (S. D. N. Y. 1972).

29 Ideal Toy Corp. v. Kenner Prod., 443 F. Supp. 291 (S. D. H Y. 1977).

權，日本學者則認係改作權之侵害[30]。我國著作權法第3條第23款規定，重製權指「不變更著作形態而再現其內容之權。如為圖形著作，就平面或立體轉變成立體或平面者，視同重製」。我國著作權法就美術之異種重製而言，立法上似傾向於美國。惟就我國著作權法第3條重製與改作之定義（第23款及第27款）觀之，重製係「不變更著作形態」，改作係「變更原著作之表現形態」，如圖形著作平面變立體而外觀仍然相同，似可解釋為重製；如非圖形著作，而由平面作成立體或立體作成平面，外觀上表現型態不同，但仍有內面形式之同一性，似以認為改作為妥。

（二）**以照片就美術著作加以複製**：日本舊著作權法第23條第3項規定：「依攝影術將美術上之著作物予以合法之複製者，在原著作物之著作權同一期間內享有本法之保護，但當事人間另有契約者，不在此限。」以照片就美術著作加以複製，日本舊著作權法視為改作之一種[31]，但日本新著作權法則視此為重製之方法[32]。依我國著作權法第3條第23款之定義觀之，似宜認為重製而非改作。

肆、改作與原著作之關係

一、改作之一般效果

改作之型態，已如前述。依以上種種改作之方法而改作，是否成立新的著作權，應依一般社會觀念就各個具體情形決定之。以戲劇化、電影化、小說化、圖片化、非戲劇化之改作形式而言，通常產生新的著作權。當然，他人著作之非獨立的改作（單純之變更），不生新著作權，並無問

---

30 加戶守行，前揭書，頁29；半田正夫，前揭書，頁128；尾中普子、久久湊伸一、千野直邦、清水幸雄共著，著作權法，頁64，學陽書房，昭和55年。

31 城戶芳彥，前揭書，頁123；榛村專一，前揭書，頁119。

32 日本著作權法第2條第1項第15款。

題，此時變更物完全由原著作之著作權的排他效力之所及。反之，基於他人著作之自由使用而加以創作之情形，其創作物之著作權與基於創作動因著作之著作權全然個別獨立，相互並無妨礙，其間不生何等之從屬關係。但依改作而取得著作權與原著作之著作權之間，即產生從屬之關係，改作人非經原著作之著作人的同意或授權不得爲利用行爲[33]。

二、著作權已消滅之著作的改作

就著作權已消滅之著作加以改作，無論何人均得自由爲之，其改作物改作人並有新的著作權。因此，改作人就其改作物得自由地加以利用處分，但不得有害於原著作人之著作人格權。著作權法第26條規定：「無著作權或著作權期間屆滿之著作，視爲公共所有。但不問何人不得將其改竄、割裂、變匿姓名或更換名目發行之。」故原著作人著作權消滅，僅著作財產權不存在，著作人人格之利益，仍然受保護，不得變更或隱匿原著作之姓名或爲不當之竄改，例如甲將紅樓夢改編爲劇本，不得將原著作人改爲曹雪芹以外之人是。

三、著作權仍存續之著作的改作

著作之改作，以改作人之改作行爲適法爲前提。未經原著作權人同意之改作，係侵害原著作權人之改作權。在著作權存續中之著作的改作，如其改作行爲係屬合法，則原著作人與改作人之間關係如下[34]。

（一）改作人之著作權原始發生且存續

改作物之著作權與原著作之著作權個別原始的發生，因此，原著作之著作權人及改作人，各得單獨處分其著作權，其保護期間亦各自進行。

33　榛村專一，前揭書，頁119-120。
34　城户芳彦，前揭書，頁138以下。

例如甲就乙之小說改編為劇本，乙之著作權為終身並由繼承人繼續享有30年，甲之著作權亦為終身並由繼承人繼續享有30年。乙之著作權消滅，甲之著作權並不當然消滅（著作權法第14條）。又著作權法第22條規定：「未發行之著作原件及其著作權，除作為買賣之標的或經本人允諾者外，不得作為強制執行之標的。」未發行之著作原件及其著作權之強制執行，各著作人各得單獨加以允諾。例如甲之債權人丙欲強制執行甲未發行之改作物，則丙僅得甲之允諾即可，無須得乙之允諾。同理，乙之債權人丁欲強制執行乙未發行之著作，丁僅得乙之允諾即可，無須得甲之允諾。

（二）原著作人之著作權原則上及於改作物

除原著作之著作權或改作權歸屬於改作人者外，他人不法利用其改作物，除侵害改作人之著作權外，原則上亦侵害原著作人之著作權。此種情形侵害人產生二重之侵害責任，蓋改作物廣義上係原著作之重製物（間接重製物），原著作人之著作權應及於改作物。因此，第三人就改作物不法加以利用，當然侵害原著作人之著作權。例如甲有小說著作權，乙經甲之同意將小說改編為劇本，丙如擅自將乙之劇本改為電影，則丙除侵害乙之改作權外，尚侵害甲之改作權。但如丙將甲之小說擅改為劇本，則丙僅侵害甲之改作權，而不侵害乙之改作權。

（三）改作人得改作之許諾並不當然取得改作權

改作人單純得著作權人改作之許諾，改作人並不當然取得著作權人之改作權。易言之，此時僅改作人得適法為改作而已，改作權仍屬於著作權人所有[35]。例如甲有小說之著作權，乙得甲同意改編為劇本，乙並非有甲小說之改作權，僅其改作不侵害甲之改作權而已。如甲另外同意丙將小說亦改為劇本，並不侵害乙之著作權。又如甲乙約定甲之小說僅供乙改作而不得供他人改作，如甲之小說再供丙改作，甲僅生債務不履行責任而無侵

35　著作權法第7條：「著作權得全部或部分轉讓他人或與他人共有。」「著作權讓與之範圍，依雙方約定；其約定不明者，推定由讓與人享有。」

害著作權問題。因此，為著作權內容之改作權與改作人得改作之權利，應嚴加區別。前者為準物權的權利，後者不過單純債權的權利[36]。

（四）著作權之讓與與改作權之移轉

著作權人將其著作權讓與時，其改作權是否當然移轉？日本舊著作權法採肯定說[37]，新著作權法則採否定說[38]，西德著作權法亦採否定說[39]。我國著作權就此未有明文，似以肯定說為妥。

（五）改作與原著作之著作人格權

改作權係一種著作財產權，改作權得自由轉讓（著作權法第7條第1項），故改作權轉讓，或第三人得原著作權人改作之許諾，自得加以改作。惟改作權不當之行使，仍可能侵害原著作人之著作人格權。著作權法第25條規定：「受讓或繼承著作權者，不得將原著作改竄、割裂、變匿姓名或更換名目發行之。但經原著作人同意或本於其遺囑者，不在此限。」即為此意。一般言之，改作係原著作表現型態之變更，故就表現型態加以變更而言，原著作人固不得主張同一性保持權[40]。而且改作之許諾，解釋上原著作人即同意改作人必要最小限度之變更，在此變更之範圍內，不侵害原著作人之同一性保持權[41]。例如甲為小說之著作人，甲同意乙將小說改為劇本，則乙改為劇本形式不侵害甲之同一性保持權。又乙為增加戲劇

---

36 東京地方裁判所昭和7年11月10日民事判決，評論22卷3號諸法，頁186。

37 城戶芳彥，前揭書，頁145-146。

38 日本著作權法第61條規定：「著作權得將其全部或一部轉讓之。讓與著作權之契約，如無特別約定為讓與之標的者，該權利推定由讓與人保留。」第27條規定：「著作人專有將其著作物翻譯、編曲、變形、戲劇化、電影化或為其他改編之權利。」

39 西德1965年著作權法第37條第1項規定：「著作人將其著作物上之用益權讓與他人者，於有疑義時，其仍保有允許公表或利用著作之改作物的權利。」

40 齋藤博，概說著作權法，頁138，一粒社，昭和55年。

41 半田正夫，前揭書，頁133。

效果，穿插若干對白，亦不侵害甲之同一性保持權。但如乙之改作使故事之情節有重大之變更，例如喜劇改為悲劇、主角變配角、時代背景及場所均加以更換等，非經原著作人同意，則構成原著作人著作人格權（同一性保持權）之侵害[42]。

伍、我國實務上若干見解之檢討

一、古人著作之重插彩色圖式

設有一種著作，著作人死亡於千年以前，著作已詒傳於數世，久成為公共之物，如有書館於原著作內比照原有圖式之尺寸名色，重插彩色圖式，略加說明，仿製精版翻印成帙，是否享有著作權[43]？司法院於20年院字第457號解釋謂：「古人之著作物久已流傳數世，茲由書館重插彩色圖式，並加說明，製印成帙，究竟是否符合著作權法第19條所規定，就他人之著作以與原著作不同之技術製成美術品，純屬事實問題，倘能合於該條規定，自得視為著作人。」民國17年著作權法第19條規定：「就他人之著作，闡發新理或以與原著作不同之技術，製成美術品者，得視為著作人享有著作權。」上開解釋似認為古人著作重插彩色圖式，亦可能係屬「以與原著作不同之技術製成美術品」，在觀念上似有商榷之餘地。日本舊著作權法第22條規定：「與原著作物不同之技術將美術上著作物予以合法之複製者，視為著作人，並享有本法之保護。」該條係美術異種複製之規定，例如將雕刻加以繪畫，將繪畫加以拍照是[44]。「以與原著作不同之技術製成美術品」，似未包含古人著作之重插彩色圖式之情形在內。因此，司法

42　山本桂一，著作權法，頁57，有斐閣，昭和48年增補版。

43　司法院秘書處印，司法院解釋彙編（第二冊），頁357-358，民國65年，司法院20年院字第457號行政院原咨。

44　勝本正晃，前揭書，頁165。

院20年院字第457號姑不問是否承認古人著作重插彩色圖式有無擁有著作權，似不宜認爲古人著作重插彩色圖式與民國17年著作權法第19條之適用有關。

二、小說改編爲電影劇本

甲就丙將著作權已售於丁之小說編成電影劇本，未得丙丁之同意。甲於呈准註冊後，復有乙就同一小說編製電影劇本，名稱同而節目各異，各聲明已得丙丁同意，亦經呈請註冊。此時甲對乙提出異議，乙則聯合丙丁謂甲未得丙丁許可，用狡詐手段盜竊作品侵害權利，應歸無效。查甲乙雙方均係就他人所著小說而加以改編爲電影劇本，究竟電影公司就他人著作改編電影劇本，是否得依據民國17年著作權法第19條：「就他人之著作，闡發新理或以與原著作物不同之技術，製成美術品者，得視爲著作人享有著作權」之規定辦理？即或依據民國17年舊著作權法第19條得視爲著作人享有著作權，是否享有重製、公開演奏或排演之權？此問題，分爲三點述之[45]。

（一）著作權享有問題

民國17年著作權法第19條規定，係以就他人之著作闡發新理，或以與原著作物不同之技術製成美術品爲對象，茲就他人所著小說編製電影劇本，是否得視爲著作人享有著作權？又同條於著作權之享有，並無若何限制，是否合乎此規定者，無論甲乙均得分別享有？上述問題，司法院21年院字第775號解釋謂：「甲就他人所著小說編製電影劇本合於著作權法第19條（以與原著作物不同之技術製成美術品）之規定，自得視爲著作人享有著作權，甲享有著作權後，固不得限制乙之亦以不同技術製成美術品，但乙所製成之美術品，其內容及名稱必須與甲之已註冊者顯有區別，否則即爲著作權之侵害。」上開解釋，似承認：

---

45 司法院秘書處，前揭書，頁626-627。

1. 由小說改編爲劇本係「以與原著作不同之技術製成美術品」，適用民國17年著作權法第19條。
2. 甲就小說改編爲劇本，乙亦得就小說改編爲劇本。
3. 乙之劇本其內容及名稱必須與甲顯有區別。

以上三點，在理論上有值得商榷之處，茲說明如下：

1. 司法院21年院字第775號解釋，將小說改編成劇本視爲「以與原著作不同之技術製成美術品」，在理論上似有瑕疵。小說與劇本均非美術之著作，此不僅民國17年著作權法然，世界各國著作權法立法例亦莫不皆然。以與原著作不同之技術製成美術品，係美術之異種複製，依日本舊著作權法第22條規定，其範圍不包含小說之改編爲劇本在內。依民國17年舊著作權法之規定，小說之改編爲劇本係一種廣義之重製，而不宜適用第19條規定，將其視爲以與原著作不同之技術製成美術品。
2. 甲就丁有著作權之小說改編爲劇本，丁有小說之著作權，甲有劇本之著作權（第二次著作）。乙再就該小說改編爲劇本，並不侵害甲之著作權，自無須得甲之同意。司法院上開解釋就改編之法律關係而言，係屬正確。
3. 甲就丁有著作權之小說改編爲劇本，乙亦就丁有著作權之小說改編爲劇本，如乙未抄襲甲之劇本，即不侵害甲之著作權。易言之，乙如係獨立改編，本身即享有著作權，其名稱與內容無須與甲顯有區別。亦即著作權所保護者爲著作權客體之原創性，乙如獨立改編，即或內容、名稱與甲雷同，乙亦不侵害甲之著作權[46]。司法院上開解釋理論上似有未妥。

（二）專有公開演奏權問題

民國17年著作權法第1條第2項規定：「就樂譜劇本有著作權者，並得專有公開演奏或排演之權。」甲就丁有著作權之小說編成劇本，甲有無公開演奏權？如乙就丁有著作權之小說另外改編爲劇本，乙是否亦有公開

---

46 詳拙文，論著作權客體之原創性，軍法專刊，第31卷第3期。

演奏權？司法院21年院字第775號解釋謂：「享有著作權法第19條著作權之樂譜劇本，當然與第1條第2款之著作權同得專有公開演奏或排演之權。至他人再就同一原著作品編製樂譜劇本，應依第一點甲乙情形解決之。」此解釋似承認甲之劇本專有公開演奏或排演之權；乙之改編如名稱與內容與甲顯有區別，亦專有公開演奏或排演之權。以上問題，依改作權之理論，甲乙丁均應有公開演奏或排演之權。易言之，乙如係就丁之小說獨立改編為劇本，則甲乙之劇本不管名稱與內容，均係第二次著作，均獨立享有公開演奏或排演之權。而丁係小說之著作人（第一次著作），如戊盜用甲之劇本排演電影，侵害甲丁之公開排演權；如己盜用乙之劇本排演電影，則己侵害乙丁之公開排演權。

（三）他人之著作問題

　　民國17年著作權法第19條規定：「就他人之著作，闡發新理或以與原著作物不同之技術製成美術品者，得視為著作人享有著作權。」此「就他人之著作」或「原著作」等語，如係就他人已有著作權之著作加以改編，是否應得原著作權人之同意？又原著作權人於享有著作權外，是否並得兼有「電影攝製權」？此一問題，司法院21年院字第775號解釋謂：「著作權法第19條著作權之享有，在能闡發新理或以不同技術製成美術品，自毋庸得原著作人或著作權所有者之同意。至原著作人如並享有樂譜劇本之著作權，自得專有公開演奏或排演之權，否則應受他人專有權之限制，不得當然兼有。」此項解釋似認為：

1. 甲改編丁有著作權之小說，無須得丁之同意。
2. 丁如無劇本之著作權，並無公開演奏或排演之權。

　　以上二點，茲說明如下：

1. 民國17年公布著作權法第19條規定：「就他人之著作，闡發新理或以與原著作物不同之技術製成美術品者，得視為著作人享有著作權。」該條係仿自日本舊著作權法（明治32年）第22條規定：「與原著作物不同之技術將美術上著作物予以合法之複製者，應視為著作人，並享有本法之保護。」依日本舊著作權法第22條規定，此利用他人著作係

以「合法」爲要件。因此，依民國17年著作權法第19條規定成立之著作，在解釋上，應先取得原著作人之同意。民國17年著作權法第19條之規定，不無疏漏之處。依世界各國著作權法立法通例，小說之改編爲劇本，應得小說著作權人之同意。司法院21年院字第775號解釋不僅對民國17年著作權法第19條條文意義之解釋有誤會，且將小說之改編爲劇本以民國17年著作權法第19條加以解釋，在法條之適用上，亦有違誤。民國17年著作權法第1條雖未明文承認改作權，惟斯時改作係屬廣義重製權之範圍，甲乙改作丁之小說，如未得丁之同意，自屬侵害丁之重製權（廣義重製權）。又依現行著作權法第4條第2項規定，改作已獨立於重製之外，故甲乙未經丁之同意而改作丁之小說，係屬侵害丁之改作權[47]。

2. 依司法院21年院字第775號解釋，似認爲如丁有劇本之著作權，當然有公開演奏或排演之權；如丁無劇本著作權，當然無公開演奏或排演之權，此一見解在理論上似有瑕疵。甲將丁有著作權之小說改編爲劇本，丁有小說之著作權，甲有劇本（第二次著作）之著作權，除非甲將劇本著作權轉讓丁，否則丁似不可能享有劇本之著作權。惟丁對劇本雖無著作權，但如第三人戊未經同意而將劇本上映爲電影，則戊侵害甲丁二人之著作權，故司法院上開解釋揆諸改作權理論，似乏依據。

三、書籍內容錄成錄音帶

　　將他人享有著作權之書本內容悉數擅自請人發音錄成盜版錄音帶後發售（而該他人並未發售錄音帶），該當何罪？此依民國53年舊著作權法實務上有三說[48]：

甲說：擅自翻印罪，臺灣臺北地方法院板橋分院檢察處檢察官72年度偵字

47　另參見著作權法第28條第1項第5款。

48　法務部司法官訓練所司法實務研究會第24期座談，「保護智慧財產權法律問題」，第三案，載於法務部公報，第62期。

第7397號起訴書採此說（本案第一審撤回告訴）。

乙說：仿製罪，此爲仿製之一態樣。

丙說：以其他方法侵害他人著作權罪。此係以發音方法重製他人之著作物，依著作權法第26條第1項第4款，應論此罪。

以上三說，研究結論採丙說。上述問題，結論採丙說，固屬正確，惟丙說之理由，似應修正。蓋丙說謂書本內容請人發音錄成錄音帶，係屬「以發音方法重製他人之著作物」，以發音方法重製他人之著作物，依舊著作權法第26條第1項第4款規定，應論以其他方法侵害他人之著作權罪。此可得討論者有三：（一）著作權侵害之態樣有無「以發音方法重製他人之著作物」？（二）書本內容請人發音錄成錄音帶是否「重製」？（三）重製他人著作是否「以其他方法侵害他人著作權」？現行著作權法在適用上有無不同？

茲就以上三點，分別說明如下。

（一）著作權侵害之態樣有無「以發音方法重製他人之著作物」？

民國53年舊著作權法第26條第1項第4款規定：「用文字、圖畫、攝影、發音或其他方法重製、演奏他人之著作物者。」如未經原著作人之同意，以侵害他人著作權論。此所謂「用文字、圖畫、攝影、發音或其他方法重製、演奏他人之著作物」，固包括用文字、圖畫、攝影或其他方法重製他人之著作，亦包括用發音演奏他人著作，有無包括用發音重製他人之著作物在內？頗值討論。在舊著作權法重製之意義同採廣義，包含無形重製（如口述）及間接重製（如改作）。惟口述等之無形重製，解釋上必須「公開」，否則不構成著作權之侵害。故舊著作權法第26條第1項第4款似宜限制解釋，不包含以發音方法重製他人之著作之情形，此猶依同款解釋無以文字、圖畫、攝影方法演奏他人著作之情形然。

（二）書本內容請人發音錄成錄音帶是否「重製」？

就他人演說加以錄音，與就他人書本內容請人發音錄成錄音帶之情形，顯有不同。前者之情形係屬重製之型態，似無疑義。日本著作權法第

2條第1項第15款規定：「複製即以印刷、照片、複寫、錄音、錄影或其他方法有形地再製。」錄音係重製之方法之一。又依我國現行著作權法第3條第23款規定：「重製權：指不變更著作形態而再現其內容之權。」就他人之演說加以錄音而言，演說之表現型態爲聲音，錄音著作之表現型態亦爲聲音，故就他人之演說加以錄音，係屬重製之行爲。惟就他人之書本內容請人發音錄成錄音帶，書籍爲文字著述，文字著述以文字加以表現，此與錄音著作以聲音加以表現，其表現型態即有不同。美國及日本舊著作權法皆承認「錄音」係改作型態之一種。我國現行著作權法第3條第27款規定：「改作權：指變更原著作之表現形態使其內容再現之權。」第28條第1項第5款規定，以錄音方法改作他人著作，視爲侵害著作權。故書本內容請人發音錄成錄音帶，依據現行著作權法，似屬改作，而非重製。民國53年著作權法改作包含於廣義重製（間接重製）之概念中，故依舊著作權法，將書本內容請人發音錄成錄音帶，係屬重製行爲，惟並非以發音方法重製他人之著作，而係以錄音方法重製他人之著作，蓋發音（口述）之行爲如不公開，本身並不處罰也。

（三）重製他人著作是否「以其他方法侵害他人著作權」？現行著作權法在適用上有無不同？

　　民國53年舊著作權法第33條第1項前段規定：「擅自翻印他人業經註冊之著作物者，處二年以下有期徒刑，得併科二千元以下罰金。」第2項規定：「仿製或以其他方法侵害他人之著作權者，處一年以下有期徒刑、拘役，得併科一千元以下罰金。」有關「翻印」、「仿製」及「以其他方法侵害他人著作權」，我國學者意見頗不一致[49]。一般言之，重製他人著作，如兩著作之內容及表現方法均屬同一，則屬「翻印」；重製他人著作，如係間接重製（例如改作），則屬「以其他方法侵害他人之著作權」。在現行著作權法，重製他人著作，均依第38條第1項規定處斷，而

49　詳拙文，談違反著作權法之著作物出租的刑事責任（上），司法周刊，第203期（民國74年3月13日）。

無依第39條第1項「以其他方法侵害他人之著作權」之情形。蓋現行著作權法「重製」之概念，係屬狹義，不承認間接重製故也。

四、E.T外星人圖形製成玩具

　　E.T外星人圖形製成玩具，過去法院實務多認爲係屬「仿製」[50]。依行政院著作權法修正草案說明，「將造形著作變更形態加以利用者，係屬仿製」[51]。實則，仿製並非著作權之權能（著作權法第3條第2款、第4條第2項），在外國立法例，並無處罰「仿製」之規定[52]，依現行著作權法之規定，仿製之概念，已爲重製所吸收[53]。著作權法第3條第23款規定：「重製權：指不變更著作形態而再現其內容之權。如爲圖形著作，就平面或立體轉變成立體或平面者，視同重製。」就E.T外星人圖形製成玩具，依現行著作權法規定，似屬重製權之侵害，依著作權法第38條第1項前段處斷，而不宜論以第39條第1項仿製他人著作罪。

陸、結論

　　依現行著作權法第4條第2項規定，著作權人專有改作權。此改作權係民國74年著作權法修正方自重製之概念中獨立出來，其範圍如何，頗難

50　臺灣高等法院72年上易字第2973號判決、72年上易字第2867號判決。

51　見立法院議案關係文書，民國73年11月17日印發（院總553號，政府提案2506號之1），著作權法修正草案說明第4條第11點。

52　拙著，著作權法之理論與實務，頁66-67，著者發行，民國70年。

53　學者泰瑞玢謂：「重製，謂將原著作照樣更作之實，即翻印、仿製之意。所以特云重製者，蓋因重製二字，義較簡括，且翻印、仿製字樣，宜屬他人言之，而不宜屬著作權者本人言之故也，觀33條及54條（前清著作權律），其區別自明。」見秦瑞玢，著作權律釋義，頁8，上海商務印書館，民國元年初版。民國74年著作權法修正已將「翻印」改爲「重製」，故「仿製」已爲「重製」所吸收，另見拙著，著作權法逐條釋義，頁224-225。

界定，宜依外國立法及法院實務見解，斟酌我國立法，加以釐定。在舊著作權法，由於改作係屬廣義之重製（間接重製），故重製與改作之區別，在法條之適用上，較無實益。惟依現行著作權法第38條及第39條規定，重製與改作已異其處罰，實有區別之必要，其區別以有無變更表現型態爲準，不變更表現型態者爲重製，變更表現型態者爲改作，然其著作彼此均有內面形式之同一性。易言之，改作之型態，不僅限於小說之改編爲劇本，尚包含編曲、電影化、小說化、不同表現形式之錄音、高度之增刪潤飾、圖片化、非戲劇化、不同表現型態之美術異種複製等在內。又改作往往對著作內容加以修正，有侵害原著作人同一性保持權（著作人格權）之可能，在解釋上，如改作已得改作之許諾，就表現形式加以變更，並非著作人同一性保持權之侵害，但如就著作之實質內容重大變更，仍係侵害原著作人之著作人格權。再者，改作一般上得成立第二次著作，第二次著作不影響原著作著作權人之權利，故侵害改作物，往往成立改作物與原著作物雙重之侵害，惟侵害原著作，並無侵害改作物之著作權。最後，改作以合法改作爲前提，違法改作係侵害原著作人之著作權，司法院21年院字第775號解釋在觀念上似與世界各國改作之理論相違，實不宜再引用，以符新著作權法承認著作權人專有改作權之法意。

後記：本文原載軍法專刊，第32卷第7期，民國75年7月出版。

第十五章
論著作權人之重製權

壹、前言

　　重製權（Reproduction Right）在整個著作權制度上是一個關鍵性之權能。易言之，重製權係著作權中最早出現之權能，亦為最重要之權能[1]。世界各國著作權法對此一權能均列於著作權權能之首，例如西德著作權法第15條第1項規定：「著作人享有以有形之方式，利用其著作之排他權利，此權利包括重製權……。」日本著作權法第21條規定：「著作人專有複製其著作物之權利[2]。」美國著作權法第106條規定：「依第107條至第118條規定，著作權人依本法享有及授權享有下列排他權利：(1)以複製品（copies）或錄音物（phonorecords）重製有著作權之著作（the copyrighted work）……。」等均是。

　　我國最早成文著作權法，係前清宣統2年之著作權律。依著作權律第1條前段規定：「凡稱著作物而專有重製之利益者，日著作權。」亦最先承認著作權人有重製權，並以重製權為著作權之最主要權能。其後民國4年北洋軍閥公布之著作權法；民國17年國民政府公布之著作權法均然。民國74年著作權法（即現行法）大幅度修正，於第4條第2項規定著作權人之權利有：重製、公開口述、公開播送、公開上映、公開演奏、公開展示、編輯、翻譯、出租、改作等權利，亦以重製權居首。著作權法第38條第1項前段規定：「擅自重製他人之著作者，處六月以上三年以下有期徒刑，得併科三萬元以下罰金。」第39條第1項前段規定：「仿製他人著作或以

1　Edward W. Ploman and L. Clark Hamilton, Copyright, p. 161 (1979).

2　日本著作權法之「複製」與我國著作權法之「重製」之意義相同。

其他方法侵害他人之著作權者，處二年以下有期徒刑，得併科二萬元以下罰金。」侵害重製權與侵害重製權以外之其他著作權，其刑實不同。前者處刑較重，後者處刑較輕。然「重製」與「複製」有無區別？重製權之內涵如何？何種情形方屬重製權之侵害？凡此於新著作權法實施後，均有探討之必要。

貳、重製與複製之區別

「重製」與「複製」，在現行著作權法屢有出現。其中規定「重製」者，例如第3條第23款、第4條第2項、第28條第1項第4款及第6款、第30條、第31條、第32條、第38條第1項是。規定「複製」者，例如第29條第1項第3款及第2項、第42條是。第46條並將「重製物」與「複製物」二者併列。究竟「重製」與「複製」二者有無不同，有下列二說：主肯定說者，認為「重製」與「複製」有區別。重製為Reproduction，係著作內容之再現，有部分重製及主要部分重製，故不必全部再現，縱部分重製亦構成著作權之侵害；所謂複製為Copying，不惟著作內容再現，即外表型態亦與之一致。就實務觀察，若干類著作之重製與複製俱屬可能，如文學著作，另若干類著作則只有複製可能，如攝影、電影、錄音是[3]。主否定說者，認為重製與複製相同，無區別之必要[4]。本文從後說，理由如下：

一、我國自前清宣統2年著作權律以來迄民國53年著作權法，僅有「重製」而無「複製」，並無「重製」與「複製」之別[5]。學者著作，有

3　施文高，國際著作權法制析論（上冊），頁335，著者發行，民國74年。

4　張靜、徐玉蘭，著作權法犯罪之司法實務專題研究，頁16，臺北地檢處印行，民國74年。

5　有關前清著作權律迄民國53年修正著作權法，可見拙著，著作權法逐條釋義，頁282以下，著者發行，民國75年。

用「重製」者[6]，有用「複製」者[7]，二者概念並無不同。用重製者，固認為重製係Reproduction；用複製者，亦認複製係Reproduction。後者之用語，蓋係受日本翻譯譯文之影響，日本學者均將Reproduction譯為「複製」，而未有譯為「重製」者[8]。由之，不問重製、複製，均為Reproduction，Reproduction譯為重製、複製均可，前清宣統2年著作權律以來，既對「重製」、「複製」二者未加區分，現行著作權法似無強為區分之理由。

二、依主管機關現行著作權法之英譯文，重製固用Reproduction，複製亦無稍異[9]。主肯定說者，認為重製係著作內容之再現，有部分重製及主要部分重製，故不必全部再現，縱部分重製亦構成著作權之侵害；複製不惟著作內容再現，即外表型態亦與之一致，因此文學著作重製、複製均可能，攝影、電影、錄音只可能複製，而不可能重製。此項見解，揆諸現行著作權法，似未盡然。例如：著作權法第29條第1項第3款規定：「為學術研究複製他人著作，專供自己使用者。」此「他人著作」不限著作之種類，文學著作亦包含在內，如甲閱乙有著作權之小說，為學術研究且專供自己使用而抄寫其情節記載於自己之筆記，此「複製」得依本款而阻卻違法，然而此種情形並非肯定說所

6　秦瑞玠，著作權律釋義，頁8，上海商務印書館，民國元年。彼謂：「重製謂將原著作物照樣更作之實，即翻印、仿製之意。所以特云重製者，蓋因重製二字，意較簡括，且翻印仿製字樣，宜屬他人言之，而不宜屬著作權者本人言之故也。觀第33及54條，其區別自明。」另見史尚寬，著作權法論，頁38，中央文物供應社，民國43年。

7　楊崇森，著作權之保護，頁39，正中書局，民國66年。

8　勝本正晃，日本著作權法，頁38，嚴松堂，昭和15年；日本著作權資料協會編，著作權事典，頁305，出版ニュース社，昭和53年。

9　著作權法第29條第1項第3款規定：「為學術研究複製他人著作，專供自己使用者。」主管機關譯為："Reproducing works of another merely for private use in academic research." 著作權法第42條規定：「擅自複製業經製版權註冊之製版者，處一年以下有期徒刑，得併科一萬元以下罰金。」主管機關譯為："Any person who reproduces printing plates of which the plate-rights have been registered...."

持「複製」之概念。故肯定說之見解，與現行法似未能符合。

三、肯定說認爲重製爲Reproduction，複製爲Copying。查美國著作權
法著作權爲Copyingright，Copying包含任何著作權之侵害行爲，
Reproduction依著作權法第106條僅係著作權人專有權利之一。
易言之，Reproduction Right包含以複製品（copies）及錄音物
（phonorecords）再現有著作權之著作，而複製品及錄音物均係固定
之物質[10]。Reproduction Right僅爲此物質（material object）之再製，
而不包含上演、演奏等無形之再製，但Copying尚包含著作權人其
他權利之侵害在內。故Copying之範圍較廣，Reproduction之範圍較
狹[11]。因此，美國著作權法Reproduction與Copying之區別，亦與肯定
說所持之見解未能符合。

基於上述三點，我國著作權法條文「重製」與「複製」用語，區別似
無意義，將來修法時似以能統一爲妥。

參、重製權之內涵

一、美國著作權法之重製權

依美國著作權法第106條規定：「除第107條至第118條另有規定
外，著作權人依本法享有及授權享有下列行爲之排他權利：(1)以複製品
（copies）或錄音物（phonorecords）重製有著作權之著作……。」故重
製須以複製品及錄音物再現有著作權之著作。而此複製品或錄音物必須具
備下列要件。

10　17 U. S. C. Sec. 101 (definitions of "copies" and "phonorecords").

11　Melville B. Nimmer, Nimmer on Copyright: A Treaties on the Law of Literary, Musical
and Artistic Property, and the Protection of Ideas, 8. 02 (A) at 8. 22 (1981).

（一）有形之要件（The Tangibility Requirement）

依第106條規定，著作權人之重製權，須以複製品或錄音物再現有著作權之著作，已如前述。而此錄音物（phonorecords）之定義，依第101條規定，係指將聲音以任何方法固定於已知或將來可能發展之具體物質（不同於電影或其他著作）。複製品（copies）之定義，依第101條規定，係指著作以現在已知或將來可能發展之任何方法固定於具體之物質上（錄音物除外）。因此侵害重製權，被告須將原告之著作以具體物質（material object）形體化[12]，從而著作之表演（performance）或口述（oral renolition），並非重製[13]。

（二）固定之要件（The Fixation Requirement）

複製品及錄音物乃將著作固定於具體物質上。此著作之固定，必須「足以恆久或穩定使人感知、重製或以其他方法傳播其內容而非短暫時間[14]」。因此，被告將原告之著作以具體物質具體化，除非該具體化非屬短暫時間，否則不侵害原告之重製權。又成立侵害複製品或錄音物，原告著作之具體化不僅必須有形，而且必須恆久。有形、恆久為兩個獨立之概念，故於沙灘上寫字或影像於電視或電影螢幕上，雖係具體化於有形之物質上，但因缺乏恆久之要件，故均非屬於重製[15]。

（三）可理解性之要件（The Intelligibility Requirement）

具體物質欲成立「複製品」或「錄音物」，必須固定於「得直接或經由機器（machine）或器械（device）感知、重製或傳播[16]」。故唱片（sound recording）藉由器械可加以理解，因此唱片之再製，依現行著作

---

[12]　Walker v. University Books, Inc., 602 F. 2d 859 (9th).

[13]　Corcoran v. Montgomery Ward & Co., 121 F 2d 572 (9th Cir. 1941).

[14]　17 U. S. C. Sec. 101 (definition of "fixed").

[15]　1976 House Report, p. 62.

[16]　同註10。

權法係屬於重製。

二、日本著作權法之重製權

（一）日本舊著作權法（明治32年）

　　日本著作權法將Reproduction譯爲「複製」[17]，已如前述。日本舊著作權法第1條規定，「凡屬於文書、演講、圖畫、建築、雕刻、模型、照片、演奏、歌唱或其他文藝、學術或美術（包含音樂）範圍著作物之著作人，應專有複製其著作物之權利（第1項）。」「文藝、學術著作物之著作權，應包括翻譯權。各種劇本及樂譜之著作權，應包括上演權（第2項）。」此即承認著作權人有複製權。惟因日本舊著作權法對「複製」一語未定有明文，學說判例對此定義不十分一致。有謂複製係將著作物加以模製，以同一形體、別種形體或其他方法，均非所問[18]；有謂複製係將原著作物作成得被覺知之模造物之行爲，惟此僅限於作出有形物，將他人之著作向公眾朗讀，並非複製[19]；有謂複製係將著作物使第三人得以感知之一切方法[20]；有謂複製係能使人發生錯覺爲原著作物所必要之一切有形的手段及方法[21]，不一而足。

　　按複製得因各種不同觀點而爲下列分類：

1. 廣義複製與狹義複製：所謂廣義之複製，係指不問同一之表現形式或不同之表現形式，以有形、無形或其他如何之方法，而能使人之五官感覺感知原著作物之再生之謂，故廣義之複製，包含以文書圖畫等加以印刷之有形的同種表現形式之複製，以及將樂譜加以演奏、將小說劇本化加以上演等以異種表現形式之無形複製在內。所謂狹義之複製，即不問同

17　以下日本著作權法部分，「重製」均稱「複製」。
18　水野練太郎，著作權法要義，頁11，有斐閣，明治32年。
19　榛村專一，著作權法，頁177，嚴松堂，昭和8年。
20　勝本正晃，前揭書，頁147。
21　昭和8年11月6日福岡地民一判、昭和5年（ナ）83號判決。

一或別種之表現形式，將原著作物有形地再生表現之謂[22]。

2. 直接複製與間接複製：所謂直接複製，即將著作物現狀的再現。所謂間接複製，即將原著作物加以改變而再生表現之謂[23]。

　　日本舊著作權法第1條之複製，解釋上應指廣義複製，且包含直接及間接兩種複製而言。

（二）日本新著作權法（昭和45年）

　　日本現行著作權法第21條規定：「著作人專有複製其著作物之權利。」此即承認著作權人專有複製權。此所謂「複製」，即指以印刷、照片、複寫、錄音、錄影或其他方法有形地再製（第2條第1項第15款），例如將小說或論文加以筆寫、謄寫、複寫、印刷，將繪畫或雕刻加以模寫，將照片加以攝影，將演講加以錄音、錄影是[24]。現行法僅承認著作物之有形複製，無形之複製（如上演、演奏、播送等著作物無形的再製）不包括在內[25]，故現行法之複製僅為狹義意義之複製。又將原著作物稍加修正增減而再製，解釋上亦屬於現行法複製概念之所及[26]。惟將小說改編為劇

22　城戶芳彥，著作權法研究，頁173-174，新興音樂出版社，昭和18年。

23　山本桂一，著作權法，頁91，有斐閣，昭和48年增補版；城戶芳彥，前揭書，頁173。並參考下列實例見解：

　　1. 日本大審院明治37年4月21日刑二判、明治37年（れ）4496號判決：「複製係再製與原著作物完全相同之物，即使將原著作物略予修正、變更，如其旨趣同一，亦屬著作權之侵害。」

　　2. 日本大審院昭和10年5月24日刑四判、昭和10年（れ）424號判決：「複製並不限於再製與原作完全相同之物，即使在枝葉部分稍加修正、增減，如能令人產生為原作之再製品之錯覺者，即可認定為複製品。」

　　3. 昭和32年4月19日札幌地判、昭和31年（ヨ）308號判決：「複製係利用著作物之一種手段，不問其使用方法為有形或無形，苟能令人產生為原著作物之錯覺之一切常例，均屬之。其手段與方法，並不限於本法明文規定者為限。」

24　尾普中子、久久湊伸一、千野直邦、清水幸雄共著，著作權法，頁56，學陽書房，昭和53年。

25　齊藤博，概說著作權法，頁119-120，一粒社，昭和55年。

26　半田正夫，改訂著作權法概說，頁121，一粒社，昭和55年。

本、將古典音樂改為現代音樂等，則屬於改作之範圍[27]，非屬於複製之範圍。但下列二種情形，仍屬於複製（第2條第1項第15款）：1.將劇本及其他相類似演劇用之著作物之上演或播送，予以錄影或錄音；2.以建築之圖面建造建築物。

三、我國著作權法之重製權

（一）舊著作權法

前清著作權律第1條規定：「凡稱著作物而專有重製之利益者，曰著作權。」此「重製」之意義，係指廣義者[28]，解釋上應包含有形及無形重製，而且包含直接重製與間接重製在內。民國4年北洋政府之著作權法之「重製」的意義與前清宣統2年之著作權律相同。民國17年國民政府公布之著作權法第1條第1項規定：「就左列著作物，依本法註冊專有重製之利益者，為有著作權。」第2項規定：「就樂譜劇本有著作權者，並得專有公開演奏或排演之權。」此將重製權、公開演奏權、公開排演權三者平行併列，則「重製」雖包含直接重製及間接重製，但似不包含無形之重製之意義在內[29]。民國33年、38年、53年著作權法修正，「重製」之範圍並無變更。

（二）新著作權法

新著作權法（74年7月10日修正公布）第4條第2項規定，著作權人之權利有：重製、公開口述、公開播送、公開上映、公開演奏、公開展示、編輯、翻譯、出租、改作等權利。而所謂「重製權」，即「不變更著作形態而再現其內容之權。如為圖形著作，就平面或立體轉變成立體或平面者，視同重製。」此「重製」之意義，應限於狹義，似僅限於有形重製及

---

27 半田正夫，前揭書，頁127-128。

28 見註6。

29 詳拙著，著作權之侵害與救濟，頁64-65，著者發行，民國68年。

直接重製，不包含無形重製及間接重製在內[30]，但美術之異種重製，是否仍屬於此「重製權」之範圍，仍有待討論[31]。

肆、重製權侵害之若干問題

一、重製是否必須限於直接？

著作權所保護者，係著作之原創性（originality），而著作權所須之原創性，僅為著作之創作歸屬於著作人之原因，亦即著作人獨立創作，而非抄襲自他人之著作即可。因此，即使一著作與另一在前之著作完全相同，但並非抄襲該前一著作，而係自己獨立創作之結果，亦具有原創而受著作權之保護[32]。故如甲乙之著作相同，但甲乙均係獨立創作，則甲乙均有著作權，乙縱創作在後，亦不侵害甲之重製權。又甲先抄襲丙之著作，乙後抄襲丙之著作，乙雖侵害丙之著作權，但乙不侵害甲之著作權[33]。惟如乙抄襲甲之著作，丙抄襲乙之著作，丙未直接抄襲甲之著作，丙亦侵害甲之著作權[34]。因此，重製權之侵害，並非限於直接，間接亦可。

二、重製是否必須散布？

美國著作權法第106條規定著作權人之權利，除重製權（第1款）外，尚有散布權（Distribution Right）（第3款），如僅重製而未就重製品加以散布，雖未侵害散布權，但仍侵害重製權[35]。日本著作權法於承認複

30　拙著，著作權法逐條釋義，頁57-58。

31　美術之異種重製，詳見楊崇森，前揭書，頁45。

32　詳拙文，著作權客體之原創性，軍法專刊，第31卷第3期，頁13以下。

33　Allegrini v. De Angelis, 59F. Supp. 248 (E.D. Pa. 1944) aff'd 149 F, 2d 815 (301 Cir. 1945).

34　W. H. Anderson Co. v. Baldwin Law Publishing Co., 27 F. 2d 82 (6th Cir. 1928).

35　1976 House Report, p. 61.

製權外，尚承認電影著作之頒布權（第26條第2項）。但不以頒布爲目的而作成著作之有形物，亦爲複製權之所及[36]，構成複製權之侵害。我國著作權法尚未承認頒布權。前清著作權律草案第1條說明謂：「按美利堅、匈牙利等國著作權法規定，著作者於著作物有重製及發行之權，然發行權本包含於重製之中，不重製即不能發行無待辯也，美匈等國既有重製又言發行，不免爲重複之規定，本條採德意志、比利時立法主義，故僅規定重製之權[37]。」因此，依我國著作權法不以頒布爲目的而重製，亦可能構成重製權之侵害。易言之，重製而未散布，亦侵害著作權人之重製權[38]。

三、重製之媒體是否必須相同？

以A媒體存在之著作，而以B媒體加以作成，是否構成重製權之侵害？依美國法院實務見解，將三度空間之著作以二度空間加以重製[39]，或將二度空間之著作以三度空間加以重製[40]，均構成著作權之侵害。故自卡通作成洋娃娃[41]，係侵害著作權人之著作權。在日本舊著作權法承認美術之異種複製[42]，例如將雕刻製成繪畫，將繪畫製成照片是。惟此，在日本現行著作權法學者多認爲屬於改編權之範圍[43]。我國現行著作權法第3條第23款規定，所謂重製權，係指「不變更著作形態而再現其內容之權。

---

36 內田晉，問答式入門著作權法，頁157，新日本法規出版社，昭和54年。

37 見拙著，著作權法逐條釋義，頁282；秦瑞玠，前揭書，頁8-9。

38 司法院25年院字第1494號解釋：「著作物之通行，在二十年以內者，固均許其呈請註冊。在未註冊前，他人雖得翻譯或翻印，但於註冊後，苟仍將其翻譯或翻印之著作物發行，自得訴請處罰及賠償損害；並沒收其著作物。」我國著作權法既未承認著作權人於重製之外別有發行權，上開解釋理論頗有瑕疵。

39 Tennessee Fabricating Co. v. Moultrie Mfg. Co., 421 F. 2d 279 (5th Cir. 1970).

40 Walco Prods, Inc. v. Kittay & Blitz, Inc., 354 F. Supp. 121, 175 U.S.P.Q. 471 (S. D. N. Y. 1972).

41 Ideal Toy Corp. v. Kenner Prods., 443 F. Supp. 291 (S. D. N. Y. 1977).

42 詳山本桂一，前揭書，頁71-73；勝本正晃，前揭書，頁165。

43 半田正夫，前揭書，頁128；尾中普子等共著，前揭書，頁64。

如爲圖形著作，就平面或立體轉變成立體或平面者，視同重製。」第28條第1項第6款規定，「就他人平面或立體圖形仿製、重製爲立體或平面著作者」，視爲侵害著作權。過去，我國司法實務對將米老鼠（Mickey Mouse）、E.T外星人等圖案製成玩具、鎖匙圈等，一般視爲仿製他人著作[44]。此在新著作權法，宜視爲重製權之侵害。至於美術之異種複製，我國學者亦有提及[45]，並認其屬於改作利用權[46]。我國著作權法究應認此爲重製抑或改作，有待司法機關進一步之認定。本文認爲原則上如表現型態未變更則屬於重製，表現型態變更則屬於改作。

四、重製是否須以營利爲目的？

重製而未散布亦可能侵害重製權，已如前述。故不以營利爲目的而爲重製，亦係侵害重製權[47]。依行政院72年函送審議之著作權法修正草案第28條第1項第4款原規定：「重製、公開口述、播送、上映、演奏、展示或使用他人之著作而營利者。」立法院二讀時，將「而營利」三字刪除[48]，其立法用意即在貫徹著作權侵害非以營利爲必要之原則。立法院刪除「而營利」三字，輿論頗多疵議。事實上，立法院刪除「而營利」三字，有不得已之原因，蓋世界各國著作權立法並無以營利與否爲判別侵害與否之唯

---

44 詳臺北地方法院71年易字第2975號判決、臺灣高等法院72年上易字第2973號判決、臺灣高等法院上易字第2867號判決、臺灣高等法院72年上易字第2990號判決、臺灣高等法院73年上易字第448號判決。

45 史尚寬，前揭書，頁45；楊崇森，前揭書，頁45-46。

46 史尚寬，前揭書，頁45。史尚寬認爲美術之異種複製爲改作利用權之型態，並謂：「就非美術品之圖畫或雕刻物、模型爲異種重製，則無須有著作人之承諾。」此一見解源自日本學者（見勝本正晃，前揭書，頁165），而日本舊著作權法第30條第1項第6款規定，「將圖畫製作爲雕刻物、模型或將雕刻物模型製作爲圖畫者」，如明示其出處，且原著作爲已發行者，不視爲僞作。我國著作權法無類似之規定，故史尚寬此項見解揆諸現行著作權法，似乏根據。

47 日本大審院昭和7年7月9日刑事判決；城戶芳彥，前揭書，頁350。

48 見立法院公報，第74卷第49期，頁19-21。

一標準者。學校爲公益團體，不以營利爲目的，但如謂其能擅印學者書籍分送學生，恐將扼殺學者之創作欲望，於情於理殊有未合。況就立法技術言之，現行著作權法第29條至第32條有關著作權限制之條文，均不以營利爲目的。行政院草案第28條第1項第4款「而營利」三字如未刪除，則第29條至第32條均無保留之必要矣！現行著作權法在適用上如可能動輒得咎，乃病於未有如先進國家詳密的著作權限制之規定，而非病於刪除「而營利」三字也[49]。

五、重製之方法有無限制？

依1971年巴黎修正之文學及美術著作保護之伯恩公約（Berne Convention for the Protection of Literary and Artistic Works Paris Act）第9條第1項規定：「受本公約保護之文學及美術著作之著作人，專有將其著作授權重製（不問其方法及形式如何）之排他的權利[50]。」此所謂不問其方法及形式，係指重製之方法爲廣義之範圍，以圖案（desing）、版畫、石版畫、凸版印刷（offset）或其他印刷方法、鉛字印打、照像影印（photo copy）、全錄影印機（Xerox）複印、機械或磁氣的紀錄（圓盤、卡式錄音帶、磁氣帶、膠捲、微捲等），或其他已周知或將來開發之方法均可[51]。又依同條第3項規定：「在本公約之適用上，錄音及錄影，視爲重製。」故以音或影像加以記錄，亦屬於重製。美國著作權法重製權侵害之方法亦無限制，印刷或其他方法均可[52]。日本著作權法第2條第1項第15款規定，所謂「複製」，即以印刷、照片、複寫、錄音、錄影或其他方法有形地再製，重製之方法亦無限制。我國著作權法規定，所謂「重製」即不變更著作型態而再現其內容之權（第3條第23款），解釋上對重製之方法

---

49 拙著，著作權法逐條釋義，自序及頁182。

50 詳拙譯，伯恩公約——關於文學及藝術的著作物保護之公約，大學雜誌，第133期至第136期。

51 里川德太郎譯，ベルヌ條約逐條解說，頁60，日本著作權資料協會，昭和54年。

52 Melville B. Nimmer, *op. cit.*, pp. 8-25.

亦無限制，以筆錄、印刷、攝影、錄音、錄影及其他機械或化學方法均可[53]。

六、重製之範圍及數目有無限制？

美國著作權法重製之範圍及數目，原則上依第107條合理使用原則（fair use）判定之[54]。惟重製單一之重製品，並不排除構成著作權之侵害之可能[55]。西德著作權法第16條規定，構成重製其製作之過程及數目，皆無限制。又依日本著作權法，除有特別規定（第30條至第49條）外，單一重製或一部分之重製，皆侵害重製權[56]。我國著作權法並無類似美國著作權法第107條合理使用原則之規定，解釋上應類似日本著作權法，除有特別著作權限制之明文外（如第18條至第20條、第29條至第32條），重製單一重製品或重製一部分著作，皆侵害重製權[57]。

伍、結論

重製權係著作權中最基本之權能。在最早之著作權法，著作權之權能僅有重製權。早期之重製權係指廣義而言，其後漸漸分化，首先公開上演權、公開演奏權等無形之重製脫離重製權而獨立，其後改作權、翻譯權等間接之重製又自重製權之概念中分離而出。有形之重製與無形之重製在概念上區別較易；直接重製與間接重製，有若干領域難以清楚地劃分，例如美術之異種複製、建築圖之實施等，究係重製、改作或其他，在外國立

---

53 拙著，著作權法逐條釋義，頁59。

54 拙著，著作權之侵害與救濟，頁26-28。

55 1976 House Report, p. 61

56 榛村專一，前揭書，頁178-179；內田晉，前揭書，頁159。

57 拙著，著作權法逐條釋義，頁59。

法例上，尚乏一致，此在我國著作權法因牽涉到不同的刑事責任[58]，有進一步研究之必要。其次，我國著作權法法條有時用「重製」，有時用「複製」，在實際運用上效果並無不同，就理論而言，亦無區別之必要，徒顯立法用語之欠缺嚴謹而已，日後修法時，當應注意。再者，何種情形方構成重製權之侵害？侵害與不侵害之分際標準爲何？此爲著作權制度實務上最重要之課題。本文已說明若干原則，惟在實際個案上，仍應多斟酌外國立法及實務上之見解，俾使我國著作權制度充分發揮功能，以達到著作權法第1條所謂「保障著作人權益，調和社會公共利益，促進國家文化發展」之目的。

58　侵害重製權依第38條第1項處斷，刑責較重；侵害重製權以外其他權利依第39條第1項處斷，刑責較輕。

第十六章
共有著作權之研究

壹、前言

　　著作權法第7條規定，著作權得與他人共有。著作權為財產權，有共有之可能性。民法第831條規定：「本節規定，於所有權以外之財產權，由數人共有或公同共有者準用之。」著作權得為「準共有」，此為物權法學者之通說[1]。所有權之共有或公同共有，民法物權編有較詳密之規定（第817條至第830條）。惟所有權以外其他財產權——包含著作權之準共有，僅民法第831條有概括之規定。所謂準用與適用不同，準用以法律無特別規定者為限，故所有權以外之財產權，在法律上已有特別規定者，不在該條準用之範圍[2]。著作權法關於共有之規定不多，僅第7條、第9條、第14條第2項、第15條第2項、第34條有規定。其餘著作權法未規定者，應準用民法或適用其他法律之規定。此準用民法規定，究應準用分別共有抑或公同共有？共有人在著作權的行使、授權、分割、訴訟及執行上，如何適用法律？效果如何？凡此我國判決甚少，學者亦鮮有人論及，殊有研究之必要。

　　所謂共有著作權（Co-Ownership of Copyright），係指二人以上就同一著作擁有不可分離之著作權之謂。共有著作權之形成，主要有下列幾種

1　黃右昌，民法詮解（物權編）（上冊），頁224，臺灣商務印書館，民國66年台1版；倪江表，民法物權論，頁140，正中書局，民國71年台5版；史尚寬，物權法論，頁168，史吳仲芳等發行，民國46年初版；姚瑞光，民法物權論，頁144，著者發行，民國69年。

2　辛學祥，民法物權論，頁102，臺灣商務印書館，民國69年初版。

情況[3]：

一、共同著作人（joint authorship）所創作之著作。

二、著作人或著作權人移轉其著作權於二人以上。

三、著作人或著作權人移轉其一部之著作權於他人，而自己保留一部分者。

四、著作人或著作權人死亡，其著作權由二人以上繼承者。

五、二人以上對著作權之取得時效（民法第772條）[4]。

以上五種情形，以第一種情形法律關係最複雜，爰就第一種情形——即共同著作人創作之著作，先加以探討。

貳、共同著作之概念

一、美國及日本著作權法共同著作之意義

共同著作人創作之著作，是否即屬共同著作（joint work），美、日二國立法有所不同，分述如下。

（一）美國著作權法之共同著作

依美國1976年著作權法第101條規定，共同著作即「二人以上之著作人所作之著作，其著作人有將其創作部分合併為不可分離（inseparable）或相互依存（interdependent）之單一全體之意思之謂[5]」。茲就此定義，析述如下：

---

3 George D. Cary, Joint Ownership of Copyrights, quote from Arthur Fisher, Studies on Copyright, New York, The Bobbs Merrill Company, Inc., pp. 692-693 (1963).

4 拙著，著作權法逐條釋義，頁28，三民書局經銷，民國75年初版。

5 此一定義，學者批評其應為共同著作人（joint ownership）之定義，而非共同著作之定義。見Meville B. Nimmer, Nimmer on Copyright: A Treaties on the Law of Literary, Musical and Artistic Property, and the Protections of Ideas, §6.01 at 6-2 (1981).

1. **共同著作著作人創作上之共同關係**：共同著作及共同著作人之創作，此
   創作須共同著作人有共同創作之一般意思。如果先無此共同創作之意
   思，則不能成立共同著作。但此並非意味著作人必須在創作上互相類
   似，事先有意思聯絡或在數量及品質上相當[6]。所謂事先共同創作之意
   思，即指各自創作部分合併之意思，存在於創作之時或創作之後。而此
   共同創作之意思，不必要求各自創作部分在同一時間完成，甚至著作人
   彼此未必是熟人，完全陌生亦可。例如抒情詩人A寫了歌詞，其後詩人
   之出版人B找C就該歌詞譜曲，則該詞曲為共同著作。蓋A於寫詞時，
   係為他人譜曲而作，C於譜曲時，係為A之歌詞而譜，彼此雖在創作上
   有先後之分，而且素未相識，但仍得成立共同著作[7]。又如作曲家A為
   B之歌詞寫歌曲，後B不滿意其詞，新作詞家C為A之歌曲寫歌詞，此時
   AC之詞曲亦成立共同著作[8]。因此，共同著作人創作之共同關係，僅須
   有使其創作成為更大創作之一部分的意思即可，創作之時，其他創作人
   為孰縱未決定，亦不影響事後共同創作之成立。

2. **不可分離與相互依存之區別**：依前述共同著作之定義，須二人以
   上之著作人所作之著作「不可分離」（inseparable）或相互依存
   （interdependent）。此「不可分離」或「相互依存」二者究竟有何不
   同？1976年修正時，謂「不可分離」之情形例如小說或繪畫，而「相
   互依存」之情形例如電影、歌劇（opera）或一首歌之詞與曲[9]。由上
   述例子歸納言之，不可分離與相互依存之區別，類似於第二次著作
   （derivative work）與編輯著作（collective work）之區別。例如B之創
   作與A之創作結合導致改作、變更A之創作，則此二創作為不可分離；
   反之，如二創作之過程僅A及B之集合，並未改變A之創作部分，則此
   二創作為相互依存[10]。「不可分離」與「相互依存」二者之區別，在美

6　Maurel v. Smith, 271 Fed. 211 (2d Cir. 1921).

7　Edward B. Marks Music Corp. v. Jerry Voge Music Co. 140 F. 2d 266 (2d Cir. 1944).

8　Shapiro, Bernstein & Co. v. Jerry Vogel Music Co., 161 F. 2d 406 (2d Cir. 1946).

9　House Reporter, p. 120.

10　Melville B. Nimmer, *op. cit.*, pp. 6-11.

國著作權法無甚意義，但在其他國家立法例，有許多國家認爲共同著作限於不可分離，而不包含相互依存在內[11]。

（二）日本著作權法之共同著作

依日本昭和45年（1970年）著作權法第2條第1項第12款規定，所謂共同著作，即「二人以上共同創作之著作物，其各人的貢獻不能個別分離地利用之謂」。依此定義，共同著作之要件有三[12]：

1. **須二人以上共同創作**：有二人以上參與創作爲必要。此共同參與之人，不限於自然人，法人亦可[13]。又此共同創作之人，須對著作之作成，有所參與，如在一人的構想、指揮監督下以他人爲輔助人而完成著作，僅構想指揮之人爲著作人，輔助之人並非著作人[14]。

2. **須創作之際有共同關係**：共同著作之作成，是否當事人間有意思聯絡爲必要？由於共同意思之存在從外部識別時有困難，故主觀之要素較不受重視，只要在客觀上當事人間無意思相反之情形爲已足。例如甲之學術著作於其死亡後乙加以訂正補充，使其學術價值增高，則關於其改作物，甲乙爲共同著作人。但關於原著作，由於甲作成之際，乙無共同參與，甲爲單獨著作人。

3. **須著作爲單一之型態，個人之貢獻不能分離個別地加以利用**：共同著作須各人的貢獻，不能個別分離地利用，如有分離個別利用之可能性，則爲結合著作。例如甲乙丙三人共同寫關於歐洲政黨之書，甲寫英國之部

---

11 詳後日本著作權法共同著作與結合著作之區別。

12 中川善之助、阿部浩二，改訂著作權，頁97，第一法規出版社，昭和55年。

13 加戶守行，三訂著作權法逐條講義，頁30，著作權資料協會，昭和54年。

14 日本著作權法（昭和60年修正）第15條規定：「基於法人或其他使用人（以下稱「法人等」）之指示，而從事該法人等之業務之人，在職務上作成之著作物（電腦程式之著作物除外），如以法人等之名義公表，除作成時之契約、勤務規則或其他別有規定外，其著作人爲法人等（第1項）。」「基於法人等之指示，而由從事該法人等之業務之人，在職務上作成之電腦程式的著作物，除作成時之契約、勤務規則或其他別有規定外，其著作人爲法人等（第2項）。」

分，乙寫西班牙之部分，丙寫法國之部分，三人關係明確，各人分擔部
分有分離利用之可能性，則甲乙丙三人所寫該書並非共同著作，而係結
合著作。反之，如該書於執筆前，爲使內容、規格統一，各人所寫之部
分彼此檢討、交換意見、提出修正，使整體內容、思想、體裁、敘述、
風格十分統一，則此著作物係共同著作，而非結合著作[15]。

二、共同著作與其他類似概念之區別

（一）共同著作與結合著作

　　美國著作權法將二人以上創作之相互依存視爲共同著作，因此A寫歌
詞，B寫歌曲，二人得成立共同著作。故美國著作權法原則上對共同著作
與結合著作，未加區分。日本著作權法對共同著作物與結合著作物加以區
分。說明如下：

1. **結合著作之意義**：結合著作者，即在外觀上呈一個著作之型態，但其
   內容，係由各個獨立之著作結合而成，有分離各別利用之可能性者。
   例如歌謠曲、民歌（chanson）、民謠曲（chanzone），有分離利用之
   可能性，故詞曲爲結合著作物[16]；又如小說與插畫，通常亦視爲結合著
   作[17]。

2. **共同著作與結合著作之區別標準**：共同著作與結合著作之區別標準，有
   分離可能性說及個別利用可能性說二種。分離可能性說以數人作成外
   形上單一之著作的構成部分得否形式地、物理地分離爲標準，得加以分
   離者爲結合著作，不得加以分離者爲共同著作。個別利用可能性說，以
   被分離之著作是否有個別利用之可能爲準，有個別利用可能者爲結合著

15　內田晉，問答式入門著作權法，頁101，新日本法規株式會社，昭和54年。
16　半田正夫、紋谷暢男，著作權のノウハウ，頁64-65，有斐閣，昭和60年改訂版；
　　另參見文化廳著作權法令研究會編，著作權關係法令實務提要，頁159，第一法規
　　出版社，昭和55年。
17　半田正夫、紋谷暢男，前揭書，頁131；中川善之助、阿部浩二，前揭書，頁108-
　　109；加户守行，前揭書，頁31。

作，不能個別利用者爲共同著作。以上兩說，如著作有分離且個別利用之可能性，固屬結合著作，如不能分離當然不能個別利用，其屬於共同著作，並無問題。如有分離可能，但不能個別地利用，依分離可能性說，係屬結合著作；依個別利用可能性說，係屬共同著作[18]。以上二說，日本舊著作權法係採分離可能性說[19]，新著作權法則採個別利用可能性說[20]。

3. **共同著作與結合著作效果之差異**：共同著作與結合著作，在授權、轉讓及保護期間上，效果有所不同，分述如下[21]：

(1) 甲與乙作成外形上爲一個著作之共同著作，則：

① 利用甲分擔之部分之人，應得甲乙共同之同意。

② 甲未得乙之同意，不得將自己應有部分自由轉讓。

③ 甲死亡後，已經過30年時，乙死亡後尚未滿30年，未得乙之繼承人同意，不得利用甲之分擔部分。

(2) 甲與乙作成外形上爲一個著作之結合著作，則：

① 利用甲作成部分之人，僅得甲同意即可，無須得乙之同意。

② 甲自己作成之部分，未得乙之同意，得自由轉讓第三人。

③ 甲死亡後，已經過30年時，乙死亡後尚未滿30年，甲作成之部分得自由利用，乙作成之部分，尚應得乙之繼承人同意方得自由利用。

（二）共同著作、第二次著作與編輯著作

美國著作權法之共同著作，係指「二人以上之著作人所作之著作，

---

18 座談會係語言著述（著作權法第4條第1項第2款），出席者各個發言有分離之可能性，但座談會甲之發言係針對乙之發言，丙之發言係針對丁之發言，彼此之發言，無獨自之價值，不能單獨之利用。因此，座談會依分離可能性說係結合著作，依個別利用可能性說係共同著作。

19 日本舊著作權法（明治32年）第13條。

20 即日本現行著作權法（昭和45年）第2條第1項第12款。

21 半田正夫，改訂著作權法概說，頁59，一粒社，昭和55年。

其著作人有將其創作部分合併為不可分離或相互依存之單一全體之意思之謂（第101條）」。而此不可分離或相互依存之區別，類似於第二次著作與編輯著作之區別，已如前述。共同著作不可分離之部分，猶如第二次著作，將他創作加以改作；共同著作之相互依存部分，猶如編輯著作將數著作加以編輯形成一著作。然而編輯著作與第二次著作，僅擁有自己創作部分之權利，原著作著作人之權利不受影響[22]；共同著作之著作人的權利及於共同著作之全體。編輯著作及第二次著作與共同著作之區別何在？此區別在每一創作部分之著作人於其創作之時之意思[23]，如其創作之時為基於將其創作部分合併為不可分離或相互依存之單一全體之意思，則其自己之創作與其他人之創作合併為共同著作[24]；如其意思發生於著作完成之後，則其自己之創作與別人之創作產生第二次著作或編輯著作。因此，電影著作為包含各不同著作人創作而成之共同著作[25]。故電影劇本（screenplay）當其改作為電影形式，其為共同著作之一部分，但電影所根據之小說或舞台劇本，並非電影之共同著作之一部分，其僅為以電影為第二次著作之既存著作而已。蓋電影劇本之創作有合併為電影著作之意思，而小說之創作係為成立獨立著作之意思而創作。當然，一個人寫小說，可能希望被改編為電影，而一個人寫劇本亦可能有出版為書之意思，改編為電影僅為附帶之目的。因此，區別共同著作與第二次或編輯著

---

[22] 參照日本著作權法第11條規定：「本法對第二次著作物之保護，其原著作物之著作人的權利，不受影響。」第12條：「編輯物於其素材之選擇及配列具有創作性者，以著作物保護之。前項之規定，對於該編輯物之部分著作物之著作人的權利，不受影響。」

[23] 1976 House Report, p. 120.

[24] 依日本立法例，有時合併為結合著作。

[25] 日本著作權法第16條規定：「電影著作物之著作人者，即除被改編或複製為電影著作物之小說、劇本、音樂或其他著作物之著作人外，為擔任製作、監督、演出、錄影、美術等之有助於電影著作物在全體上形成之人。但有前條規定（即職務上作成著作物之著作人）之適用者，不在此限。」我國內政部註冊實務上，均將電影著作視為集體著作，見內政部台內著字第39296號，總統府公報，第4660號，頁11，民國75年9月8日。

作，爲最初之意思，而非全部之意思。小說家最初之意思爲出版書籍目的
而寫小說，劇作家最初係爲電影目的而撰寫劇本，則是否共同著作，即已
確定。當然，此最初意思、第二意思，甚或第三意思，有時難以確定。因
此，確定爲共同著作、編輯著作或第二次著作，實際上有時仍有困難[26]。

三、我國著作權法之共同著作

（一）共同著作與結合著作有無區別

在美國著作權法，無共同著作與結合著作之區別，歌詞與歌曲得成立
共同著作。在日本著作權法，共同著作與結合著作不同。歌詞與歌曲並非
共同著作，而係結合著作。就我國立法而言，共同著作與結合著作，應有
區別，傾向日本立法例。理由如下：

1. 依美國著作權法第102條第1項第2款規定，音樂著作包含歌詞在內，
   其將歌詞與歌曲視爲共同著作。我國著作權法第3條第13款規定，所謂
   「音樂著作」，係指「作曲或具有創意之音樂改作著作」，顯然不包含
   歌詞在內。歌詞爲文字著述，二者可分別利用，成立結合著作。

2. 著作權法第9條規定：「數人合作之著作，其著作權歸各著作人共同依
   前條規定享有，著作人中有死亡者，由其繼承人繼續享有其應享有之權
   利。前項繼承人得繼續享有其權利，至著作人中最後死亡者死亡後三十
   年。」共同著作之各著作人創作之部分保護期間一致，結合著作則不
   然，著作權法第15條規定：「著作之期間自著作完成之日起算。著作
   完成日期不詳者，依該著作最初發行之日起算。著作經增訂而新增部分
   性質上可以分割者，該部分視爲新著作；其不能分割或係修訂者，視爲
   原著作之一部。」著作之增訂人與原著作人如非同屬於一人，只要創作
   者有成立共同著作或結合著作之意思，仍可成立共同著作或結合著作。
   依著作權法第15條第2項所謂「性質上可以分割者」，如著作人不同，
   係屬結合著作性質；所謂「不能分割或係修訂者」，如著作人不同，係

26　Melville B. Nimmer. *op. cit.*, pp. 6-13.

屬共同著作性質。二者保護期間不同，此可證明我國著作權法在立法上承認共同著作與結合著作之區別。

3. 共同著作與結合著作之區別實益，在其效果相異。前清宣統2年著作權律第24條規定：「數人合作之著作，其中如有一人不願發行者，應視所著之體裁，如可分別，則將所著之一部分提開，聽其自主；如不能分別，應由餘人酬以應得之利，其著作權歸餘人公有。但其人不願於著作內列名者，應聽其便。」此規定演變爲民國53年著作權法第15條：「著作物係由數人合作，而有少數人或一人不願註冊者，如性質上可以分割，應將其所作部分除外，其不能分割者，應由餘人酬以相當之利益，其著作權則歸餘人所享有。」此所謂「性質可以分割」者，應指結合著作而言，「性質不能分割」者，應指共同著作而言[27]。該條將「性質可以分割與性質不能分割」異有效果，亦可爲我國著作權法承認共同著作與結合著作之佐證[28]。

（二）共同著作與結合著作之區別標準

　　共同著作與結合著作之區別標準，學說有二：分離可能性說及個別利用可能性說。依我國著作權法第15條第2項規定：「著作經增訂而新增部分性質可以分割者，該部分視爲新著作；其不能分割或係修訂者，視爲原

27　本條規定與日本舊著作權法第13條規定相仿。依日本明治32年著作權法第13條規定：「數人合作著作物之著作權，應屬於各著作人共有。」「各著作人之分擔部分不明，而著作人中有拒絕其發行或上演時，其他著作人得賠償該拒絕者，而取得其應有部分，但有反對之約定者，不在此限。」「各著作之分擔部分不明，而著作人中有拒絕其發行或上演者，其他著作人得將自己之部分分離而作爲單獨之著作物，予以發行或上演。但有反對之約定者，不在此限。」「依第二項規定，不得違反拒絕發行或上演者之意思，而將其姓名載明於著作物。」本條將數人合作之著作，分成分擔部分明瞭與分擔部分不明瞭而異其效果，詳城戶芳彥，著作權法研究，頁270-272，新興音樂出版社，昭和18年。

28　民國53年著作權法第15條雖於民國74年著作權法修正時刪除，但現行著作權法施行細則（75年6月16日內政部發布）第9條仍規定：「數人合作之著作，而其中有人不願申請註冊者，著作人得就其可分割之自作部分申請註冊。」

著作之一部。」著作權法施行細則第9條規定：「數人合作之著作，而其中有人不願申請註冊者，著作人得就其可分割之自作部分申請註冊。」似採分離可能性說。惟著作權法第12條第2項規定：「刊入或附屬於著作之電影、錄音、錄影、攝影，爲該著作而作者，其著作權歸該著作之著作權人享有。在該著作之著作權期間未屆滿前，繼續存在。」此立法精神，似又採個別利用可能性說[29]，我國學者通說亦採個別利用可能性說[30]。就理論而言，似以採個別利用可能性說較妥。蓋座談會依分離可能性說，係屬結合著作，依個別利用可能性說，係屬共同著作[31]。我國如採分離可能性說，則座談會各人之發言，其著作權保護期間各不相同，且得將自己發言部分自由授權利用與轉讓，殊有未妥。因此，我國實務上亦採個別利用可能性說[32]。

參、共有著作權之效果

一、共有著作權應有部分之歸屬

（一）美國

依美國法院判決，共同著作之著作人，如無相反之約定，原則上平等地享有共同著作之著作權[33]。但如著作爲可分，依其創作定其比例。例如A創作歌曲，BC創作歌詞，則ABC就詞曲部分之應有部分爲：A有二分之一，B有四分之一，C有四分之一[34]。

29　此係指在刊入或附屬於著作之電影、錄音、錄影、攝影與原著作分屬不同人創作之情況。

30　楊崇森，著作權之保護，頁71-72，正中書局，民國66年。

31　見註18。

32　見法務部司法官訓練所司法實務研究會第26期座談：「保護智慧財產權法律問題」，第20號。法務部公報，第74期，頁118。

33　See Sweet Music, Inc. v. Melrose Music Corp., 189F. Supp. 655 (S.D.Cal. 1960).

34　See Weitzenkorn v. Lesser, 40 Cal. 2d 778, 790, 256 p. 2d 947,956 (1953).

（二）日本

依日本民法規定，所有權以外之其他財產權，準用共有之規定（第264條），因此，有關著作權之共有，除著作權法別有規定外，準用民法第249條以下關於共有之規定。因此，共有著作權各共有人應有部分推定為均等（民法第250條）。在依繼承而共有之情形，共有著作權之應有部分，依法定應繼分比例定之；如共有人之一人拋棄應有部分或無繼承人而死亡，則其應有部分歸屬於其他共有人（民法第255條）。

（三）我國

我國民法第831條規定：「本節規定，於所有權以外之財產權，由數人共有或公同共有者準用之。」著作權得成立準共有，已如前述。民法第817條規定：「數人按其應有部分，對於一物有所有權者，為共有人。各共有人之應有部分不明者，推定其為均等。」因此，著作權之準共有，各準共有人有應有部分[35]。共有著作權人之應有部分，除契約別有約定，繼承上別有法定或共有發生之原因可得確定者外，各共有人推定應有部分均等。所謂契約別有約定，例如甲乙合寫中國哲學史，雙方明定甲著作權應有部分三分之二，乙三分之一是。所謂繼承上別有法定，例如甲死亡，遺有繼承人妻乙，兄弟丙丁各一人，則甲死亡後遺留之著作權，乙二分之一，丙丁各四分之一是（民法第1144條第2款）。所謂共有發生之原因可得確定，例如甲有A書之著作權，以30萬賣給乙丙，乙出20萬，丙出10萬，則乙丙對A書之共有著作權，乙應有部分三分之二，丙應有部分三分之一是[36]。

35　著作權法第7條第1項規定，著作權得部分轉讓他人。此「部分轉讓」，係指應有部分或權能而言。又在公同共有，各共有人亦有應有部分，至其應有部分是否潛在，學說不同。有關公同共有各共有人之應有部分，詳見張龍文，民法物權實務研究，頁77以下，漢林出版社，民國66年；另見姚瑞光，前揭書，頁142-143。

36　最高法院29年上字第102號判例：「各共有人之應有部分不明者，民法第817條第2項固推定其為均等，惟各共有人之應有部分通常應依共有關係發生原因定之，如

　　茲有爭議者，著作權之準共有人一人拋棄其應有部分或無繼承人而死亡者，其應有部分歸何人所有？分述如下：

1. **應有部分拋棄**：在所有權，共有人中之一人，拋棄其應有部分時，被拋棄之應有部分，是否可爲他共有人取得？學說有爭執。主肯定說者，謂應有部分與所有權同視而具有彈力性，因共有關係所存之限制一旦解除，當然有回復範圍之可能。故應有部分之拋棄，不得認爲無主物而適用先占之法則，亦不得以之歸屬於國庫。我國民法就此點雖未設規定，但依法理應爲如斯之解釋[37]。主否定說者，認爲所有權之彈力性，係指所有權上有他物權之負擔者，於他物權消滅時，仍回復其原來圓滿之狀態而言，各共有人之應有部分，係對於共有物所有權之成數，既非他物權對於應有部分所加之限制，亦非應有部分相互間之限制。他共有人拋棄其應有部分，此共有人之應有部分，不生回復原來圓滿狀態之問題。況縱依所有權彈力性之法理解決，亦不過僅能回復受限制之應有部分原來圓滿之狀態而已，仍不能說明經拋棄之應有部分，應歸其他共有人取得[38]。我國過去實例採肯定說[39]，本文認爲應採否定說爲妥。有關共有著作權，共有人中之一人拋棄其應有部分時，其應有部分如何歸屬？日本學者咸謂應有部分歸屬於其他共有人[40]。蓋日本民法第255條規定：「共有人之一人拋棄其應有部分，或無繼承人而死亡時，其應有部分歸屬於其他共有人。」我國學者亦有採同一見解者[41]。本文認爲，我國

　　數人以有償行爲對於一物發生共有關係者，除各共有人間有特約外，自應按出資比例定其應有部分。」

37　王去非，民法物權論，頁131，文友書店，民國45年；曹傑，中國民法物權論，頁100-101，臺灣商務印書館，民國56年；鄭玉波，民法物論，頁120，三民書局，民國52年修訂版。

38　史尚寬，物權法論，頁142，著者發行，民國46年；姚瑞光，前揭書，頁124；錢國成，民法判解研究，頁71，法務通訊社，民國71年。

39　大理院3年上字第1207號判例謂：「共有人中一人或數人之應有部分消滅者，他共有人之應有部分，即因之擴充。」

40　勝本正晃，日本著作權法，頁219，嚴松堂，昭和15年；城戶芳彥，著作權法研究，頁320，新興音樂出版社，昭和18年。

41　史尚寬，著作權法論，頁57，中央文物供應社，民國43年。史尚寬此項見解係受

著作權法既無規定，民法亦無類似日本民法第255條之規定者，著作權並無先占及善意取得之情形[42]。故在我國共有著作權，共有人之一人拋棄其應有部分時，其應有部分應屬於社會公有，不再回復爲其他共有人取得。至於民法第1176條雖規定繼承人中有拋棄繼承權者，其應繼分可能屬於其他繼承人，但此係應繼分之拋棄，與著作權應有部分之拋棄不同。如繼承人未拋棄應繼分，在繼承著作權之若干應有部分後再拋棄該應有部分，則該應有部分仍屬於社會公有，其他繼承人仍無取得之餘地。

2. **共有人之一人死亡而無繼承人**：在所有權之共有，共有人一人死亡，無繼承人者，其應有部分歸屬於何人？過去實例認爲應歸屬其他共有人[43]。依我國民法規定，應解爲歸屬於國庫爲妥（民法第1185條）。共有著作權，共有人一人死亡而無繼承人者，其應有部分歸屬何人？日本學者多主張歸屬於其他共有人[44]。依我國著作權法第23條規定：「著作權有左列情形之一者，其期間視同屆滿：一、著作權人死亡無繼承人者；二、著作權人爲法人或團體，於解散後，其著作權依法歸屬於地方自治團體者。」故共有著作權，共有一人死亡而無繼承人者，其應有部分消滅，屬於社會公有。同理，共有著作權人之一爲法人或團體，於解散後，其著作權依法應歸屬於地方自治團體者，亦然。

二、共有著作權之處分

（一）共有著作權應有部分之處分

1. 美國

依美國法院實務，著作權之共有人未得其他共有人之同意，得爲全

日本學者勝本正晃博士之影響。其物權法之見解與著作權法之見解，正相違反，有欠一貫。

42　參見拙著，著作權法逐條釋義，頁28-29。

43　大理院8年上字第989號判例。

44　加戶守行，前揭書，頁278。

部著作非排他之授權。但移轉與非排他授權則有不同，如無反對之意思表示，共有人得移轉其應有部分於第三人，但共有人之一人未得他共有人之同意，不得移轉其他共有人之應有部分[45]。

2. 日本

依日本著作權法第65條規定，共有著作物之著作權，或其他關係共有之著作權，各共有人非得其他共有人之同意，不得讓與其應有部分（第1項）。但各共有人無正當理由，不得拒絕同意（第3項）。蓋共有著作權與其他無體財產權之共有相同，各應有部分具有強烈的相互關聯性，與民法上之共有相異，因此，除非有無正當理由而拒絕同意之情形，否則共有著作權或應有部分之處分，非得全體共有人同意，其處分不生處分之效力[46]。此所謂「正當理由」，例如受讓人財務狀況不佳，價金有難為對待給付之虞是。如無正當理由而拒絕同意，則得依民事訴訟法第736條規定提起訴訟而得同意之判決，因此而為共有著作權之處分或其應有部分之處分[47]。又共有著作權雖應得共有人全體之同意方得處分其應有部分，但應有部分之繼承，未對於其他共有人不利益之應有部分之拋棄，無須得其他共有人之同意。又因強制執行而為應有部分之移轉，因非依共有人意思而為之任意的移轉，解釋上，亦無須得共有人全體之同意[48]。

我國著作權法對共有著作權應有部分之處分，是否應得其他共有人之同意，並未規定。民法第819條規定：「各共有人得自由處分其應有部分。共有物之處分、變更及設定負擔，應得共有人全體之同意。」如純依民法第831條規定準用第819條規定之結果，共有著作權之各共有人未得其他共有人同意，似得自由處分其應有部分。惟法律所謂準用，係僅性質類似方得引用，性質不同者，不得引用。無體財產權與民法上所有權性質有所不同。專利法第48條規定：「專利權共有人未得其他共有人之同意，不

45　Melville B. Nimmer, *op. cit.*, pp. 6-26.

46　加戶守行，前揭書，頁279；半田正夫、紋谷暢男，前揭書，頁279。

47　加戶守行，前揭書，頁281。

48　加戶守行，前揭書，頁279；半田正夫、紋谷暢男，前揭書，頁279。

得以其應有部分讓與他人。」我國學者多主張共有著作權處分應有部分，應得其他共有人之同意[49]。因此，共有著作權應有部分之處分，不準用民法第819條第1項規定，而應以全體同意為必要，但解釋上，共有人無正當理由，不得拒絕同意，否則違反誠實信用（民法第148條）。又此所謂同意，解釋上明示或默示[50]、事前預示或事後追認均可[51]。

（二）共有著作權應有部分之設質

依日本著作權法第65條第1項規定，共同著作物之著作權或因其他關係共有之著作權，各共有人非得其他共有人之同意，不得以其應有部分為質權之標的。我國著作權法就此並未規定，依民法第900條規定：「可讓與之債權及其他權利，均得為質權之標的物。」著作權法第16條規定：「著作權之轉讓、繼承或設定質權，非經註冊，不得對抗第三人。」著作

49　楊崇森，前揭書，頁49；張靜，著作權法評析，頁98，水牛出版社，民國72年。

50　參考下則二例：

1. 最高法院19年上字第981號判例：「共有財產固非得全體共有人之同意，不得私擅處分，惟同意與否，不僅以處分該財產之約據形式上曾否表示為斷，倘有其他明確之事實，足以證明他共有人已為明示或默示之同意者，則共有人中一人或數人之處分行為，仍不能不認為有效。」

2. 最高法院19年上字第2208號判例：「處分共有物，固應得全體共有人之同意，但因共有人眾多，苟願開會議依多數之決議，經各共有人均舉有代表到場預議者，自應遵從議決，不得事後翻議。」

51　參考下列二例：

1. 最高法院48年台上字第1407號判決（中華民國裁判類編，民事類，第五冊，頁741）：「共有物之處分、變更及設定負擔，應得共有人全體之同意，固為民法第819條第2項所明定，惟法律行為之同意，不必限於行為時為之，若於事前預示或事後追認者，即不得謂為無效。」

2. 最高法院71年台上字第4400號判決（最高法院民刑事裁判選輯，第3卷第4期，頁178）：「共有物之處分，應得共有人之同意，固為民法第819條第2項所明定，如共有人未得他共有人全體之同意擅自處分共有物，此項處分行為並非當然無效，僅對他共有人不生效力而已，只須他共有人全體事後承認，仍得溯及行為時發生效力。」

權得設定質權，並無疑義。依民法第819條第2項規定，共有物之設定負擔，應得共有人全體之同意。依民法第831條準用第819條第2項之結果，共有著作權之設質，應得共有人全體之同意。惟民法第819條第1項規定：「各共有人得自由處分其應有部分。」司法院大法官會議第141號解釋：「共有之房地，如非基於公同關係而共有，則各共有人自得就其應有部分設定抵押權。」非基於公同關係之共有著作權各共有人就其應有部分設定質權，應否得其他共有人之同意？我國學者多持肯定之見解[52]。基於無體財產權具有強烈之關聯性，共有著作權應有部分之設質，與應有部分之轉讓，有同一之法律理由，似均應認為應得共有人全體之同意。

三、共有著作權之行使

（一）共同著作之著作人格權之行使

1. 日本

美國著作權法並未明文規定著作人格權。依日本著作權法第64條第1項規定：「共同著作物之著作人格權，未得共有人全體之同意，不得行使。」蓋共同著作物，因係複數人創作一個不可分之著作物，各著作人之人格的利益，在著作物上混然融合，彼此在人格利益上具有共同命運，因此，在行使上，以全體共同著作人同意為必要。但此所謂共同著作人，須以生存者為限，不包含死亡者在內。例如五個著作人，三人死亡，遺有二人尚生存，則以二人之合意而行使。但如二個生存之著作人將姓名表示加以變更，有可能在著作物上僅生存之二人表示姓名，死亡之三人被剔除在著作人之外，此時，著作人之遺族，得依著作權法第116條有關著作人死亡後著作人人格利益保護之規定，要求將剔除三個著作人姓名，加以回復[53]。因此，所謂著作人合意而行使著作人格權，解釋上雖指生存者之著

---

52 楊崇森，前揭書，頁49；張靜，前揭書，頁98。
53 日本著作權法第116條規定：「著作人死亡後，其遺族（著作人之配偶、子女、父母、孫、祖父母或兄弟姊妹，以下同）對於違反第60條規定之人，或有違反之虞

作人而言，但不得有害死亡者之著作人格之利益。再者，共同著作物著作人格權之行使，係指將著作人格權之內容具體地實現之意，例如變更著作人名稱之表示、將未公表之作品加以公表，或將著作物之內容加以變更是。第三人之侵害著作人格權，例如第三人之公表、變更姓名表示或改竄、變更內容之情形，未得著作人全體之同意，並非不得行使禁止請求權，刑事之告訴亦非全體合意為必要。蓋此之「行使」，係指積極地實現權利內容之行為，消極地保全權利之保存行為，無須全體合意。故日本著作權法第117條規定：「共同著作物之各著作人或各著作權人，未得其他著作人或著作權人之同意，得依第112條規定請求救濟，並按自己之應有部分，請求著作權侵害之賠償或不當得利之返還。」「前項規定，於關於共有之著作權或著作鄰接權之侵害，準用之。」

共同著作物之著作人格權，未得著作人全體之同意者，不得行使，已如前述。但共同著作物之各著作人，不得違反誠信，妨礙上述同意合意之成立（日本著作權法第64條第2項），以免著作人一人無正當理由故意阻撓，阻礙著作人格權之行使。如著作人中之一人不贊成而合意不成立，因此不能行使著作人格權，此時之救濟措施，得對違反誠信拒絕合意成立之著作人提起訴訟，取得合意判決，視為反對之著作人已為認諾。

又共同著作物之著作人，得於著作人中選定代表，行使其著作人格權（日本著作權法第64條第3項）。此所謂選定代表，其選定行為須經全體著作人同意。在民事訴訟之情形，並得依日本民事訴訟法第47條規定選定當事人代表各著作人。但對代表著作人格權行使權利之人代表權所加之限制，不得對抗善意第三人（日本著作權法第64條第4項），以免損害善意

之人，得依第112條請求救濟；對於以故意或過失侵害著作人格權之人或違反第60條規定之人，並得依前條請求救濟。」「得為前項請求之遺族，其請求之順位，依同項規定之順序定之。但著作人之遺囑別有指定者，依其指定。」「著作人得以遺囑指定第三人為第1項請求之人。於此情形，受指定之人，自著作人死亡日之年的翌年起算，經過五十年者（其經過之時，遺族尚有生存者，在其死亡後），不得請求。」

第三人，此為一種表見代理效力之規定[54]。

2. 我國

　　我國著作權法雖無明文規定「著作人格權」字樣，但依著作權法第22條、第25條、第26條觀之，我國著作權法承認著作人格權，當屬無疑，學者並無異論[55]。至於共同著作之著作人格權如何行使，著作權法亦無明文規定，基於著作人格權之特殊性質，解釋上當與日本著作權法相同，未得著作人全體之同意，不得行使[56]。但共同著作之各著作一人不得違反誠信，妨礙同意合意之成立[57]。又共同著作之著作人得於著作人中選定代表，在訴訟外及訴訟上行使其著作人格權[58]。對代表行使此種權利之人代表權所加之限制，不得對抗善意第三人（民法第107條、第169條參照）。

（二）共有著作之著作財產權之行使

1. 美國

　　依美國著作權法，所謂共同著作，係指二以上之著作人所作之著作，其著作人有將其創作部分合併為不可分離或相互依存之單一全體之意思之謂。因此，共有之一人對他共有人創作之部分享有權利。一個人既不能侵害其自己之著作權，因此，共有人之一人未經其他共有人之同意得為非排他之授權。易言之，共有人之一人對被告之授權，足以有效抗辯其他共有人之著作權訴訟。但共有人一人未得其他著作人同意，不得為導致著作權破壞或減損其價值之授權，否則其他著作權人得聲請法院宣告授權無

54　加戶守行，前揭書，頁273-277。

55　呂基弘，著作人格權之研究，頁17以下，三民書局，民國70年改訂版；史尚寬，著作權法論，頁36-38；楊崇森，前揭書，頁33以下。

56　楊崇森，前揭書，頁70參照。

57　著作權法第1條後段規定：「本法未規定者，適用其他法律之規定。」民法第148條第2項規定：「行使權利，履行義務，應依誠實及信用方法。」

58　在訴訟上參照民事訴訟法第41條以下，在訴訟外，參照最高法院19年上字第981號及第2208號判例。

效[59]。

2. 日本

依日本著作權法第65條第2項規定，共有著作權，與前述著作人格權同，非得共有人全體之同意，不得行使。此「行使」，係指具體地實現著作權內容之積極的行為，例如著作物利用之許諾、出版權之設定是。著作權受侵害之準物權之請求權等保全行為，不包含在內。依日本民法第252條規定，關於共有物管理之事項，由共有人應有部分過半數決之。共有著作權行使之情形，不問應有部分多少，須得全體之合意，係屬特別之規定，以確保文化產物之共同利用。

其次共有著作權，雖然非得共有人全體之同意，不得行使。但各共有人，無正當理由，不得妨礙同意合意之成立（第65條第3項），共有著作物之著作權人，得於著作權人中選定代表，行使其著作權（第65條第4項準用第64條第3項）。又對代表行使上述權利之人代表權所加之限制，不得對抗善意第三人（第65條第4項準用第64條第4項），其理由與共同著作物著作人格權之行使同。

3. 我國

有關共有著作權之行使，我國著作權法，無明文規定。我國民法第820條第1項規定：「共有物，除契約另有訂定外，由共有人共同管理之。」因此，解釋上，共有著作權之行使，例如著作之授權出租或出版權之授予等，應經全體共有人之同意[60]。但如經全體共有人協議由一人管理一部分支分權（例如重製權、改作權等），則共有人一人就該管理之權利所為之授權行為，無須得其他共有人之同意[61]。共有著作權之行使，與各

---

59 Melville B. Nimmer, *op. cit.*, §6.10 (A).

60 參照最高法院71年台上字第4199號判決：「共有物全部或一部之出租，係屬民法第820條第1項所定管理行為，除契約另有訂定外，應由共有人全體共同管理之。如共有人中之一人未經他共有人之同意，擅將共有物之全部或一部出租他人，對於他共有人不生效力。」見最高法院法律叢書編輯委員會編，最高法院民刑事裁判選輯，第3卷第4期，頁184。

61 參照最高法院72年台上字第2644號判決：「甲部分土地，如係林金水依其與其他

共有人人格之利益密接關聯，爲確保各共有人之連帶性之政策的考慮，自須以全體合意爲必要。在無體財產權，由於對客體並無占有，其授權他人利用，相對人之人數、資本及設備，對其他共有人影響甚大，因此，無體財產權之授權，多以全體共有人合意爲必要。專利法第47條規定：「專利權爲共有時，除共有人自己實施外，非得各共有人之同意不得讓與或租與他人實施。但另有約定者，從其約定。」即其是例。至於有關著作權行使同意之不違反誠信原則？選定代表及對代表權限制之效力，解釋上均與著作人格權同。

四、共有著作權之分割

共有著作權得否分割，各國著作權法多未規定。日本明治32年著作權法第13條第2項規定：「各著作人之所有部分不明，而著作人中有拒絕其發行或上演者，其他著作人得賠償其拒絕者而取得其應有部分。但有反對之契約者，不在此限。」現行法已刪除。我國前清宣統2年著作權律第24條規定：「數人合作之著作，其中如有一人不願發行者，應視所著之體裁，如可分別，則將所著之一部分提開，聽其自主；如不能分別，應由餘人酬以應得之利，其著作權歸餘人公有。但其人不願於著作中列名者，應聽其便。」民國53年著作權法第15條規定：「著作物係由數人合作，而有少數人或一人不願註冊者，如性質上可以分割，應將其所作部分除外，其不能分割者，應由餘人酬以相當之利益，其著作權則歸餘人所享有。」此規定現行法亦已刪除。民法第823條規定：「各共有人得隨時請求分割共有物。但因物之使用目的不能分割，或契約訂有不分割之期限者，不在此限。前項契約所定不分割之期限，不得逾五年；逾五年者，縮短爲五年。」第824條規定：「共有物之分割，依共有人協議之方法行之。分割之方法，不能協議決定者，法院得因任何共有人之聲請，命爲左列之分

全體共有人間之協議而分管屬實，林金水出租所分管之土地，毋庸其他共有人之同意。」戴森雄編，民事裁判要旨廣編（第六冊），頁725，民國75年初版。

配：一、以原物分配於各共有人。二、變賣共有物，以價金分配於各共有人。以原物為分配時，如共有人中，有不能按其應有部分受分配者，得以金錢補償之。」著作權與著作物之所有權不同，共有著作權之分割，不得以著作物本身加以分割。共有著作權之分割，依共有人協議之方法行之。如請求法院分配，應以價金分配為原則，但例外亦得以著作權之支分權——例如重製、公開口述、公開播送、公開上映、公開演奏、公開展示、編輯、翻譯、出租、改作等權利，加以分配。至於依法律或依契約成立之共有著作權，在公同關係未消滅前，不得自由分割，自不待言。

五、共有著作權之保護期間

（一）共同著作之保護期間

　　共同著作與結合著作不同，共同著作其著作無個別利用之可能，故各著作人應有部分之保護期間，以同時屆滿為宜。伯恩公約（巴黎修正）第7條第1項規定：「本公約所賦予之保護期間，為著作人之生存期間，及自其死亡後經過五十年。」第7條之2規定：「前條規定於著作物屬於共同著作人之情形，亦適用之。但計算著作人死亡之時，應自共同著作人中的最後生存者之死亡之時開始計算。」日本、西德著作權法，亦然。日本著作權法第51條規定：「著作權之存續期間，自著作物創作之時起算。」「著作權存續於著作人死亡後（在共同著作物，最後死亡之著作人死亡後）經過五十年。但本節別有規定者，不在此限。」西德著作權法第65條規定：「著作權係為二以上之共同著作人所享有者，著作權在共同著作人中最後死亡之人死亡後經過七十年而消滅。」我國著作權法與各國著作權法立法通例同，於第9條規定：「數人合作之著作，其著作權歸各著作人共同依前條規定享有（即終身享有），著作人中有死亡者，由其繼承人繼續享有其應有之權利。前項繼承人得繼續享有其權利，至著作人中最後死亡者死亡後三十年。」例如甲乙合著「法理學」，甲於1984年9月1日死亡，乙於1985年9月1日死亡，則甲乙之繼承人應自乙死亡之日起繼續享有該書30年之著作權。其期間之計算，依民法之規定（民法第119條）。依民法第120

條第2項及第121條第2項之規定，其保護期間應至2015年9月1日爲止[62]。至於甲死亡後乙未死亡前，著作權爲甲之繼承人與乙共有[63]。又著作權法第11條規定：「著作權自始依法歸機關、學校、公司或其他法人或團體享有者，其期間爲三十年。」法人著作之著作權保護期間爲30年，個人著作之著作權保護期間爲終身加上死亡後30年。法人與自然人共同創作之保護期間如何計算？我國著作權法無明文規定，解釋上應認爲自然人之著作人終身加上死亡後30年爲宜[64]。

（二）其他共有著作權之保護期間

共有著作權之成立，除共同著作外，尚有因著作權移轉、繼承或取得時效而產生者，已如前述。著作權法第14條第1項規定：「終身享有之著作權，經轉讓或繼承者，由受讓人或繼承人自受讓或繼承之日起，繼續享有三十年。非終身享有之著作權，經轉讓與繼承者，由受讓人或繼承人繼續享足其剩餘之期間。」例如甲有A書之著作權，甲死亡後，A書由乙丙繼承，則乙丙對A書有30年之共有著作權。又如甲有A書之著作權，甲將著作權移轉於乙丙二人，乙丙對A書有30年之共有著作權。此二例均無疑義。茲有爭議者，甲有A書之著作權，甲將A書移轉二分之一之應有部分給乙，乙之著作權期間如僅有30年，則將產生甲之著作權保護期間未屆滿而乙已屆滿之情形。查外國立法例並無著作權轉讓保護期間較短之規定，揆諸我國著作權法第9條第2項之立法精神及外國立法通例，解釋上乙之著作權保護期間應與甲相等。此外，著作權法第14條第2項規定：「合著之共同著作人，其部分著作權轉讓與合著人者，受讓部分之著作權期間與其自著部分應享之期間同。」例如甲乙合著A書，甲將其著作權之應有部分轉讓與乙，則乙有完整之著作權，其保護期間爲乙終身並得由乙之繼承人繼續享有30年。

---

62 拙著，著作權法逐條釋義，頁117，著者發行，民國75年修正再版。

63 鄭澤光，文化事業關係法令之實用，頁203，中國內政部，民國49年。

64 加戶守行，前揭書，頁221。

肆、共有著作權侵害之救濟

一、民事救濟

著作權法第33條規定：「著作權人對於侵害其著作權者，除依本法請求處罰外，並得請求排除其侵害；其受有損害時，並得請求賠償；有侵害之虞者，並得請求防止之。數人共同不法侵害著作權者，連帶負損害賠償責任。前項損害賠償額，除得依侵害人所得之利益與被害人所受損失推定外，不得低於各該被侵害著作實際零售價格之五百倍。無零售價格者，由法院依侵害情節酌情定其賠償。侵害他人著作權，被害人得於法院判決確定後，將判決書一部或全部登報公告，其費用由侵害人負擔。」著作權法第34條規定：「著作權之共有人於著作權受侵害時，得不俟其他共有人之同意提起訴訟，請求賠償其所受之損害。」此為著作權法對侵害著作權民事救濟之規定。茲分述如下。

（一）著作人格權之侵害

著作權法第33條規定著作權侵害之民事救濟，其適用之範圍，限於「著作權」受侵害。依著作權法第3條第2款「著作權」之定義，係指由著作完成而發生第4條所定之權利。著作權法第4條之權利，均指「著作財產權」而言，「著作人格權」不包含在內。故著作人格權之侵害，不得直接依著作權法第33條請求救濟，僅得依著作權法第1條後段，援用民法規定加以救濟。茲說明如下：

1. 不作為請求權

人格權與物權，同屬於支配權，具有排他之效力，一般人對之具有不可侵害之義務。民法第18條第1項規定：「人格權受侵害時，得請求法院除去其侵害；有受侵害之虞時，得請求防止之。」第19條規定：「姓名權受侵害時，得請求法院除去其侵害，並得請求損害賠償。」故人格權有不作為請求權。此不作為請求權，非如損害賠償請求權，必俟損害發生，然後可以成立而請求。著作人格權亦可類推適用，因此，著作人格權受侵害

或有受侵害之虞時，不問侵害人有無責任能力，或有無故意或過失，只須具備客觀的不法，即得請求排除其侵害或防止其侵害之發生[65]。共同著作之著作人格權之行使，固須全體著作人合意行之。但共同著作之著作人格權之不作爲請求權，解釋上應屬於權利的保存行爲，無須全體合意。著作人之一人得單獨起訴請求，無須全體著作人一同起訴。

2. 損害賠償請求權

著作人格權，係屬於民法第184條之權利，故著作人格權損害賠償請求權之成立，須具備故意過失、行爲的違法性及其他侵權行爲之要件方可。侵害著作人格權之損害賠償，以回復原狀爲原則，金錢賠償爲例外（民法第213條至第215條）。又著作人格權之侵害，如同時爲民法上得請求慰撫金之人格權（如自由、名譽）之侵害[66]，則尚可請求慰撫金[67]。其屬於名譽權之侵害者，並得請求爲回復名譽之適當處分（民法第195條第1項）。所謂回復名譽之適當處分，例如登報道歉及停止著作物之發行是[68]。共同著作物之著作人格權受侵害，請求損害賠償、慰撫金或回復名譽之適當處分等，應由各著作人共同行使或單獨行使，我國著作權法未爲規定。理論上應解爲如受侵害者爲不可分之著作人格權，例如將著作改竄或全部著作人姓名均加以隱匿、變更，則無論請求損害賠償、慰撫金或回復名譽之適當處分，均應得全體著作人之同意。蓋共同著作，係屬著作人共同之創作，以文字著述爲例，如共同著作之著作人有三人，則此三人之人格，在其著作中混然融合，著作人內秘之自由、名譽、聲望或其他精神

65　日本著作權法第112條第1項規定：「著作人對於侵害其著作人格權之人，或對於有侵害之虞之人，得請求侵害之停止或防止。」義大利著作權法第156條、第168條亦有類似規定。

66　例如甲受讓乙小說之著作權，甲出版該小說著作人名稱雖爲乙，但擅增若干黃色文字，使一般人誤爲乙寫黃色小說，則乙之名譽有損害。

67　日本昭和26年10月18日大阪地判、昭和24年（ワ）909號判例謂：「侵害著作權，不僅著作人財產權上受到損害，其侵害著作人格權、名譽權所受精神上之痛苦，侵害人亦應爲相當之賠償。」

68　參見昭和19年3月9日東民地八刺、昭和17年（ワ）1229號判例。

的利益受侵害請求損害賠償、慰撫金、名譽回復之適當處分等，如任由著作人個別行使，易生問題。例如甲乙丙三人之著作同一性保持權受侵害，因此而損及甲乙丙三人之名譽權[69]。如甲乙丙三人得個別行使請求權，則甲欲請求慰撫金20萬，乙欲請求50萬，丙欲請求100萬，將造成法院判決困擾。又如請求回復名譽之適當處分，甲主張登報道歉，乙主張禁止發行，丙主張著作內容更正。又如甲乙丙三人均主張登報道歉，但道歉內容各異，則將產生判決不一致之情形。因此，共同著作之著作人格權受侵害，對侵害人之損害賠償、慰撫金、名譽回復等請求權，原則須經全體合意，著作權法第34條規定，無適用之餘地。但如被侵害人僅共同著作人之一人（例如三著作人，其中一人之著作姓名被隱匿、改變），則該受侵害人一人請求即可，無須全體[70]。

（二）著作財產權之侵害

1. 不作為請求權

依著作權法第33條第1項規定，著作權人對於侵害其著作權者，得請求排除其侵害；有侵害之虞者，得請求防止之，此即「不作為請求權」。對絕對權侵害之救濟方法，除損害賠償外，尚有妨害除去請求權及防止侵害請求權。著作權為絕對權，不僅對侵害其著作權之行為有損害賠償請求權，對於現行權利之侵害有妨害除去請求權，對於將來權利有受侵害之虞者，有防止侵害請求權。著作權就此而言，與民法之所有權（第767條）及人格權（第18條第1項），並無不同。

依民法第821條規定：「各共有人對於第三人，得就共有物之全部為本於所有權之請求。但回復共有物之請求，僅得為共有人全體之利益為之。」本條所謂「本於所有權之請求」，係指民法第767條之物權的請求權而言。故在物權上對於無權占有或侵奪共有物者請求返還共有物之訴，對於妨害共有權者請求除去妨害之訴，對於有妨害共有權之虞者請求防止

69　同註66。

70　加戶守行，前揭書，頁484-485。

侵害之訴，皆得由共有人單獨提起[71]。在共有著作權受侵害之不作爲請求權亦然，共有著作權受侵害，各著作權人均得請求排除其侵害；有侵害之虞者，各著作權人均得請求防止之。我國著作權法第34條規定：「著作權之共有人於著作權受侵害時，得不俟其他共有人之同意提起訴訟，請求賠償其所受之損害。」該條雖未規定不作爲請求權，但解釋上著作權受侵害，各著作權人均得單獨行使不作爲請求權，且其請求權行使之結果，效力不及於未行使請求權之其他共有著作權人。例如甲乙就A書共有著作權，其後A書被丙盜印，甲請求法院爲禁止丙將A書發行之判決，其他共有人乙仍得請求法院將盜印書籍燒燬（排除侵害）。惟如甲乙請求將盜印書籍燒燬後，乙再爲其他請求，此時法院得以標的物不存在無訴訟利益，而予以駁回[72]。

2. 損害賠償請求權

著作權法第33條第1項規定，著作權人對於侵害其著作權者，得請求賠償。數人共同不法侵害著作權者，連帶負損害賠償責任，此即著作權人之損害賠償請求權。在所有權之共有受侵害產生之債權的請求權，例如共有物因侵權行爲而滅失、毀損之損害賠償請求權，雖非民法第821條規定之範圍，但應以金錢賠償損害時（參照民法第196條、第215條），其請求權爲可分債權，各共有人得按其應有部分請求賠償[73]。至於應以回復原狀之方法賠償損害，其給付如爲不可分，依民法第293條第1項規定，各共有人得爲共有人全體請求向其全體爲給付[74]。因此，共有物受侵害，以債權

---

71 參見司法院28年院字第1950號解釋及最高法院28年上字第2361號判例。

72 半田正夫、紋谷暢男，前揭書，頁134；加戶守行，前揭書，頁483。

73 最高法院69年台上字第4134號判決：「系爭農作物縱係上訴人與其夫共同種植，但爲被上訴人僱工毀去後，上訴人請求以金錢賠償其損害時，即屬可分之債，依民法第271條之規定，上訴人之請求，在其平均分受之範圍，亦非法所不許。」見最高法院法律叢書編輯委員會編，最高法院民刑事裁判選輯，第1卷第4期，頁147-149。

74 民法第293條第1項規定：「給付不可分者，各債權人僅得爲債權人全體請求給付，債務人亦僅得向債權人全體爲給付。」最高法院32年上字第6292號判例：

的請求權爲標的之訴訟，無論給付是否可分，各共有人均得單獨提起[75]。在共有著作權受侵害，向侵害人之請求損害賠償之情形，亦同。此請求權係可分債權與不可分債權，有不同效果。如係可分債權，共有著作權人之一人，得單獨請求自己所受之損害；如係不可分債權，共有著作權人之一人，固得單獨起訴，但不得請求侵害人單獨對自己賠償。著作權因與所有權不同，著作物之滅失，並非著作權之損害。著作權權能受不法利用，著作權人僅請求除去侵害或防止侵害即可，無須回復原狀。因此，共有著作權人之一人，固得單獨起訴，但不得請求侵害人單獨對自己賠償。著作權因與所有權不同，著作物之滅失，並非著作權之損害。著作權權能受不法利用，著作權人僅請求除去侵害或防止侵害即可，無須回復原狀。因此，共有著作權受侵害之損害賠償請求權，解爲可分債權爲妥[76]。故共有著作權受侵害，並非固有必要共同訴訟，須以共有人全體爲原告。依著作權法第34條規定，共有人中之一人得不俟其他共有人之同意提起訴訟，請求賠償其所受之損害。但此賠償損害，僅限於按自己之應有部分而請求，如就全體著作權之損害爲請求，仍應全體爲之，我國著作權法雖未明文規定，但揆諸日本著作權法第117條規定，應作如此之解釋[77]。又此按自己應有部分而爲請求，其應有部分係按共同創作之貢獻程度或共有人之約定，如應有部分不明，推定爲均等（民法第817條第2項）。此外，依著作權法第33條請求被侵害著作實際零售價格500倍之法定賠償，亦應按應有部分而

「不可分債權依民法第293條第1項之規定，不必債權人全體共同請求給付，但各債權人僅得爲債權人全體請求給付，故債權人中之一人提起給付之訴時，其原告之適格雖無欠缺，而該債權人請求債務人向自己爲給付，而非請求債務人向債權人全體爲給付者，仍不能認爲有理由。」

75　參見司法院28年院字第1950號解釋。

76　加戶守行，前揭書，頁482。

77　日本著作權法第117條規定：「共同著作物之各著作人或各著作權人，未得其他著作人或著作權人之同意，得依第112條規定請求救濟，並得按自己之應有部分，請求著作權侵害之損害賠償或不當得利之返還。」「前項規定，於關於共有之著作權之著作鄰接權之侵害，準用之。」

請求。例如甲乙共有A書之著作權，其應有部分各二分之一，A書之零售價格爲100元，該書被丙盜印，則甲得單獨向丙請求該書零售價格二分之一（即50元）之500倍之法定賠償是。

3. 不當得利請求權

著作權法第33條及第34條規定，均屬侵害著作權損害賠償之規定，著作權法本身對受害人向加害人請求不當得利，並未規定。依著作權法第1條後段規定：「本法未規定者，適用其他法律之規定。」侵害著作權，被害人除向加害人請求侵權行爲損害賠償，尙可請求不當得利（民法第179條、第197條參照），兩種請求權併存，由著作權人擇一行使，如一種請求權之行使已達目的，其他請求權即行消滅[78]。共有著作權受侵害，被害人之一解釋上亦可向加害人請求不當得利[79]，但此不當得利請求權應類推適用著作權法第34條規定，按各共有人之應有部分而爲請求[80]。

4. 判決書之公布

無體財產權爲權利人關於精神智能方面之權利，對於無體財產權加以侵害者，往往對權利人之名譽、聲望及信用等有所損害。因此，無體財產權之訴訟，權利人往往要求判決之內容公布。著作權法第33條第3項規定：「侵害他人著作權，被害人得於法院判決確定後，將判決書一部或全部登報公告，其費用由侵害人負擔。」共有著作權受侵害，共有人之一人得不俟其他共有著作權人之同意而爲訴訟，解釋上共有人之一人亦得單獨請求判決書全部或一部登報公告，其費用由侵害人負擔，無須得其他共有人之同意。

---

78 王伯琦，民法債篇總論，頁108-109，正中書局，民國45年；孫森焱，民法債編總論，頁141，著者發行，民國68年。

79 齊藤博，概說著作權法，頁299-300，一粒社，昭和55年。

80 加戶守行，前揭書，頁483；拙著，著作權之侵害與救濟，頁110及頁113之註4，著者發行，民國68年。

二、刑事救濟

侵害著作權，應負刑事責任者，有下列情形：（一）侵害重製權（第38條）；（二）侵害其他著作權（第39條）；（三）侵害著作權之常業犯（第40條）；（四）侵害翻譯權（第41條）；（五）侵害著作人格權（第43條）；（六）侵害著作權已消滅之著作人人格的利益（第44條）。

以上六種情形，除第五種情形而著作人死亡或被冒用人死亡及第六種情形外，均應告訴乃論（第47條）。因此，侵害著作權（包含著作人格權），應負刑事責任者，有告訴乃論之罪、有非告訴乃論之罪。共有著作權受侵害，其刑事上告訴之法律關係，可分下列二種說明。

（一）告訴乃論之罪

依刑事訴訟法第232條規定：「犯罪之被害人，得為告訴。」著作人格權受侵害，犯罪之被害人為著作人；著作財產權受侵害，犯罪之被害人為著作權人[81]。共同著作之著作人格權受侵害，任何著作人均得單獨提出告訴；同理，共有著作權受侵害，任何著作權人均得單獨提出告訴，不問告訴人有無行為能力或拋棄告訴權，其告訴均屬有效[82]。又刑事訴訟法第233條規定：「被害人之法定代理人或配偶，得獨立告訴（第1項）。」「被害人已死亡者，得由其配偶、直系血親、三親等內之旁系血親、二親

---

[81] 實務上認為侵害著作權，著作物之發行人亦為直接被害人（參見司法院第二廳編，刑事法律問題研究，第三輯，頁637-638），此種見解是否有當，頗有疑問。參照拙文，著作權侵害著作之發行人得否提起自訴？法務通訊，第1288期及第1289期。

[82] 參考下列二例：

1. 最高法院26年渝上字第69號判例：「告訴乃論之罪，刑事訴訟法並無被害人非有行為能力不得告訴之規定，原審以被告所犯為告訴乃論之罪，被害人年僅十六歲，尚未成年，亦未結婚，無訴訟行為能力，認其告訴為無效，殊屬誤會。」

2. 最高法院26年上字第1906號判例：「告訴乃論之罪，除法律上有特別規定外，告訴人曾否拋棄告訴權，與其告訴之合法與否，不生影響。」

等內之姻親或家長、家屬告訴。但告訴乃論之罪，不得與被害人明示之意思相反。」共同著作之著作人格權受侵害，任何著作人之上開親屬，均得提出告訴。但著作人格權被侵害時，著作人尚生存，其後著作人死亡，由刑事訴訟法第233條第2項之親屬提出告訴時，不得與著作人明示之意思相反。如著作人人格之利益受侵害時，著作人業已死亡，則已非告訴乃論之罪，無刑事訴訟法第233條第2項但書之適用（著作權法第47條）。

　　刑事訴訟法第237條規定：「告訴乃論之罪，其告訴應自得為告訴之人知悉犯人之時起，於六個月內為之（第1項）。」「得為告訴之人有數人，其一人遲誤期間者，其效力不及於他人（第2項）。」共同著作之著作人格權或共有著作權受侵害，各著作人或著作權人得於知悉犯人之時起，提出告訴。茲所謂「知悉」，係指確知犯人之犯罪行為而言。如初意疑其有此犯行，但未得確實證據，及發現確實證據，始行告訴，則不得以告訴人前此之遲疑，未經申告，遂謂告訴為逾越法定期間[83]。又在連續犯由知悉犯人最初之行為之時起，雖已逾六個月，而自知悉其最後之行為時起，尚未逾六個月者，仍得行使告訴權[84]。共有著作之著作人格權或共有著作權受侵害，各著作人或著作權人之告訴期間，各別行使[85]，其一人遲誤期間者，其效力不及於他人（刑事訴訟法第237條第2項）。例如甲乙合著一書，丙盜印該書，甲自知悉丙盜印之時起已逾六個月，乙自知悉丙盜印之時起尚未逾六個月，此時乙仍得提出告訴。

　　又刑事訴訟法第238條規定：「告訴乃論之罪，告訴人於第一審辯論終結前，得撤回其告訴（第1項）。」「撤回告訴之人，不得再行告訴（第2項）。」共同著作之著作人格權或共有著作權受侵害，著作人或著作權人告訴後又撤回，其效力不及於其他有告訴權之人。例如甲乙合著A書，被丙盜印，甲乙提出告訴，其後乙撤回告訴，此時法院仍應為實體上

83　最高法院28年上字第919號判例。

84　最高法院25年上字第6994號判例。

85　司法院24年院字第1350號解釋：「告訴人有數人時，其告訴權本得各別行使。」

之審判，而不得以告訴已撤回爲理由而諭知不受理[86]。

（二）非告訴乃論之罪

著作權法第25條規定：「受讓或繼承著作權者，不得將原著作改竄、割裂、變匿姓名或更換名目發行之。但經原著作人同意或本於其遺囑者，不在此限。」第26條規定：「無著作權或著作權期間屆滿之著作，視爲公共所有。但不問何人不得將其改竄、割裂、變匿姓名或更換名目發行之。」違反著作權法第25條而著作人死亡或違反第26條者，並非告訴乃論之罪。在共同著作而有上述情形，因著作人格權不得繼承[87]，故各著作人之繼承人不得提出告訴，但不問何人，均得告發（刑事訴訟法第240條）。不過告發人對檢察官之不起訴處分，並無聲請再議之權[88]。

伍、結論

我國著作權法對有關共有著作權之規定，十分缺乏。即使最基本的，如共同著作之定義；共有著作權應有部分之轉讓、行使；共同著作之著作人格權之行使，均付之闕如。其法律關係之解釋，似應仰賴外國立法例、學說、判例，以爲法理，加以解決[89]。惟外國立法並不一致，美、

86　參照下列二例：

　　1. 最高法院26年渝上字第1427號判例：「告訴人合法撤回其告訴後，固不得再行告訴，但有告訴權人爲數人時，本得分別行使，其告訴除撤回告訴人應受刑事訴訟法第217條（現爲第238條）第2項之限制外，於其他有告訴權人之告訴，不生何種影響。」

　　2. 最高法院54年台上字第1629號判例：「被告被訴妨害自由，原由被害人甲夫婦二人共同出名具狀告訴，其後甲雖具狀撤回告訴，然乙並未出名，則乙之告訴並不因甲之撤回，而生影響，原審自應仍爲實體上之審判，乃竟以其告訴已撤回爲理由，諭知不受理，顯難謂無違誤。」

87　拙著，著作權法逐條釋義，頁180-182。

88　司法院23年院字第1178號解釋。

89　法理之內容，見施啓揚，民法總則，頁57-58，著者發行，民國71年。依最高法院

日兩國著作權法對共同著作之定義及行使上，尤有不同，我國著作權法就此一問題，實應以立法加以解決。在未以立法明確規定前，依我國著作權法相關規定，似宜承認共同著作與結合著作有所區別，且此區別以個別利用可能性說為標準。又在共有著作權之效果方面，共有著作權應有部分之處分及設質，應得全體共有人之同意。共同著作著作人格權及共有著作權之行使，亦應以全體合意為必要。另外，共有著作權之分割，以價金分配為原則，例外亦得就著作權之支分權加以分配。至於共同著作之著作人格權受侵害，在民事方面，任何著作人均得單獨為不作為請求，但請求損害賠償原則上須全體著作人共同為之；在刑事方面，受侵害時，著作人已死亡者，任何人均得告發；受侵害時未死亡者，各著作人均得提出告訴。另外，共有著作財產權受侵害，在民事方面，任何著作權人單獨有不作為之請求權，亦得單獨按自己應有部分請求損害賠償及不當得利；在刑事方面，各著作權人均得單獨提出告訴及撤回告訴，但一人撤回告訴之效力不及於其他告訴權人。

後記：本文原載中興法學，第23期，民國75年11月出版。

59年台上字第1005號判決，外國立法例亦視為法理而適用（見司法院公報，第12卷第10期）。

第十七章
論半導體晶片之保護——
以日本法為中心

壹、前言

自1984年11月8日美國國會於美國法典第十七篇第九章增訂半導體晶片保護法（Semiconductor Chip Protection Act of 1984，以下簡稱SCPA）[1]以來，半導體晶片之法律保護，受到世界各先進國家之重視。蓋半導體晶片為現代產業科技極重要之產品，美國House Committee認為其足以在吾人生活上引起革命。它可以操作微波烤箱（microwave ovens）、支票登記、個人或商業電腦、電視機（TVSets）、電冰箱、高傳眞設備、自動引擎控制、自動機械工具、自動交通信號（robots）、印刷、心臟探音器及調整器、X光影像及掃描設備、血液測試設備、電話及許多其他醫學、消費者、商業及工業產品[2]。美國SCPA雖規定於美國法典第十七篇第九章，第十七篇之第一章至第八章係規定著作權法，但第九章既非前八章之修正，亦不構成著作權法之一部分[3]，而係在工業所有權及著作權外，獨立成立新的、自成一格的智慧財產權[4]。因此，半導體晶片保護法之法律性

---

[1]　美國半導體晶片保護法條文中文翻譯全文可見劉江彬，資訊法論，頁299-311，著者發行，民國75年。

[2]　Melville B. Nimmer, Nimmer on Copyright: A Treaties on the Law of Literary, Musical and Artistic Property, and the Protection of Ideas, i 18.02 (A) at 18-4 (1986).

[3]　著作權法罰則不適用SCPA，侵害光罩著作亦無獨立刑罰規定，見H. Rep. (SCPA), p. 27.

[4]　Melville B. Nimmer, *op. cit.*, p. 18-3.

質及地位十分特殊。在智慧財產權立法及理論之演進上，十分值得注意。

另外，美國SCPA係採相互主義立法。依SCPA第902條第(a)項第2款規定，外國如對美國國民或其住居民之光罩著作賦予封其國民之光罩著作實質相同之保護，或賦予與美國半導體晶片保護法實質相同之保護者，美國總統得宣布，對該國國民之光罩著作，賦予SCPA之保護。又依第914條有關國際過渡規定之規定，未依第902條第(a)項第2款賦予保護者，商務部長如認為：(A)該國正努力進行制定滿足第902條第(a)項第2款條件之法律，並有相當之年度；(B)該國之國民、住居民、主權當局及屬民，對光罩著作無侵害之行為；(C)發布此關於保護光罩著作之命令對光罩著作之保護及國際禮讓有所提升，則商務部長得發布賦予該國國民保護之命令。但商務部長之權限，始於SCPA制定之日，並於制定後三年內終止（第914條第(e)項）。

基此，世界各產業先進國家，為達半導體晶片相互保護之目的，紛紛研究有關半導體晶片保護之立法問題。日本首於1985年5月31日公布「關於半導體積體電路之電路配置之法律」（法律第43號），凡六章56條。觀其規定，雖頗多仿自美國，但亦不少為因應其特殊國情及法制所為之獨特規定。尤其該法規定在實質上雖有美國SCPA之規範內容，但在體例上仍不失大陸法系簡明清晰、體系嚴密的特色。目前我國資訊產品之出口，有日漸增加之趨勢，有關半導體晶片之保護，已日益受到重視5。我國係大陸法系國家，臺灣之地理位置、文化、人口、經濟型態，又與日本十分接近。日本半導體晶片保護之立法，實值得吾人注意。故本文擬以日本法為中心，探討有關半導體晶片保護之立法沿革詳細內容及其與其他法律之關係，以為我國將來立法上之參考。

5　例如民國76年經濟部工業局委託財團法人資訊工業策進會組成「保護科技產品智慧財產權研究委員會」，研究半導體晶片之法律保護，即為一例。

貳、日本半導體積體電路法之立法背景

一、半導體積體電路之歷史及其重要性

半導體積體電路（semiconductor integrated circuit）之歷史，始於1948年美國貝爾研究所電晶體（transistor）之發明。美國於1951年已開始大量生產電晶體，日本乃積極地自美國大量引進其技術。1955年，日本電晶體收音機在世界市場已達到高峰。

1959年，美國發明積體電路，翌年，日本亦開始試作。但由於半導體積體電路之需要多限於國防及電腦，日本當時無甚國防需要，所以在半導體積體電路的開發上，亦較遲緩。直至1970年後，由於半導體積體電路高性能化、高品質化、低價格化，開始應用在民生產品，日本才開始急速發展。迄今，映像機器，例如電視機、錄影機、攝影機（video camera）、影碟（video disk）；音響製品，例如立體音響（stereophony）、卡式錄音機（tape recorder）、收音機等；OA機器，例如複印機、FAX等；電腦及終端機、產業機器，例如NC、MC、遙控設備、FA；通信機器、汽車、家電製品，例如電烤箱、洗碗機、冷氣裝置及醫療機器等，均利用半導體積體電路作成。故半導體積體電路，被稱爲「產業之米」，對工業及生活，具有相當的貢獻。

尤以半導體積體電路在近年來急遽增加，全世界半導體積體電路之生產量，1978年有51億美元，1984年約200億美元[6]，僅六年增加四倍之多。而且每年有約增百分之二十之比例，估計1987年全世界半導體之生產量，將達360億美元。今後半導體積體電路產業在產業全體，將占有更重要之地位[7]。

---

[6]　以製造者國別而言，其中美國約占六成，日本占三成。美日二國在全世界半導體總生產量約占九成。日美均爲半導體之先進國。

[7]　日本半導體積體回路法制問題研究會（以下簡稱「半導體研究會」），解說半導體積體回路法，頁5-7，ぎよりせい株式會社，昭和61年。

二、電路配置保護之理由

半導體積體電路之重要性，已如前述。半導體積體電路之電路配置（circuit layout）須加以保護，其理由不外有三[8]。

（一）電路配置在整個積體電路之重要性

半導體積體電路之開發，除系統設計、邏輯電路設計、電晶體電路設計之花費外，特別是在極微小的空間中配置數萬個至數十萬個電路因子，此實現特定電路機能目的之電路配置（電路因子及導線之配置），其開發所需費用，占極大比率。最近開發之半導體積體電路，在全部花費中，電路配置開發之花費超過百分之五十，投入資金數億日元，開發時間需二至三年。

（二）電路配置模仿之可能性增加

由於半導體積體電路之集積度增加，電路配置開發所需費用增高，半導體積體電路之模仿所需費用乃相對減少，電路配置模仿之價值增大。同時，在技術上，半導體積體電路之模仿亦十分容易，隨著半導體積體電路集積度的上升，今後模仿之可能性將繼續增加。在此情形，模仿之人其電路配置開發目的所需之投資，均可節省下來，因此在產業上形成不公平之競爭。

（三）其他法律規定保護不足

在過去，投資技術之成果，往往得以專利法（包含發明、新型、新式樣）、不正競爭防止法、獨占禁止法，乃至著作權法[9]，加以保護。然而，半導體積體電路之電路配置，以上法律之保護並不周到（詳後）。

8　仲田雄作，半導體積體電路保護法——將電路開發者之權利以無體財產權加以保護，NBL，第333號（昭和60年7月15日），頁8-9；半導體研究會，前揭書，頁8-9。

9　例如電腦程式著作，納入著作權法保護。

　　基於以上三點，為防止半導體積體電路之電路配置之模仿，同時確立交易之正當規則，半導體積體電路之電路配置乃有以無體財產權加以保護之必要。

三、立法經過

（一）美國之立法經過

　　美國於1984年10月國會通過半導體晶片保護法，11月8日總統公布。該法之制定，參議院之提案與眾議院之提案，內容有所不同。其最大之不同點，乃在法律之形式。參議院之提案，將半導體晶片之電路配置（光罩著作）以著作物保護之。易言之，即修正著作權法，將光罩著作視為傳統著作權法之著作之一。眾議院之提案，將在著作權法中針對光罩著作之保護，設新的章節，與既存的著作權法規定互相獨立，在內容上係屬獨自立法（sui generis）。兩案協調之結果，採以眾議院為基礎之議案，經過若干修正，終於在1984年10月完成立法[10]。

（二）日本之立法經過

　　基於半導體晶片保護之重要性及受美國國會之立法動向之影響，1983年11月日美先端技術產業作業部會建議美日兩國政府，就半導體製品之不公正複製及不公正複製之半導體製品之製造及銷售如何加以阻止，應有適切之對策。日本接受該委員會之建議，於1984年10月在產業構造審議會情報產業部會設置關於半導體晶片法制問題小委員會。

　　該小委員會先後開了七次會議，集合具有學識經驗者、新聞關係人、半導體積體電路產業及使用者之關係企業組成之委員熱烈討論。其討論之過程，除針對該法與日本其他法律之關係外，尚包括美國半導體晶片

---

10 半導體集積回路の回路配置の開發者を保護するために——半導體集積回路の回路配置に關する法律，時の法令，第1275號（昭和61年2月23日）；岡田克也，半導體チップ保護法——美國法を中心に，第320號（昭和60年1月1日），頁9。

保護法之立法過程、各個條文之解釋、美國關係立法者之意見、與立法有關係各界之聽證報告等。1985年1月，該小委員乃提出報告書，通商產業省接受此報告書，即著手準備立法。1985年3月19日法律案內閣閣議決定，向國會提出。同年4月16日及17日眾議院商工委員會審議通過，4月19日眾議院本會議通過，5月23日參議院商工委員會審議通過，5月24日參議院本會議通過，5月31日正式公布（昭和60年法律第43號），1986年1月1日正式施行。

四、美國與日本之相互保護關係

美國SCPA係採相互主義，已如前述。該法於1984年10月18日通過後，日本電子機械工業會會長盛田昭夫，即依該法第914條規定，申請商務部長發布命令，就日本國民之光罩著作在美國加以保護。

1984年11月7日美國聯邦公報（Federal Register）公告經過規定申請手續之基本原則（guide-line），規定申請之內容及命令發布之手續等。日本於申請後，依基本原則之規定，再行追加說明[11]。

1985年3月19日，日本「關於半導體積體電路之電路配置之法律」內閣閣議決定，日本電子機械工業會之申請，滿足美國法國際經過規定申請手續之基本原則之條件。同年6月6日，美國商務部長發布命令，對於日本電子機械工業會之申請，日本國民之光罩著作，與美國國民之光罩著作，受同樣之保護。其後隨著日本「關於半導體積體電路之電路配置之法律」之正式施行，依美國SCPA第902條第(a)項第2款規定，由總統宣布日本國民之電路配置在美國永久加以保護，不受第914條規定商務部長命令在時間上之限制[12]。

11　仲田雄作，前揭文，頁9。
12　半導體研究會，前揭書，頁14-15。

參、日本半導體積體電路法與其他法律之關係

一、民法

　　半導體積體電路之電路配置的創作人與利用人之間締結契約，但對利用人模仿創作人電路配置、半導體積體電路而加以製造、販賣，並無特約，利用人如因此模仿創作人之電路配置，僅構成民法上債務不履行之責任（日本民法第415條）。但如無契約存在，第三人模仿創作人之電路配置，則屬於民法上侵權行為問題（日本民法第709條）。至於日本民法第709條雖規定侵權行為責任限於權利侵害，但判例、學說則不嚴格以權利侵害為必要，違法的侵害利益亦屬之，在此情形，違法與否之判斷，依被侵害利益之種類與侵害行為之態樣之相互關係考察之。

　　一般而言，在半導體積體電路依販賣等方法將其電路配置向不特定多數人公開以前，即以企業秘密之價值持有之階段，而以不正當之手段知悉其電路配置，進而模仿該電路配置製造半導體積體電路配置、製造半導體積體電路因而致創作人損害，構成日本民法第709條之要件，發生侵權行為之責任。至於半導體積體電路依販賣等方法公開者，就其電路配置合法取得、模仿者，應依法院就個案具體判斷有無侵害[13]。

二、特許法及實用新案法[14]

　　半導體積體電路之電路配置，需經邏輯設計，電晶體電路設計階段，在邏輯設計，電晶體電路設計可能成立專利。此擁有在邏輯電路、電晶體電路上成立專利之半導體積體電路，受特許法之保護。

　　然就電路配置本身而言，電路配置係在一定空間下裝置有一定效果之

13　仲田雄作，前揭文，頁9-10。

14　日本「特許」相當於我國之「發明專利」，「實用新案」相當於我國之「新型專利」，「意匠」相當於我國之新式樣專利。見何孝元，工業所有權之研究，頁9。

電路機能的成果物。在其過程上，應克服物理上若干條件的限制，此似符合「發明」所謂「利用自然法則的技術之創作」的要件[15]。不過，電路配置之創作，需要相當之資金及勞力，其內容依反覆試誤（trial and error）之過程，似不能滿足日本特許法第29條所規定「新規性」（即新穎性）、進步性（即非顯而易見）之要件[16]。故電路配置，似不得取得特許權，此在實用新案法亦然如此[17]。

又依日本「關於半導體積體電路之電路配置之法律」（以下稱「半導體積體電路法」）第13條規定：「電路配置利用權人、專用利用權人或通常利用權人，其登記電路配置的利用構成他人專利發明或登記新型之實施者，不得為營業目的利用其登記電路配置[18]。」電路配置本身不受專利法之保護，但邏輯電路等，可能成立專利，已如前述。半導體積體電路之電路配置以外之電子電路等並非電路配置利用權之保護對象，然而電路配置利用權人其電路配置之利用如係以他人有專利權之電子電路為基礎，如未得專利權人之同意，實不妥當，因此，登記電路配置之利用，構成他人登記專利發明或登記新型之實施者，不得為營業目的利用其登記電路配置，

---

15 日本特許法第2條第1項規定：「本法稱發明者，係指高度地利用自然法則的技術思想之創作。」其解釋詳日本特許廳，工業所有權法逐條解說，頁37，社團法人發明協會，昭和61年。

16 日本特許法第29條規定：「完成產業上可利用之發明者，除左列發明外，得對茲發明取得專利：一、專利申請前於日本國內公然知悉之發明；二、專利申請前於日本國內公然實施之發明；三、專利申請前於日本國內或國外已頒布之刊物記載之發明（第1項）。」「如專利申請前，該發明所屬技術領域有通常知識之人，得依據前項各款規定之發明容易地完成發明者，不問同項規定如何，不得取得專利（第2項）。」有關專利所須之「新規性」及「進步性」，詳豐崎光衛，工業所有權法，頁156-164，有斐閣，昭和55年；中山信弘，工業所有權法の基礎，頁33-40，青林書院新社，昭和55年。

17 仲田雄作，前揭文，頁10；半導體研究會，前揭書，頁17-18。

18 日本特許法第72條規定：「如專利發明係利用該專利申請日前即提出申請之他人之專利發明、新型、新式樣，或類似新式樣時，以及該專利權與於該專利申請日前即申請登記之他人新式樣有所牴觸時，該專利權人、專用實施權人或通常實施權人，不得為營利目的而實施該發明。」

此係日本特許法第79條（因先使用而產生之通常實施權）適用之當然結果[19]。

相反地，如專利發明或登記新型之實施構成登記配置之利用者，其情形如何？一般而言，如含有專利發明或登記新型之電子電路等之發明者一併創作電路配置，其開發者為發明或新型之專利權人又同時為電路配置利用權人，此時半導體積體電路之製造、轉讓等，不生侵害問題。但電子電路之開發者，不為登記電路之創作，亦即電子電路等之開發者與登記電路配置之創作者不同之情形，未得電路配置利用權人同意，不得為半導體積體電路之製造及轉讓[20]。

三、意匠法

依日本意匠法第2條第1項「意匠」之定義，所謂意匠，乃「物品之形狀、模樣或色彩或以上之結合，透過視覺而生美感者」。故其要件有四[21]：

（一）**物品性**：須有物品之存在，離開物品，其意匠不存在。

（二）**形狀、模樣、色彩性**：須有形狀、模樣、色彩或此等之結合。

（三）**視覺性**：須透過視覺。

（四）**審美性**：須能產生美感。

以上要件之「視覺性」要件，須屬肉眼得以識別，如粉狀物或粒狀物之一單位，不構成意匠[22]。又須用放大鏡或顯微鏡方能表現狀態者，亦不

---

[19] 日本特許法第79條規定：「不知申請專利發明之內容而自行完成之發明，或不知申請專利之發明內容而由完成該發明之人處得知該發明，且該專利申請時，正於日本國內在營業上從事或準備實施該發明之人，就其實施或準備實施之發明及其營業目的之範圍內，對該專利申請所取得之專利權有通常實施權。」日本特許廳，前揭書，頁203-205。

[20] 半導體研究會，前揭書，頁64-65。

[21] 高田忠，意匠，頁32，有斐閣，昭和44年；牛木理一，意匠法の研究，頁63，發明協會，昭和60年。

[22] 日本意匠審查基準，頁3-1103。

構成意匠[23]。此外，意匠之「審美性」要件，如以機能、作用、效果為主要目的者，大體上不視為有美感[24]。半導體積體電路之電路配置，通常難以用肉眼識別，且以功能及作用為主要目的，不符合意匠保護之要件。

四、著作權法

（一）電路配置之著作物性

依日本著作權法第2條第1項第1款規定，所謂「著作物」，即「表現創作的思想或感情，而屬於文藝、學術、美術或音樂之範圍之物」。半導體積體電路之電路配置，係與半導體積體電路不可分，為半導體積體電路本質之構成要素，具有情報記憶、演算等特定機能之實用物，本身不具備作者意思傳達（human readable）之機能，故製品化晶片上之電路配置，不受著作權法之保護[25]，蓋實用物與實用物本質之構成要素為著作權法所不及。關於此點，日本國會審議半導體積體電路法之時，文化廳曾為以下之說明[26]：「有關半導體晶片製品本身之問題，設計圖以照片之手法在晶片製品上再現，晶片製品係工業製品，因其保有立體的構造，因此，晶片本身不為著作權法保護所及[27]。」「自設計圖製造晶片製品，就其製造行為是否為著作權法所及？著作權審議會認為，此非著作權法所及[28]。」

美國眾議院司法委員會法院，人權擁護。司法管理小委員會之委員長克斯坦馬亞於1984年5月曾為如下報告：「將實用物排除在著作權對象之外，為著作權法近兩百年歷史中一貫之基本原理。」「光罩著作表面上多少與地圖、技術圖面、照片或視聽覺作品相類似，但實際上，在機能及原

---

23 高田忠，前揭書，頁76。

24 日本意匠審查基準，頁3-1104；高田忠，前揭書，頁85-86。

25 松田政行，半導體チップ保護法の紛爭處理機能（上），NBL，第335號（昭和60年8月15日），頁9；半導體研究會，前揭書，頁20。

26 參議院商工委員會昭和60年5月23日。

27 對福間知之議員之質詢岡村豐說明員之答辯。

28 對伏見康治議員之質詢岡村豐說明員之答辯。

創性方面卻有極大不同。……技術圖面之保護，不及於由其圖面產生實用物之製造及販賣。照片及視聽覺作品，因其視覺上、美術上的魅力而受保護。……光罩著作……則因其技術的、獨創的機能而受保護[29]。」

（二）設計圖之著作權

半導體積體電路之電路配置之創作，可分爲設計工程及製造工程二種。設計工程係指邏輯電路設計、電晶體電路設計及電路配置設計之各設計工程。此設計工程所得之各設計圖，有無著作權？日本著作權法第10條第1項規定：「本法例示著作物如左：……六、地圖及有學術性質之圖面、圖表、模型及其他圖形之著作物。」平面設計圖、分析表、數表、圖解及立體的地球儀、人體模型、動物模型等，均係具有學術性質，屬於該款之著作。就性質而言，各設計工程所得之設計圖，亦屬於該款之著作[30]。

至於光罩是否設計圖之重製物？按著作權法所保護者僅重製，不及於專利權之實施。日本著作權法第10條第1項第6款之著作，其重製僅限於有學術性質之著作物之直接利用行爲，例如設計圖之拷貝、模仿模型而製造同種模型之行爲。至於自設計圖製造汽車、自模型製造機械之行爲，係屬實施，非著作權效力之所及[31、32]。光罩專門爲半導體積體電路目的使用之實用物（道具），相當於製作西服使用之型紙、製造鑄物使用之鑄型，難以認爲係著作物（圖面）或其複製物[33]。

又半導體積體電路是否爲設計圖或光罩之重製物？因依半導體積體電路之還原工程（reverse engineering）等分析製作之設計圖、光罩，並非

29　半導體研究會，前揭書，頁21。

30　加戶守行，三訂著作權法逐條講義，頁74，日本著作權資料協會，昭和54年；仲田雄作，前揭文，頁10。

31　加戶守行，前揭書，頁74。

32　由建築設計圖完成建築物，日本著作權法第2條第1項第15款特別規定係屬重製，故建築設計圖完成建築物爲著作權之效力所及，屬於特例。

33　仲田雄作，前揭文，頁10；半導體研究會，前揭書，頁19。

原來設計圖或光罩之複製物。因此，如依還原工程而作成之設計圖及光罩而製造半導體積體電路，此半導體積體電路自非原來設計圖或光罩之重製物。然而如利用他人之設計圖或光罩而製造半導體積體電路，是否該半導體積體電路即為設計圖或光罩之重製物？通說採否定見解[34]。蓋半導體積體電路之製造，通常使用8個至12個光罩，且經過曝光、蝕刻與沉積及其他複雜的手續方能製作半導體積體電路，故自設計圖或光罩至製造完成半導體積體電路之程序，並非重製之程序，不為著作權法效力之所及[35]。

（三）在ROM中之電腦程式著作[36]

半導體積體電路法係保護電路配置之法律，即對電路配置之形狀加以保護；著作權法係保護「電腦程式著作」，所謂「電腦程式著作」，即使電腦發生機能而得到一定結果之指令的組合（日本著作權法第2條第1項第10-2款）。著作權法不保護被記錄於媒體之形狀，因此，ROM內之程式，其中被寫入抽象的程式部分受著作權保護，而ROM內部具體之形狀，則以半導體積體電路法加以保護。又在ROM中並非所有部分均係電腦程式，非電腦程式之部分，其電路配置受半導體積體電路法之保護，電

---

34 依日本半導體積體電路法第12條第2項規定：「電路配置利用權之效力，不及於為解析或評價目的之利用登記電路配置而製造半導體積體電路之行為。」此即「還原工程」，與美國SCPA第906條規定相類似。

35 有認為自設計圖、光罩而完成半導體積體電路之程序，猶如自食譜作成食品之程序，並非著作權效力所及（半導體研究會，前揭書，頁19）。有認為該程序不為著作權效力所及，結論固屬正確，但以食譜作為比喻，並不恰當。蓋食譜作成食物乃方法之實施，而自設計圖、光罩作成半導體積體電路，似非方法之實施。如以半導體製造過程之書而作成半導體之過程，方有類於由食譜而作成食品之過程。見松田政行，前揭文，頁9-11。

36 ROM即唯讀記憶體。唯讀記憶體只能被讀出（read out），而不能被寫入（write in）。易言之，存在於ROM裡面的資料不會被毀掉，電源關掉時ROM的資料仍然不會消失。ROM通常用來儲存廠商所提供少量但重要的系統程式，詳黃明達，電腦入門與探討，頁67-68、395，道明出版社，民國74年；劉寶鈞主編，最新英漢萬用電腦辭典，頁470，全華科技圖書公司，民國74年。

腦程式部分則電路配置受半導體積體電路法之保護，電腦程式本身則否。就電路配置保護，如可達到他人不能製造電腦程式之結果，則可謂間接保護電腦程式，但半導體積體電路法終究不直接保護電腦程式著作[37]。

肆、日本半導體積體電路法之內容

一、概說

日本半導體積體電路法（以下稱「本法」）共分六章56條。

第一章總則，規定本法之目的（第1條）及若干基本名詞之定義（第2條）。

第二章電路配置利用權之設定登記，規定電路配置利用權之設定登記（第3條）、申請人名義之變更（第4條）、職務上電路配置之創作（第5條）、申請前電路配置之利用（第6條）、設定登記及公示（第7條）、設定登記申請之駁回及塗銷（第8條、第9條）。

第三章電路配置利用權等，可分三節：電路配置利用權（第10條至第11條）、權利侵害（第12條至第26條）、補償金（第27條）。

第四章指定登記機關，規定指定登記機關之指定及不指定（第28條、第29條）、指定登記機關之義務（第31條、第38條）及監督（第32條至第37條、第39條至第45條）、公示（第46條）。

第五章雜則，規定在外者之審判籍（第47條）、電路配置原簿（第48條）、手續費、其他必要事項之訂定（第50條）。

第六章罰則，規定違反本法規定之處罰。

---

37 參見植松宏嘉，プログテム著作權Q&A，頁167，金融財政事情研究會，昭和60年。

二、重要內容

（一）目的

日本無體財產權立法，均有目的之規定[38]，本法亦不例外。本法之目的，在創設確保半導體積體電路配置之正當利用之制度，促進半導體積體電路之開發，以增益國民經濟之健全發展（第1條）。蓋半導體積體電路為「產業之米」，在產業經濟及國民生活方面，不可或缺。半導體積體電路之開發工程中，電路配置所花勞力、金錢最大，而且易於模仿，因此有保護之必要。本法除保護電路配置而設有利用權外，另規定權利關係之公示、善意者之保護，乃在謀求電路配置交易之安定化、圓滑化，以增進國民經濟之健全發展。

（二）權利對象

本法之權利對象，為獨自創作之半導體積體電路之電路配置（第3條）。所謂「電路配置」，係指在半導體積體電路上之電路因子及接續此因子之導線的配置（第2條第2項）。本法既以電路配置為權利對象，因此，邏輯電路、電晶體電路自非本法保護之對象。邏輯電路、電晶體電路如滿足新規性、進步性之要件，則依特許法（發明專利）、實用新案法（新型專利）加以保護。又美國SCPA第902條第(c)項明文規定，其保護不及於構想（idea），程序（procedure）、過程（process）、系統（system）、操作方法（method of operation）、觀念（concept）、原則

---

38 日本著作權法第1條規定：「本法之目的，在規定關於著作人於著作物、表演、錄音著作、播送及有線播送上之權利及其鄰接權利，並關切此文化產物的公正利用，以謀求著作人等權利的保護，促進文化的發展。」日本特許法第1條規定：「本法之目的，在謀求對發明之保護與利用，獎勵發明，以促進產業之發達。」日本商標法第1條規定：「本法以保護商標，期維護商標使用人之營業上信用，促進工商業之發展，並保護需要者之利益為目的。」另日本實用新案法及意匠法，均有類似規定。

（principle）或發現（discovery）[39]。本法因明定係保護電路配置，故無如美國SCPA第902條第(c)項設有明示排除規定之必要。

（三）權利內容

本法對創作電路配置者，賦予電路配置利用權。電路配置利用權人，專有在業務上利用取得設定登記之電路配置之權利（第11條本文）。所謂電路配置之「利用」，係指下列行為（第2條第3項）：

1. 利用其電路配置而製造半導體積體電路之行為：由於裝置有半導體積體電路之物品之製造行為並非此之「利用」，因此單純購買半導體積體電路，而製造裝置有該半導體積體電路之物品，其自己使用之行為，並不構成本法之利用。

2. 利用其電路配置而製造之半導體積體電路（包含裝置半導體積體電路之物品），加以轉讓、出租，或意圖轉讓或出租而展示或輸入之行為：即將流通階段亦加以權利化，蓋未如此，則電路配置創作人之利益，保護並未周到。又此「裝置半導體積體電路之物品」，例如VTR、電腦、工業機械、汽車等。此物品須其積體電路之製造係利用他人電路配置而來，方禁止其流通。半導體積體電路本身的使用行為，並非本法之「利用」。

（四）權利之發生及存續期間

本法之電路配置利用權，係採登記主義，因登記而發生（第10條第1項），與工業所有權相同，與著作權相異[40]。又本法之電路配置利用權之存續期間，自設定登記之日起，為10年（第10條第2項）。

39　美國1976年著作權法第102條第(b)項，亦有類似規定。

40　日本著作權法係採創作主義。該法第17條第2項規定：「著作人格權及著作權之享有，無須履行任何方式。」第51條第1項規定：「著作權之存續期間，自著作物創作之時起算。」

（五）設定登記

創作電路配置之人或其繼承人（以下稱「創作人等」），就其電路配置，得取得電路配置利用權之設定登記（第3條第1項前段）。但如自申請之日起回溯二年之前，創作人等或得其許諾之人，就關係該申請之電路配置已在業務上爲轉讓、出租或意圖轉讓、出租而爲展示或輸入之行爲者，不得爲設定登記（第6條）[41]。蓋自爲業務目的而利用之日起二年之內未爲登記之申請，有作爲公的資產自由地利用之可能，爲確保交易之安定、促進半導體積體電路之利用，乃有兩年猶豫期間之規定。

又爲設定登記申請時，除由申請書及其添附資料知悉設定登記有以下情形之一者外，通商產業大臣應即爲設定之登記：1.申請人非創作人等；2.創作人等爲二人以上時，未爲共同申請；3.申請之電路配置於兩年前已有營業目的利用行爲；4.申請之方式上不適合或其他事由（第7條、第8條）。

以上規定，顯見本法之設定登記，並未如特許法規定事前爲嚴密之審查，如設定書及其添附資料未有不得登記之情形，應即爲登記。就此點而言，本法與工業所有權法，大不相同。

（六）職務上電路配置之創作

從事法人或其他使用人之業務之人，其職務上創作之電路配置，除創作之時契約、勤務規則或其他別有規定外，以該法人或使用人爲該電路配置之創作人（第5條）。此所謂「使用人」，包含國家或地方公共團體在內。其所以未標明國家，乃因電路配置之創作，大部分爲民間企業故也。又此「從事業務之人」，亦包含國家及地方之公務員在內。本法所以對電路配置之創作，以法人或使用人爲創作人，乃因電路配置之創作，往往在工廠生產，由數十人共同作業，且需投資龐大資金，其個人的性格不強烈故也。

---

41 美國SCPA第908條第(a)項有類似規定。

（七）電路配置利用權之效力所不及之範圍

1. **獨立創作**：電路配置利用權之效力，不及於他人創作之電路配置之利用
   （第12條第1項）。本法規定電路配置之保護，不及於他人獨立開發之
   電路配置，此點與特許法相異，而與著作權法相似。蓋特許法在先之發
   明可排除在後相似之獨立發明，而著作權法則在先之著作不得排除在
   後相似之獨立著作[42]。電路配置是否獨立創作抑或模仿，最終在訴訟上
   加以判斷。在訴訟上，原則上主張侵害之人，應對他方當事人作成之電
   路配置與自己創作之電路配置有實質的同一性，以及對自己之電路配置
   有接觸（access），負舉證責任；他方當事人應對自己之獨立創作負舉
   證責任。此時，被告電路配置創作之試誤資料，例如圖面、Data、日記
   等，均爲獨立創作之重要證據。

2. **還原工程**：電路配置利用權之效力，不及於爲解析或評價目的利用登記
   電路配置而製造半導體積體電路之行爲（第12條第2項）。日本特許法
   第69條第1項規定，專利權之效力，不及於爲試驗或研究之實施。美國
   1984年SCPA第906條第(a)項規定，他人爲教學、分析或評估所有人之
   光罩裡所蘊含之觀念或技術、線路或零件之結構而複製光罩，不構成光
   罩專屬權之侵害。電路配置專用權與特許權相同，係一絕對的支配權，
   得因特殊情形而設有限制，此與同爲絕對支配權之所有權設有限制之理
   由類似（日本民法第二編第三章第一節），爲促使技術水準進步提升，
   本法乃有類似日本特許法第69條第1項及美國SCPA第906條第(a)項之規
   定[43]。

3. **用盡說理論**：電路配置利用權人、專用利用權人或通常利用權人，將利
   用登記電路配置製造之半導體積體電路（包含裝置該半導體積體電路

---

[42] 中川善之助、阿部浩二，著作權，頁24-25，第一法規株式會社，昭和55年改訂。

[43] 詳日本特許廳，前揭書，頁190-191；半導體研究會，前揭書，頁62-63。有關美國
SCPA第906條規定，可詳M. K. Fisher, Beyond Fair Use: Reverse Engineering and The
Semiconductor Chip Protection Act of 1984, The Computer Lawyer (April 1986), pp.
9-19.

之物品）加以轉讓者，電路配置利用權之效力，不及於就其轉讓之半導體積體電路加以轉讓、出租或意圖轉讓、出租而展示、輸入之行為（第12條第3項），此乃就特許法用盡說理論加以明文化。依特許法用盡說理論，自專利之權利人購入其製造之專利品，就其專利品加以轉讓或使用，不為專利權之效力所及。特許法雖未明文規定，但為學說判例所承認[44]。本法係新的法律，學說、判例甚屬缺乏，解釋上多有疑義，故有明文化之必要。惟該規定僅就權利人轉讓而設，如權利人未轉讓，例如半導體積體電路被盜用情形，當然不能適用。

（八）電路配置利用權、專用利用權與通常利用權

1. **電路配置利用權**：創作電路配置之人，或其承繼人（以下稱「創作人等」），就其電路配置，如經登記，得取得電路配置利用權（第3條第1項及第11條第1項）。電路配置利用權人，專有在業務上利用其取得設定登記之電路配置（以下稱「登記電路配置」）之權利。但如其電路配置利用權設有專用利用權者，專用利用權人在其專有利用其登記電路配置之部分，電路配置利用權人自己不得利用其電路配置（第11條）。

2. **專用利用權**：電路配置利用權人，就其電路配置利用權，得設定專用利用權。專用利用權人於設定行為所定之範圍內，專有在業務上利用其登記配置之權利（第16條第1項、第2項）。此專用利用權係一種用益物權，其設定、移轉、變更、消滅或處分之限制，非經登記，不得對抗第三人（第21條第2款）。又此專用利用權，得定一定之範圍，其範圍通常有：(1)時間之範圍，例如設定一年是；(2)內容之範圍，例如限於出租是；(3)地域之範圍，例如限於日本是。

3. **通常利用權**：電路配置利用權人，就其電路配置利用權，得許諾他人通常利用權（第17條第1項）。專用利用權人，以得電路配置利用權人之同意為限，得就其專用利用權許諾他人通常利用權（第16條第4項）。

---

44 杉林信義，工業所有權法，頁59，學陽書房，昭和60年再版。

通常利用權之許諾無須登記，但移轉、變更、消滅或處分之限制，則非經登記，不得對抗第三人（第21條第3款）。通常利用權與專用利用權不同，專用利用權因係物權之權利，專用利用權人在其設定行爲所定之範圍內接近事實上電路配置利用權人之地位，對權利侵害之人，有禁止請求權；通常利用權則不然，通常利用權與專利法上之通常實施權一般，僅係一種債權，並無排他性，亦無禁止請求權[45]。

（九）權利侵害

1. 民事責任

(1) **禁止請求權**：電路配置利用權人或專用利用權人，對於侵害自己之電路配置利用權或專用利用權之人或有侵害之虞之人，得請求侵害之停止或防止（第22條第1項）。此禁止請求權之行使，不以侵害人故意或過失爲要件，對無過失之人，亦得爲之。又在業務上生產、轉讓、出租或意圖轉讓、出租而展示或輸入專爲模仿登記電路配置所使用之物之行爲，視爲侵害電路配置利用權或專用利用權之行爲（第23條）。

(2) **廢棄請求權**：電路配置利用權人或專用利用權人，爲禁止請求之際，得請求將構成侵害行爲之半導體積體電路，或供侵害行爲之物廢棄，或爲其他侵害預防上必要之行爲（第22條第2項）。

(3) **損害賠償請求權**：電路配置利用權人或專用利用權人，對於以故意或過失侵害自己之電路配置利用權或專用利用權之人，得請求損害賠償。此時，如侵害人依其侵害行爲受有利益者，其利益之額，推定爲電路配置利用權人或專用利用權人所受損害之額（第25條第1項）。此外，電路配置利用權人或專用利用權人，對於以故意或過失侵害自己之電路配置利用權或專用利用權之人，得以相當於對於其登記電路配置之利用通常得受金錢數額之金錢，作爲自己損害之

---

45 半導體研究會，前揭書，頁69-70。

數額，而請求其賠償（第25條第2項）。如請求權人能證明有更高金額之損害時，以較高金額者爲準（第25條第3項）。

(4) **對善意人之特例**：半導體積體電路（包含裝置半導體積體電路之物品）於受交付時，不知該半導體積體電路係利用模仿關於他人電路配置利用權或專用利用權之登記電路配置而製造之電路配置，且其不知係屬無過失者，該人在業務上將該半導體積體電路加以轉讓、出租或意圖轉讓、出租而展示或輸入之行爲，視爲非侵害該電路配置利用權或專用利用權之行爲（第24條第1項）。但如善意人知悉模仿之事實後，在業務上將該半導體積體電路轉讓、出租或意圖轉讓、出租而展示或輸入者，電路配置利用權人或專用利用權人對該善意人得請求支付相當於對該電路配置之利用通常得受之金錢數額之金錢（同條第2項）。善意人如支付上開金錢者，該半導體積體電路視爲已由該電路配置利用權人或專用利用權人，加以轉讓（同條第3項）。

2. 刑事責任

(1) **一般侵害罪**：侵害電路配置利用權或專用利用權者，處三年以下有期徒刑或100元以下罰金。本罪爲告訴乃論之罪（第51條）。

(2) **詐欺登記罪**：以詐欺行爲取得設定登記者，處一年以下有期徒刑或30萬元以下罰金（第52條）。

(3) **違反登記義務罪**：指定登記機關之幹部或職員違反登記義務或不遵命令者，亦加以處罰（第53條至第55條）。

(4) **兩罰規定**：法人之代表人、法人或自然人之代理人、使用人或其他從業人，關於其法人或自然人之業務，爲上述之處罰行爲時，除處罰行爲人外，對該法人或自然人，科以各該條之罰金刑（第56條）。

（十）指定登記機關

通商產業大臣得指定登記機關爲登記之事務（第28條）。該指定登記機關，須符合下列標準（第30條）：

1. 符合通商產業省令規定條件之有知識經驗之人，實施登記事務，其人數在通商產業省令規定之數目以上者。
2. 有在登記事務適切、圓滿上必要之經理的基礎及技術的能力。
3. 依日本民法第34條（即公益法人）規定設立之法人，且其構成之職員無害於完成登記事務之公正性。
4. 執行登記事務以外之業務時，執行其業務不足以使登記事務成為不公正。
5. 其指定不妨礙登記事務的適切及圓滿之實施。

　　此外，通商產業省對該指定登記機關應作嚴格之監督（本法第四章）。

（十一）經過措施

　　本法施行之日前二年以內，創作人等或得其許諾之人，就其電路配置最初在營業上為轉讓、出租或意圖轉讓、出租而展示或輸入之行為者，於本法施行之日起經六個月間為設定登記之申請時，仍得為設定登記，不受第6條之限制（附則第2條）。又電路配置利用權之效力，不及於本法施行之際現存之半導體積體電路（包括裝置該半導體積體電路之物品），在本法施行後二年內加以轉讓、出租或意圖轉讓、出租而展示或輸入之行為（附則第3條）。

（十二）施行日

　　本法自公布日起算於不超過一年之範圍內，自政令所定之日起施行（附則第1條本文）。「本法公布之日」為1985年5月31日，「政令所定之日」為1986年1月1日。但第28條至第30條、第32條、第33條、第35條、第36條、第38條至第43條、第46條、第53條及第55條（第1款除外）之規定，自公布日起算於不超過六個月之範圍內，自政令所定之日起施行。此「政令所定之日」為1985年11月29日。

三、比較

　　日本半導體積體電路法（以下簡稱「半導體法」）與美國半導體晶片保護法（以下簡稱SCPA）、日本特許法、意匠法、著作權法，各有異同之處，茲比較如下。

（一）法律之目的

1. **半導體法**：創設確保半導體積體電路電路配置之正當利用之制度，促進半導體積體電路之開發，以增益國民經濟之健全發展（第1條）。
2. **SCPA**：無規定。
3. **特許法**：謀求對發明之保護與利用，獎勵發明，以促進產業之發達（第1條）。
4. **意匠法**：謀求意匠之保護及利用，獎勵意匠之創作，以促進產業之發展（第1條）。
5. **著作權法**：規定關於著作人於著作物、表演、錄音著作、播送及有線播送上之權利及其鄰接權利，並關切此文化產物的公正利用，以謀求著作人等權利的保護，促進文化發展（第1條）。

（二）保護之客體

1. **半導體法**：半導體積體電路之電路配置（即在半導體積體電路上之電路因子及接續此因子之導線的配置）（第1條、第2條）。
2. **SCPA**：半導體晶片製品上之形狀、圖樣（pattern）、光罩著作（mask work）（第901條、第902條）。
3. **特許法**：高度利用自然法則之技術的創作（第1條、第2條）。
4. **意匠法**：通過視覺而引起美感之物品之形狀、模樣、色彩或其結合（第1條、第2條）。
5. **著作權法**：表現創作的思想或感情，而屬於文藝、學術、美術或音樂之範圍之物（第1條、第2條）。

（三）權利之內容

1. **半導體法**：在營業上「利用」電路配置之權利（第11條）。所謂「利用」，即（第2條第3項）：
   (1) 利用其電路配置而製造半導體積體電路之行爲。
   (2) 利用其電路配置而製造之半導體積體電路（包含裝置半導體積體電之物品），加以轉讓、出租，或意圖轉讓、出租而展示或輸入之行爲。

2. **SCPA**：包含下列三權利（第905條）：
   (1) 以光學、電子學或其他方法複製光罩。
   (2) 進口或行銷鑄有光罩著作之半導體晶片產品。
   (3) 誘使或故意致使他人從事前兩種行爲。

3. **特許法**：在營業上實施專利發明（第68條）。所謂「實施」，係指（第2條第3項）：
   (1) 關於物之發明，係指生產、使用、轉讓、出租或意圖轉讓、出租而展示或輸入之行爲。
   (2) 關於方法之發明，係指使用該方法之行爲。
   (3) 關於生產物之方法之發明，係指前款所規定外，將以其方法生產之物而加以使用、轉讓、出租而展示或輸入之行爲。

4. **意匠法**：在營業上爲登記意匠及類似意匠之實施之權利（第23條）。而所謂意匠之「實施」，係指將關係意匠之物品加以製造、使用、轉讓、出租或意圖轉讓、出租而展示或輸入之行爲（第2條第3項）。

5. **著作權法**：包含著作人格權及著作財產權（第17條）。著作人格權，包含公表權、姓名表示權、同一性保持權（第18條至第20條）。著作財產權，包括複製、上演權、演奏權、播送權、有線播送權、口述權、展示權、上映權、頒布權、翻譯權、改編權、出借權（第21條至第27條）。

（四）權利之發生

1. **半導體法**：依登記而發生（第10條第1項）。
2. **SCPA**：依登記或商業性利用而發生（第902條第(a)項第1款）。
3. **特許法**：依設定登記而發生（第66條第1項）。
4. **意匠法**：依設定登記而發生（第20條第1項）。
5. **著作權法**：依創作而發生（第17條第2項）。

（五）權利之期間

1. **半導體法**：自設定登記之日起10年（第10條第2項）。
2. **SCPA**：自光罩著作註冊或首次商業性利用之日起（以較早者爲準）10年（第904條）。
3. **特許法**：自專利公告之日起15年，但不得超過自專利申請之日起20年（第67條）。
4. **意匠法**：自設定登記之日起15年（第21條）。
5. **著作權法**：原則上自著作人死亡後經過50年（第51條第2項）。但有下列例外：
   (1) 無名或別名之著作物，自公表後50年（第52條）。
   (2) 法人或其他團體之著作物、電影及照片之著作物，自公表後50年（第53條至第55條）。

（六）登記

1. **半導體法**：僅就登記申請書及所附相關資料加以審查，而不爲內容之實體審查，即可爲設定登記（第7條、第8條）。但自申請登記之日起回溯二年前已爲商業性利用，則不得登記（第6條）。又登記係權利之發生要件（第10條第1項）。
2. **SCPA**：僅審查登記申請書即可登記（第908條第(e)項）。但應於世界任何地區首次商業性利用之日起二年內申請登記，否則不受保護（同條第(a)項）。又登記註冊之證書，可爲訴訟上之表面證據（同條第(f)

項）。

3. **特許法**：應爲實體審查，滿足專利要件，方可登記（第47條以下）。
又專利申請須經公告、公開之程序（第51條、第65條之2）。專利登記
註冊爲權利發生之要件（第66條第1項）。

4. **意匠法**：同上。

5. **著作權法**：登記不爲實體審查。第一次登記僅具有權利之推定效力（第
75條、第76條）。但著作權之移轉、處分之限制、設質等之登記，則
具有對抗第三人之效力（第77條）。

（七）對權利侵害之處置

1. **半導體法**：權利人有禁止請求權（第22條）、損害賠償請求權（第25
條）、補償金請求權（第27條）；侵害人並有刑事責任（第51條）。
此外，有關善意人之利用行爲有例外之規定（第24條）。

2. **SCPA**：權利人有禁止請求權及損害賠償請求權。其損害賠償得以一定
金額作爲法定賠償（第911條）。此外，法律對善意購買仿冒半導體晶
片產品而輸入或行銷者，亦有特別例外之規定（第907條）。

3. **特許法**：權利人有禁止請求權（第100條）及損害賠償請求權（第102
條）；侵害人並有刑事責任（第196條）。此外，權利人得向侵害人請
求爲業務上信用回復之必要處分（第106條）。

4. **意匠法**：同上。

5. **著作權法**：權利人有禁止請求權（第112條）、損害賠償請求權（第114
條），著作人並得請求爲回復名譽或聲望之適當處分（第115條）。此
外，侵害人亦有刑事責任（第119條）。

（八）獨立創作人之地位

1. **半導體法**：電路配置利用權之效力，不及於他人創作之電路配置之利用
（第12條第1項）。易言之，即各獨立創作人，均受保護。

2. **SCPA**：原創之光罩著作之創作人受保護，但設計基本（staple）、平凡
（commonplace）或爲半導體業者所熟悉者，不受保護（第902條第(b)

項）。

3. **特許法**：僅對最先申請專利之人加以保護（第39條）。

4. **意匠法**：同上。

5. **著作權法**：保護原創的（original）著作。同時或先後獨立創作者，只要彼此無互相抄襲情況，均受保護[46]。

（九）法人權利之歸屬

1. **半導體法**：從事法人或其他使用人之業務之人，其職務上創作之電路配置，除創作時之契約、勤務規則或其他別有規定外，以該法人或使用人為該電路配置之創作人（第5條）。

2. **SCPA**：職務上創作之光罩著作，其權利人為僱用人（第901條第(a)項第6款）。

3. **特許法**：原則上依特約、勤務規則或其他規定，以決定專利權之歸屬（第35條）。

4. **意匠法**：同上。

5. **著作權法**：基於法人或其他使用人之指示，而由從事該法人等之業務之人，在職務人作成之著作物，如以法人等之名義公表（電腦程式著作物無須以法人等之名義公表），除作成時之契約、勤務規則或其他別有規定外，以法人為著作人（第15條）。

（十）共有權利之行使

1. **半導體法**：各共有人非得其他共有人之同意，不得轉讓其應有部分，或以其應有都分為標的而設定質權。但各共有人除契約別有規定外，未得其他共有人之同意，得利用其登記電路配置（第14條）。

2. **SCPA**：無規定。

46　此在法條上雖無明文，但學者通說作此主張，見勝本正晃，日本著作權法，頁111，嚴松堂，昭和15年；城戶芳彥，著作權法研究，頁30，新興音樂出版社，昭和18年；米川猛郎，著作權へのるべ，頁22-23，日本圖書館協會，昭和51年。

3. **特許法**：各共有人非得其他共有人之同意，不得轉讓其應有部分，或以其應有部分為標的而設定質權，或就該專利權設定專用實施權，或許諾他人通常實施權。但各共有人除契約別有規定外，未得其他共有人同意，得實施該專利發明（第73條）。

4. **意匠法**：同上。

5. **著作權法**：各共有人非得其他共有人之同意，不得讓與其應有部分，或以其為質權之標的。又共有著作權，非得共有人全體之同意，不得行使。但各共有人，無正當理由，不得拒絕同意（第65條）。

伍、我國立法政策之檢討

一、保護之必要性

　　半導體積體電路在日本稱為「產業之米」，現在工業及民生用品多數均來自半導體積體電路，其重要性，已如前述。半導體積體電路在我國國內工商產品之應用及外銷，已居於極重要之地位。基於半導體積體電路之電路配置在整個積體電路居於主要地位，投資額最大，被模仿亦最多，故半導體積體電路之電路配置我國有以法律加以保護之必要。尤其，臺灣之經濟為海島型之經濟，外銷在經濟之運轉上居主導地位，我國外銷又以美國為大宗。依美國1984年SCPA第902條第(a)項第2款規定，係採相互主義，我國對美國國民或住居民之光罩著作如未加以保護，美國SCPA對我國半導體產品原則上亦不加以保護。由之，我國法律對半導體晶片應加以保護，毋寧是必然的。

二、保護之形式

　　美國1984年SCPA雖規定於美國法典第十七篇第九章，而第十七篇第一章至第八章均係著作權法規定，但美國SCPA係居於獨立（sui generis）地位，除第708條有關著作權局之登記規定，其他均不適用第一章至第八

章之規定[47]。日本半導體積體電路則採獨立立法方式。日本半導體積體電路法幾乎界於專利法及著作權法之間，與專利法及著作權法均有顯著相異之處，例如：

（一）**在立法目的方面**：半導體積體電路法係以促進經濟發展爲目的，與專利法類似，與著作權法促進文化發展爲目的不同。

（二）**在權利內容方面**：半導體積體電路法較傾向於專利法，以禁止製造、轉讓、出租，或意圖轉讓、出租而展示或輸入之行爲，與著作權法之權利內容有顯著差異。

（三）**在權利之發生方面**：半導體積體電路法採註冊主義，與專利法相似，與著作權法不同。但在著作之登記方面，半導體積體電路法又不採實體審查主義，與專利法不同，與著作權法較類似。

（四）**在權利保護期間方面**：半導體積體電路法僅保護10年，此較傾向專利法，與著作權法之長期保護原則不同。

（五）**在獨立創作人之地位方面**：半導體積體電路法不排除他人在後獨立創作之電路配置，此傾向著作權法，與專利法顯著不同。

由此可見，半導體積體電路法具有獨立的特色。我國半導體晶片保護如欲具有美、日二國立法之特色，以著作權法或專利法保護，均有不能克服之缺點。分述如下。

（一）以專利法加以保護

1. 我國專利保護之要件，必須所申請者具有新穎性（novelty）。半導體積體電路之電路配置一般難認爲具有新穎性。

2. 我國專利法專利權具有相當獨占性，能排除他人在後獨立之發明，此與美、日二國半導體晶片保護立法精神不同。

3. 我國專利法對專利之申請須爲實體審查、公告（第27條以下），此與美、日二國半導體晶片之申請登記程序亦有不同。

---

47 SCPA §912 (b).

（二）以著作權法加以保護

1. 我國著作權法以促進文化發展爲目的（第1條），與半導體晶片保護以促進產業及經濟發展目的不同。
2. 我國著作權法著作人之權利有著作人格權（第25條、第26條）及著作財產權二種。半導體晶片之創作，著作人人格利益之保護，並非必要。
3. 我國著作權法對著作之保護，係採創作主義（第4條），僅有創作之事實即自然發生，不待登記註冊。半導體晶片之保護，美、日二國則採註冊主義。
4. 著作權法保護著作權之期間，原則上爲終身加上30年（第8條、第14條）。美、日二國半導體晶片之保護，均僅10年。

由以上分析，我國半導體晶片保護，似以單獨立法較適宜。

三、主管機關之歸屬

美國SCPA光罩著作之主管機關爲國會圖書館的著作權局（Copyright Office）；日本半導體積體電路法半導體積體電路之電路配置之主管機關爲通商產業省。美國光罩著作之登記由著作權局登記，與著作權法相同；日本電路配置之登記，由通商產業省登記，例外亦可由通商產業大臣指定民間機關登記，該被指定之機關，由通商產業大臣嚴格監督[48]。我國著作權之主管機關爲內政部（著作權法第2條），專利法之主管機關爲經濟部之專利局（現暫爲中央標準局）[49]。我國將來如訂定半導體晶片保護法，其主管機關究以內政部或經濟部爲當？本文以爲，以經濟部轄下之機關爲妥，蓋半導體積體電路之生產及開發，與經濟發展有密切關係，與內政部業務較無牽涉。電腦程式之登記屬內政部業務，乃因其受著作權法保護，

---

[48] 日本著作權之主管機關爲文部省，與半導體積體電路法不同。

[49] 專利法第10條第1項規定：「關於專利事項，於經濟部設立專利局掌理之；在未設立專利局前，由經濟部指定所屬機關掌理之。」

與其他著作之登記，業務上難以分割，事非得已。半導體積體電路之保護，如係單獨立法，其主管機關以經濟部轄下之機關爲妥。

又依日本半導體積體電路法，通商產業大臣得指定民間團體代爲登記（第四章），此在我國可否適用？本文以爲，依我國國情，宜由政府機關辦理登記，不宜由民間機關。蓋半導體積體電路之保護，係採註冊主義。權利之發生，須經登記，此關係人民權益甚爲重大，宜由政府爲之，以昭公信。尤其我國政府機關對民間團體之監督，一向不甚嚴格，如委由民間團體爲之，恐生流弊，徒生民怨。

四、保護之內容

我國半導體保護之立法內容，不妨以美日法案爲藍本[50]，並參酌我國國情，詳爲規定。其內容至少包括：

（一）**目的**：我國著作權法、商標法均有目的之規定，日本半導體積體電路法亦然。因此，該法對「目的」亦以規定爲宜。

（二）**定義**：對該法所使用之基本名詞，例如「半導體積體電路」、「電路配置」（或光罩著作）、「商業性利用」等，應加以定義。

（三）**保護之客體及範圍**：對於法律所保護之對象、範圍及例外不受保護之對象及範圍，明確訂定。

（四）**權利登記之程序及其救濟**：規定權利之取得所採主義及登記申請之手續、變更、公示及登記之效力。又登記駁回之要件及救濟，亦可訂入。

（五）**職務創作之歸屬**：光罩著作類多集體創作，職務上創作其權利之歸屬如何？又政府公務員職務上之創作有無權利？亦宜明定。

（六）**保護期間**：規定保護期間之年限、起算點。

（七）**權利之內容及限制**：規定專有權利之內容及例外專有權所不及之範圍（例如還原工程、獨立創作等）。此外，權利共有之轉讓、行

---

50 劉江彬，前揭書，頁276以下。

使，得否設定專用利用權及通常利用權等，亦須明定。

（八）**登記之機關**：規定登記之機關及登記簿之編訂及閱覽。

（九）**權利侵害**：規定權利侵害之民事救濟，包含不作為請求權、侵害行
　　　為之擬制、對善意人之特例、損害額之推定、補償金等。

（十）**罰則**：規定違反該法之刑事責任。

（十一）**其他**：規定該法適用之對象及時間。何種人得受保護、該法生效
　　　前之光罩著作，權利有無溯及，以及施行細則之訂定等。

陸、結論

　　自1980年美國著作權法明文承認電腦程式受著作權保護以來，世界
各先進國家紛紛仿效。電腦程式以著作權法加以保護是否妥當，固有爭
論。但由於人類資訊發達，各種情報交易普及，法制差異過大，不僅國內
司法在適用上有較大的障礙，在國際資訊舞台上亦處於較不利益之地位，
因此世界各國對電腦程式之保護，幾乎多採以著作權法之方式。在半導體
晶片之保護上，亦可能遭遇同樣之情況。美國1984年半導體晶片保護法案
影響世界各先進國家之立法，日本即其一例。

　　日本半導體積體電路法在精神及內容上，受美國法很大的影響。例如
短期保護期間、還原工程、善意人之例外、採註冊但不實體審查主義，均
為最顯著之例子。但日本法上之專用利用權、通常利用權、權利侵害之責
任、補償金、罰則及指定登記機關等制度，則係參酌其國情及現行法律制
度所制定，與美國之SCPA略有出入。

　　我國將來之立法上，可參酌美、日二國立法。其中美、日二國不同之
處，除指定登記機關與我國國情不同外，似宜較傾向日本立法例。蓋日本
為大陸法系國家，無論實體法或程序法，均與我國較為接近。易言之，日
本立法例較容易契合我國民、刑法乃至專利法、著作權法。惟無論如何，
半導體晶片保護立法，將涉及極專業性之領域，在起草時或草案完成後，
宜廣徵法學、電學專家、各相關團體及業者意見，使其儘量周延，以加速

促進我國工業發展。

後記：本文原載中興法學，第14期，民國76年5月出版。

附錄一
伯恩公約——關於文學及藝術
的著作物保護之公約

一、簡介

　　1878年，文學與藝術國際同盟（Litéraire et Artistique Internationale）在巴黎成立，該同盟計畫以國際性著作權公約代替各國間的條約，乃於1883年以後，陸續在瑞士首都伯恩（Berne）舉行會議，而終於在1886年9月9日簽訂，1887年9月5日正式生效。伯恩公約之正式名稱為「關於文學及藝術的著作物保護之公約」（Berne Convention for the Protection of Literary and Artistic Works），為國際間最早之著作權公約，而被譽為「著作權國際保護之大憲章」。伯恩公約自第一次簽訂後，於1908年在柏林修正，1928年在羅馬修正，1948年在布魯塞爾修正，1967年在斯德哥爾摩修正，1971年在巴黎修正。迄1978年，參加國共69國。本譯文係根據1971年7月24日在巴黎修正之原文所翻譯。著作權公約顯示著作權立法之理論及趨勢，伯恩公約之締約國迄1988年1月，共77國，其中同時為世界著作權公約之締約國者，有52國。

二、大綱

第1條（同盟之形成）
第2條（受保護之著作物）
第2條之2（口述著作物之保護）
第3條（受保護之著作人）
第4條（同前）

第5條（保護之原則）

第6條（不屬於同盟國之著作人保護之原則）

第6條之2（著作人格權）

第7條（保護期間）

第7條之2（共同著作物之保護期間）

第8條（翻譯權）

第9條（複製權）

第10條（引用）

第10條之2（時事問題記事之複製等）

第11條（上演權、演奏權等）

第11條之2（廣播權等）

第11條之3（朗讀權等）

第12條（改編權、編曲權等）

第13條（錄音權）

第14條（電影化權、上映權）

第14條之2（電影著作物之著作人的權利）

第14條之3（追及權）

第15條（著作人之推定）

第16條（著作權侵害物之扣押）

第17條（同盟國之警察權）

第18條（溯及效力）

第19條（條約與國內法之關係）

第20條（特別之協定）

第21條（關於開發中國家之特別規定）

第22條（總會）

第23條（執行委員會）

第24條（國際事務局）

第25條（財政）

第26條（管理規定之修正）

第27條（公約之修正）

第28條（批准及加入）

第29條（不屬於同盟之國家的加入）

第29條之2（WIPO與公約第14條第2項之關係）

第30條（保留）

第31條（領域之適用）

第32條（新舊公約之關係）

第33條（紛爭解決）

第34條（前公約之排除）

第35條（終止）

第36條（國內之措施）

第37條（簽署等）

第38條（經過規定）

附屬書

第1條（強制授權制度之利用）

第2條（翻譯權之強制授權）

第3條（複製權之強制授權）

第4條（強制授權之程序）

第5條（翻譯權之保留）

第6條（事前適用）

三、內容

第1條（同盟之形成）

適用本公約之國家，成立同盟，以保證著作人在文學及藝術著作上之權利。

第2條（受保護之著作物）

1. 所謂「文學及藝術之著作物」，謂不問以任何表現方法或形式，屬於文學、科學及藝術範圍之製作物。諸如：書籍、小冊子及其他文字著作；講演、演說、說教及其他同性質之著作物；演劇用或樂劇用之著作物；舞蹈及啞劇著作物；樂曲（不問有無附歌詞）；電影的著作物（包括以類似電影之方法加以表現之著作物，以下同）；素描、繪畫、建築、雕刻、版畫及石版畫的著作物；攝影著作物（包括以類似攝影之方法加以表現之著作物，以下同）；應用美術著作物；圖解、地圖圖表、略圖及關於地理學、地形學、建築學或科學之三度空間之著作物。

2. 文學及藝術著作物之全體或其特定之種類，其著作物如不被固定於物體上，得由同盟國立法規定不加以保護。

3. 文學或藝術著作物之翻譯、改編、編曲或其他改變，在無害於原著作物著作權之範圍內，與原著作物受同樣的保護。

4. 立法上、行政上及司法上的公文書及該公文書之官方的翻譯物，其著作權之保護，依同盟國之法令規定。

5. 文學及藝術著作物的編輯物（諸如在素材之選擇及配列上形成智能的創作物之百科全書及選集），在無害於其構成該編輯物部分之各著作物著作人之權利的範圍內，以智能的創作物保護之。

6. 本條之著作物，在所有同盟國家中，均受保護。其保護之範圍，及於著作人及其承繼人。

7. 應用美術著作物新式樣及新型的法律適用範圍，以及此著作物、新式樣與新型保護之條件，依本公約第7條第4項規定，由同盟國之法令定之。在本國僅作為新式樣與新型加以保護之著作物，在其他同盟國僅享有該國對新式樣與新型的特別保護之權利。但該他國無此特別保護之規定者，該著作物以藝術著作物保護之。

8. 本公約之保護，不適用於單純時事報導性之記事及雜報。

第2條之2（口述著作物之保護）

1. 政治上之演說及裁判程序上之陳述，得由同盟國以法令排除依前條全部或一部之保護。
2. 在報導目的上正當之範圍內，將公開所爲之演講、演說及其他同性質之著作物，在新聞紙雜誌上揭載、廣播、以有線廣播公開傳達及依第11條之2第1項爲公開傳達之對象，此等條件亦依同盟國之法令定之。
3. 著作人專有就第1項及第2項之著作物編輯爲編輯物之排他權利。

第3條（受保護之著作人）

1. 本公約之保護，於左列情形適用之：
   (a) 著作人爲同盟國家之國民的著作物（不問發行與否）。
   (b) 著作人非同盟國家之國民，但其著作物最初在同盟國家發行，或最初在非同盟國家及同盟國家同時發行。
2. 著作人雖非同盟國家之國民，但在同盟國家有常居所者，在本公約之適用上，視爲著作人爲同盟國之國民。
3. 所謂「已發行之著作物」，謂不問複製物之作成方法，得著作人之同意而刊行著作物，且該著作物依其性質，提供滿足公眾合理要求之數量的複製物者。演劇用或樂劇用著作物或電影著作物之上演、音樂著作物之演奏、文學著作物之朗讀、文學或藝術著作物之傳達或廣播、藝術著作物之展示及建築著作物之建造等，均不成立發行。
4. 著作物自最初發行之日起三十日內已在兩個以上國家發行者，視爲該著作物在各該國同時發行。

第4條（同前）

著作人如不符合前條之條件，本公約之保護，亦適用於左列情形：
(a) 製作人在同盟國家有主事務所或常居所之電影著作物的著作人。
(b) 建築著作物位於同盟國家的建築著作物之著作人，或其他藝術著作物所依附之建築著作物位於同盟國家的其他藝術著作物之著作人。

第5條（保護之原則）

1.依本公約保護之著作物的著作人，在著作物之本國以外之同盟國內，享有該國法令現在所賦予或將來所可能賦予其國民之權利，以及本公約特別所賦予之權利。

2.第1項權利之享有及行使，無須履行任何方式；其享有及行使，獨立於著作物之本國而受保護。因此，除本公約規定外，著作人權利保護之範圍及救濟之方法，專依被要求保護之同盟國法令的規定。

3.著作物在其本國所受之保護，依其本國法令的規定。如著作物之著作人，非著作物本國內之國民，而其著作物為依本公約受保護之著作物時，該著作人享有與該國國民之著作人同樣的權利。

4.著作物之本國，依左列情形定之：

(a)著作物在同盟國家最初發行，該發行國家為著作物之本國；著作物同時在兩個以上之同盟國家發行，而各該同盟國家之保護期間不相同者，以法律規定保護期間最短之國家為著作物之本國。

(b)著作物同時在同盟國家與非同盟國家發行，該同盟國家為著作物之本國。

(c)未發行之著作物，或著作物在非同盟國家最初發行，且無在同盟國家同時發行者，以著作人為其國民之同盟國家為著作物之本國，但：

①電影著作物其製作人在同盟國家有主事務所或常居所，該同盟國家為著作物之本國。

②建築著作物建築於同盟國家，或其他藝術著作物所依附之建築物位於同盟國家者，該同盟國家為著作物之本國。

第6條（不屬於同盟國之著作人保護之原則）

1.非同盟國之國家，對於同盟國家之國民的著作物，不予以適當之保護者，同盟國家對於著作物最初發行之日為非同盟國家之國民，且該國民在任何同盟國家無常居所之著作物，得限制其權利之保護。如最初發行之國家行使其權利，其他同盟國家不得被要求對受特別待遇之著作物賦

予較最初發行國家賦予該著作物，更廣泛的保護。

2.依第1項規定之限制，對於在同盟國家限制生效前已發行之著作物，其著作人所已取得之權利，不受影響。

3.依本條規定限制賦予著作權之同盟國家，應將保護受限制之國家及該國家之國民所被限制之權利，以書面聲明書通知世界智能所有權機關事務局長（以下稱「事務局長」）。事務局長應迅速將此聲明通知所有同盟國國家。

第6條之2（著作人格權）

1.著作人不問其經濟權利是否存在，甚至在經濟權利轉讓後，仍得主張其為該著作物之著作人，並反對他人將其著作物加以歪曲、割裂或竄改，或就其著作物為足以損害其聲譽之其他行為。

2.依前項所賦予著作人之權利，於該著作人死亡後，應延續至其著作財產權屆滿之時，並且由要求被保護之國家立法授權個人或團體行使其權利。但其立法（批准或加盟之時），對於著作人死亡後第1項權利之保護並未規定時，得規定對於若干此權利停止存續。

3.本條所賦予保全該權利之救濟方法，應由被要求保護之同盟國法令加以規定。

第7條（保護期間）

1.本公約所賦予之保護期間，為著作人之生存期間，及自其死亡後經過五十年。

2.電影著作物之保護期間，同盟國得規定，自得著作人之同意將著作物向公眾提供後經過五十年。如電影著作物未向公眾提供者，自電影著作物製作後經過五十年。

3.匿名或別名之著作物，本公約所賦予之保護期間，為自著作物合法向公眾提供後經過五十年。但著作人所用之別名能毫無疑問地表示其本人時，保護期間依第1項之規定。匿名或別名之著作物，在本項前揭期間內，明示其著作人之真名者，保護期間依第1項之規定。對於匿名或別

名之著作物，有相當的理由，足以推定其著作人業已死亡五十年者，不
得要求同盟國予以保護。

4. 攝影著作物及以美術著作物加以保護之應用美術著作物之保護期間，依
同盟國之法令定之。但其保護期間不得短於自著作物製作之時起二十五
年。

5. 著作人死亡後之保護期間及依第2項至第4項規定之保護期間，自著作人
死亡之時或事件發生之時開始。但保護期間之計算，自著作人死亡之年
或事件發生之年的翌年之1月1日起算。

6. 同盟國得賦予較前述規定為長之保護期間。

7. 受本公約之羅馬修正公約拘束之同盟國，於本修正公約簽署之時有效力
之國內法令所賦予之保護期間，較前述之保護期間為短者，於批准或加
入本公約時，得保留保護期間之規定。

8. 保護期間依被要求保護之同盟國的法令定之。但除該國法令別有規定
外，不得超過著作物本國所規定之保護期間。

第7條之2（共同著作物之保護期間）

前條規定於著作物屬於共同著作人共有之情形，亦適用之。但計算著作人
死亡之時，應自共同著作人中的最後生存者之死亡之時開始計算。

第8條（翻譯權）

受本公約保護之文學及藝術的著作物之著作人，享有在其著作物權利存續
期間內，翻譯該著作物或授權翻譯該著作物之排他權利。

第9條（複製權）

1. 受本公約保護之文學及藝術著作物之著作人，專有授權其著作物複製
（不問其方法及形式如何）之排他的權利。

2. 在特別情形之允許著作物的複製，依同盟國之法令定之。但其複製不得
妨礙著作物通常之利用及著作人正當之利益。

3. 在本公約之適用上，錄音及錄影，視為複製。

第10條（引用）

1. 已合法向公眾提供之著作物，如其引用合於公正慣行，且在其目的上認爲正當之範圍內（包括以新聞摘要形式所爲新聞紙及其定期刊行物之引用），得加以引用。

2. 文學或藝術之著作物，在授業目的上正當之範圍內，以出版、廣播、錄音或錄影的方法，加以利用，依同盟國之法令及現在或將來相互間締結之協定定之。但其利用不屬於公正慣行者，不在此限。

3. 依本條第1項及第2項所爲之利用，須註明出處。如有著作人名稱者，並應註明著作人名稱。

第10條之2（時事問題記事之複製等）

1. 已發行之新聞紙或定期刊行物之論議經濟上、政治上或宗教上時事問題之記事或其同性質之廣播，如無明示禁止之規定者，在新聞紙雜誌上揭載或以廣播或有線廣播公開傳達，依同盟國之法令定之。但應明示其出處。上述明示出處義務之違反，依被要求保護之國家的法令決定之。

2. 以攝影、電影、廣播或有線廣播報導時事事件，於報導目的正當之範圍內，將該事件過程所見所聞之文學或藝術著作物複製及向公眾提供，其條件亦依同盟國之法令定之。

第11條（上演權、演奏權等）

1. 演劇用及樂劇用之著作物及音樂著作物之著作人，享有左列授權之排他的權利：
   (a)將著作物公開上演及演奏（不問其手段或方法如何）。
   (b)將著作物之上演及演奏以任何方法公開傳達。

2. 演劇用或樂劇用的著作物之著作人，在其原著作物權利之存續期間內，就其著作物之翻譯物，享有第1項之權利。

第11條之2（廣播權等）

1. 文學及藝術著作物的著作人，享有左列授權之排他權利：

(a)著作物之廣播，或以信號、音或影像之無線電廣播之其他方法向公眾傳達。

(b)由原廣播機關以外之機關，將已廣播之著作物，以有線或無線廣播方法公開傳達。

(c)將已廣播之著作物，以播音器或以傳達信號、音或影像之其他類似的器具公開傳達。

2.行使第1項權利之條件，依同盟國之法令定之。但其條件僅於有規定之國家，始發生效力。上述條件，不得損害著作人之著作人格權，且在雙方無成立協議時，亦不得損害著作人之收取有權限機關所定合理補償金之權利。

3.本條第1項之授權，如無反對之規定，不包括允許以錄音或錄影之器具，就已廣播之著作物加以錄製。廣播機關為自己廣播之目的，以自己之設備，所為之短暫的錄製，依同盟國之法令定之。該法令得允許具有特殊紀錄性質的錄製物在官方保存所保存。

第11條之3（朗讀權等）

1.文學著作物之著作人，享有左列授權之排他權利：

(a)將著作物公開朗讀（不問手段或方法如何）。

(b)將著作物之朗讀以任何方法公開傳達。

2.文學著作物的著作人，在原著作物權利之存續期間內。就其著作物之翻譯物，亦享有第1項之權利。

第12條（改編權、編曲權等）

文學或藝術著作物之著作人，享有授權改編、編曲及為著作物之其他改變的排他權利。

第13條（錄音權）

1.音樂著作物及其歌詞（已由歌詞著作人授權錄音於音樂著作物）之著作人，授權音樂著作物及歌詞之錄音的排他權利，以各同盟國其本國為

限，得就其保留及條件加以規定。但其保留及條件，僅於有法令規定之同盟國者，始有效力。並且在任何情況，其保留及條件，均不得損害著作人於無協議時收取有權限之機關所訂定之合理報酬的權利。

2. 受1928年6月2日在羅馬簽署及1948年6月26日在布魯塞爾簽署之伯恩公約第13條第3項拘束之同盟國家所製作之音樂著作物之錄音物，在該國內未經著作人之同意，得加以錄製。但該國受本修正公約之拘束已滿二年者，不在此限。

3. 未經利害關係人之同意，依本條第1項及第2項製作錄音物並輸入被視爲非法錄音物之同盟國者，應加以扣押。

第14條（電影化權、上映權）

1. 文學或藝術著作物之著作人，享有左列授權之排他權利：
   (a)將著作物改編及複製爲電影，以及將該改編或複製之著作物頒布。
   (b)將該改編或複製之著作物公開上演及演奏，以及以有線方式公開傳達。

2. 文學或藝術著作物改編爲電影作品的其他美術形式，於不損害電影製作物著作人之授權下，應經原著作物之著作人的同意。

3. 前條第1項之規定，於本條不適用之。

第14條之2（電影著作物之著作人的權利）

1. 在不損害已被改編或複製之原著作物的範圍內，電影著作物視爲原著作物加以保護。在電影著作物上有著作權之人，享有與原著作物之著作人同一之權利（包括前條所規定之權利）。

2. (a)電影著作物之著作權，依被要求保護之國家的法令定之。
   (b)依同盟國之法令，就著作物之製作參加協力而亦屬於電影著作之著作權人之著作人，如無反對或特別之規定者，不得反對將其電影著作物，加以複製、頒布、公開上演及演奏，以有線方式公開傳達、廣播或以其他方法公開傳達或插入字幕或配音。
   (c)前款之協力約束是否需要書面契約形式（包括相當之文書），依電

影著作物之製作人主事務所或常居所所在地之同盟國的法令定之。但該協力約束之書面契約（包含相當之文書），依被要求保護之同盟國之法令定之。爲上述規定之同盟國，應以書面聲明通知事務局長。事務局長於接獲報告後，應立即將此聲明通知其他同盟國。

(d)所謂「反對或特別的規定」，謂有關第(b)款協力約束之任何限制的條件。

3.除國內法令有反對之規定外，第2項第(b)款之規定，於爲電影著作物之製作而創作之劇本，對話與音樂著作物之著作人，以及電影著作物的導演，不適用之。但同盟國之法令未規定第2項第(b)款之適用上包括導演者，應以書面聲明通知事務局長。事務局長於接獲該聲明後，應將該聲明立即通知其他同盟國家。

第14條之3（追及權）

1.美術著作物之原作品，及作家與作曲家之原稿，著作人或於其死亡後依國內法令被授權之人或團體，就其最初將其原作品及原稿轉讓後，原作品與原稿再買賣之利益，享有不可轉讓之權利。

2.前項之保護，僅在著作人爲其國民之同盟國的法令承認其保護，以及被要求保護之同盟國的法令在保護範圍內加以承認者，始得在同盟國要求被保護。

3.徵收之方法及數額，依各同盟國之法令定之。

第15條（著作人之推定）

1.爲使文學或藝術著作物受本公約之保護，有權在同盟國對侵害其權利之人提起訴訟，如無反對之證明，在該著作物上以通常的方法表示其著作人名稱者，推定其爲該著作物之著作人。本項之規定，於著作人以別名加以表示者，以能證明該別名爲著作人所採用者爲限，亦適用之。

2.自然人或法人，在電影著作物上以通常之方法表示其爲著作人者，如無反對之證明，推定爲該著作物之製作人。

3.匿名的著作物及第1項以外之別名的著作物，其發行人在著作物上表示

其名稱者，如無反對之證明，得代表著作人行使及保全其權利。本項之規定，於著作人明示其爲著作人並證明其資格時，不適用之。

4.(a)未發行之著作物，其著作人不能證明，但有相當的理由足以認定其爲同盟國國家之國民者，該同盟國得依法令指定一有權限之機關代表著作人，並在同盟國行使及保全著作人之權利。

(b)爲前款指定之同盟國，應將有關被指定之機關的詳細資料，以書面聲明通知事務局長。事務局長應立即將此書面聲明通知所有其他同盟國家。

第16條（著作權侵害物之扣押）

1.侵害著作人權利之製作物，在該著作物享有合法保護之同盟國家內，應加以扣押。

2.前項之規定，於來自該著作物不受保護或已停止受保護之國家作成之複製物，亦適用之。

3.扣押之發生，依各同盟國之法令定之。

第17條（同盟國之警察權）

本公約之規定，不得以任何方式及於各同盟國政府，依法律或命令規定，在有權限之機關認爲必要之情形下，對於著作物或製作物的頒布、上演或展示，予以許可、控制或禁止。

第18條（溯及效力）

1.本公約適用於本公約效力發生之時，尚未因本國保護期間已屆滿而成爲公共著作物以外之所有著作物。

2.如先前賦予之保護期間業已屆滿，且著作物在被要求保護之國家成爲公共之著作物者，該著作物不得重新被保護。

3.前述原則之適用，應遵從同盟國間之現在或將來締結之特別的公約的規定。無上述之規定者，各同盟國應規定其內國關於該原則適用之方法。

4.第1項至第3項之規定，於新加盟之同盟國及因第7條規定之適用或因放

棄保留而保護被擴張之情形，亦適用之。

第19條（條約與國內法之關係）

本公約之規定，不妨礙請求適用依同盟國法令所賦予之較大保護之規定。

第20條（特別之協定）

同盟國政府保留其相互間締結特別協定之權利。但其協定，須賦予著作人較本公約更廣泛之權利或不牴觸本公約之其他規定。滿足本條件之現行協定之規定，仍適用之。

第21條（關於開發中國家之特別規定）

1.關於開發中國家之特別規定，於附屬書中定之。

2.依第28條第1項第2款之規定，附屬書為本修正公約不可分之一部分。

第22條（總會）

1.(a)同盟國應設總會，由受本公約第22條至第26條拘束之同盟國家組成。

(b)每一同盟國家之政府，應委派一人為代表，該代表得以副代表、顧問及專家若干人為輔佐。

(c)每一代表團之費用，由指派代表之政府負擔。

2.(a)總會應：

①處理有關同盟之維持與發展及本公約之實施問題。

②對於設立世界智能所有權機關（以下稱「機關」）之公約規定之智能所有權國際事務局（以下稱「國際事務局」）關於修正會議之準備，予以指示。對於不受第22條至第26條拘束之同盟國之意見，則予以適當之斟酌。

③對於國際事務局局長關於同盟之報告及活動，加以檢討及承認，關於同盟國之權限內之事項，予以必要之指示。

④選出總會之執行委員會的成員。

⑤對於該執行委員會之報告及活動，加以檢討、承認及指示。

⑥決定事務計畫、採用同盟之三年預算及承認其決算。

⑦採用同盟之財政規則。

⑧爲達成同盟之目的而設置專家委員會及作業團體。

⑨決定非同盟之國家及政府間機關與國際的非政府機關以觀察員身分出席本會。

⑩採用第22條至第26條規定之修正。

⑪爲達成其他同盟之目的所爲其他之適當的措施。

⑫行使依本公約之其他適當的業務。

⑬行使設立機關之公約所賦予總會之權利（以總會承認者爲限）。

(b)總會於接獲國際事務局之調整委員會的建議後，對於國際事務局管理之業務中，於其他同盟國家有利害關係之事項，應爲一定之決定。

3.(a)總會之每一構成國，均有一個表決權。

(b)總會出席之法定人數爲構成國總數的二分之一。

(c)不問第(b)款之規定如何，於每一會期出席代表之國家不滿構成國總數之二分之一，但在三分之一以上者，總會得作決定。但其決定除關於總會之程序外，須滿足下列條件始生效力。即國際事務局對於未出席代表之總會的構成國應爲上述決定之通知，並於通知之日起三個月內請求其以書面表示對該決定投票或棄權投票。如於該期間屆滿時，表示投票或棄權投票之國家數目，尚不足該會期之法定數目，但仍有必要之多數國家贊成時，該決定發生效力。

(d)除第26條第2項之規定外，總會之決定，須經三分之二以上之多數議決行之。

(e)棄權投票不視爲投票。

(f)一個代表僅得以其國名代表一國投票。

(g)同盟國非總會之構成國者，以觀察員名義出席會議。

4.(a)總會每三年集會一次，由事務局長召集之。除有特殊情形外，與機關的一般總會在同一期間及同一場所舉行。

(b)總會遇有執行委員會或總會構成國四分之一以上之請求時，事務局長應召集臨時會。

5.總會應制定其內部之程序規則。

第23條（執行委員會）

1.總會設執行委員會。

2.(a)執行委員會由總會自總會的構成國中選出之國家組成。並且，機關本身之領域內所在之國，除有第25條第7項第(b)款規定的適用外，在執行委員會當然有議席。

(b)執行委員會之各構成國的政府，僅有一人為代表，但代表得有副代表、顧問及專家之輔佐。

(c)各代表團之費用，由任命代表團之政府負擔。

3.執行委員會構成國之數目，為總會構成國數目之四分之一。議席數目之決定，以四相除之餘數不予計之。

4.執行委員會構成國之選出，總會應斟酌公平的地理分配以及締結之特別協定的締約國與成為執行委員會構成國之間的必要關係。

5.(a)執行委員會構成國之任期，自為選出之總會會期終了之時起至總會次屆常會會期終了之時。

(b)執行委員會之構成國得連選連任，但不得逾三分之二。

(c)總會應制定關於執行委員會構成國之選出及再選出之規則。

6.(a)執行委員會應：

①作成總會的議事日程案。

②向總會提出事務局長作成之同盟的事業計畫案及三年預算案。

③同意在事業計畫及三年預算的範圍內，事務局長作成的詳細之年度預算及計畫。

④附加適當意見向總會提出事務局長的定期報告及年度會計檢查報告。

⑤遵從總會的決議，注意總會兩個通常會期之間所生之情況，以及為事務局長為確保同盟事業計畫的實施的必要處分。

⑥完成其他依本公約所賦予執行委員會之任務。

(b)執行委員會於機關的管理業務上對其他的同盟國有利害關係之事項，在接獲機關的調整委員會的通知後，應為一定之決定。

7.(a)執行委員會常會每年一次，由事務局長召集之，其集會應盡可能與機關的調整委員會在同一期間與同一場所舉行。

(b)執行委員會遇有事務局長、執行委員會主席或執行委員會構成國四分之一以上之請求時，事務局長應召開臨時會。

8.(a)執行委員會之每一構成國，均有一個表決權。

(b)執行委員會出席之法定人數為構成國總數之二分之一。

(c)執行委員會之決定，應經投票之單純多數之議決。

(d)棄權不視為投票。

(e)一個代表僅得以其國名代表一國投票。

9.同盟國非執行委員會之構成國者，以觀察員之名義出席會議。

10.執行委員會應制定其內部之程序規則。

第24條（國際事務局）

1.(a)同盟的管理業務由同盟事務局之繼續的國際事務局（與關於工業所有權保護之國際公約所設立的同盟事務局聯合之同盟事務局的繼續）執行。

(b)國際事務局特別地應執行同盟各內部機關的事務局之職務。

(c)機關的事務局長為同盟之首席行政官，代表同盟。

2.國際事務局應蒐集及出版有關著作權保護之資料。各同盟國應迅速將關於著作權保護之新的法令及公文書送交國際事務局。

3.國際事務局應每月發行刊物。

4.國際事務局如經同盟國之要求，應提供同盟國關於著作權保護問題之資料。

5.國際事務局為促進著作權保護目的，應從事研究及提供服務。

6.事務局長及其指派之職員，應參加總會、執行委員會及其他專家委員會或作業部會之會議，但無投票權。事務局長或其指定之職員，當然為內

部機關之事務局的成員。

7.(a)國際事務局應遵從總會之指示及協助執行委員會，爲本公約（第22條至第26條規定除外）修正會議之準備。

(b)國際事務局爲準備修正會議，得與國際政府間機關及非國際政府間機關商議。

(c)事務局長及其指定之人，應參加修正會議之討論，但無投票權。

8.國際事務局應執行其他賦予國際事務局之任務。

第25條（財政）

1.(a)同盟應有預算。

(b)同盟之預算，應包括同盟國固有之收入及支出，各同盟國之共同經費的預算分配及機關的締約國會議的預算金額。

(c)非專用於全體同盟國，並另外用於一個或二個以上之同盟國，而由機關爲業務之管理的經費，視爲各同盟國的共同經費。同盟國共同經費之分配，依同盟國在其中之利益的比例定之。

2.同盟國之預算，應考慮機關爲管理業務之其他同盟預算之平衡關係。

3.同盟之預算，其財源如左：

(a)同盟國之分擔數額。

(b)國際事務局以同盟之名義提供服務所收取之費用及報酬。

(c)國際事務局關於同盟之出版物，因販賣所得之對價及因使用所得之償金。

(d)贈與、遺贈及補助金。

(e)租金、利息及其他各種收入。

4.(a)各同盟國在預算之分配上，每一同盟國各屬於一個等級，依下列之單位數每年繳付應分擔之金額：

第一等級	25單位
第二等級	20單位
第三等級	15單位
第四等級	10單位

　第五等級　　　　5單位

　第六等級　　　　3單位

　第七等級　　　　1單位

(b)各國除已指定者外，於呈繳批准書或加入書之時，應指定本國所屬之等級。任何國家均得變更等級。選擇較低等級之國家，應於通常會期中通知總會。其變更自該會期之年的翌年初發生效力。

(c)各同盟國每年應分擔之金額與同盟國每年預算分配於所有國家之金額總數的比例，應相等於該國所屬等級的單位數與同盟國的單位數的總數的比例。

(d)應分擔之金額，於每年1月1日繳納。

(e)同盟國之分擔金額如遲延支付達兩年以上者，在其本國爲構成國之同盟的內部機關，不得行使投票權。但如該遲延支付係屬例外及不可避免之情形，同盟之機關得允許該國家在該機關繼續行使其投票權。

(f)預算在新會計年度開始前尚未擬定者，依財政規則之規定，適用前年度之預算。

5.國際事務局對同盟提供服務，事務局長應制定費用標準，並應向總會及執行委員會報告。

6.(a)同盟設有運轉資金，由各同盟國的一次支付金組成。如該運轉資金有所不足，總會應決定增加金額。

(b)對於運轉資金各同盟國當初之支付額及運轉資金之增額部分各同盟國之分擔額，依該年運轉資金成立或增加額決定之該國分擔金的比例定之。

(c)第(b)款之比例及支付之條件，由總會依事務局長之提議及機關之調整委員會之建議定之。

7.(a)與機關本部所在之國間所締結之本部協定，應規定如運轉資金缺乏，該國應預先支付。預先支付之金額及條件，爲該國及機關間個別協定之主要內容。有預先支付義務之國家，當然在執行委員會有議席。

(b)第(a)款之國家及機關，有以書面通知終止預先支付義務之權利。該終止自為通知之年的終了時起，經過三年發生效力。

8.會計檢查，應依財政規則規定，由一個或二個以上之同盟國或外部的會計檢查專家為之。上述同盟國或會計檢查專家，由總會得該同盟國或會計檢查專家同意而指定。

第26條（管理規定之修正）

1.總會之構成國、執行委員會或事務局長，得為第22條至本條規定之修正的提案。事務局長至遲應於總會審議的六個月前，將該提案送交總會之構成國。

2.依第1項諸條文之修正，由總會採擇之。該採擇須經總會四分之三之多數決議行之。但第22條及本項之修正，須經總會五分之四之多數決議行之。

3.依第1項諸條文之修正，自事務局長受領其修正被採擇時總會之構成國四分之三之依憲法程序的書面承諾的通知後經過一個月，發生效力。經上述承諾之第1項諸條文之修正，在修正生效時為總會之構成國之國家及在修正生效後為總會之構成國之國家，均受拘束。但增加同盟國之財政上之義務的修正，僅通告修正之承諾的國家受拘束。

第27條（公約之修正）

1.本公約因改進同盟制度之必要，應隨時為修正。

2.為達第1項之目的，應順次在各同盟國，舉行同盟國之代表間的會議。

3.除適用第26條而為第22條至第26條規定的修正外，本公約（包含附屬書）之修正，應經全體投票之同意行之。

第28條（批准及加入）

1.(a)各同盟國，其在本公約署名者，得批准本公約；其未在本公約署名者，得加入本公約。上述批准書或加入書，應送存於事務局長。

(b)各同盟國得在其批准書或加入書上聲明其批准或加入，不適用於第1

條至第21條及附屬書之規定。但該國家事先已依附屬書第6條第1項為聲明者，僅得在該批准書或加入書中聲明其批准或加入，不適用於第1條至第20條之規定。

(c)同盟國依前項第(b)款規定，其批准或加入之效果，排除若干規定及附屬書者，得在其後聲明該批准或加入之效果及於該若干規定及附屬書。該聲明應送存於事務局長。

2.(a)第1條至第21條及附屬書，於符合以下二要件後，經過三個月發生效力：

①至少有五個同盟國已經批准或加入本公約，且無第1項第(b)款之聲明者。

②法國、西班牙、英國、北愛爾蘭及美國受世界著作權公約1971年7月24日巴黎修正條款之拘束者。

(b)第(a)款之效力及於在該效力發生三個月前將批准書或加入書送存且無第1項第(b)款之聲明的同盟國。

(c)不適用第(b)款規定且批准或加入本公約而無第1項第(b)款聲明之同盟國，第1條至第21條及附屬書，自事務局長將其批准書或加入書之送存通告之日後三個月發生效力。但送存之批准書或加入書已經指定其後發生效力之日者，不在此限。在此情形，第1條至第21條及附屬書在該國於批准書或加入書指定之日發生效力。

(d)第(a)款至第(c)款於附屬書第6條規定之適用，不生影響。

3.批准或加入本公約（不問有無為第1項第(b)款之聲明）之同盟國，第22條至第38條之規定，自事務局長將其批准書或加入書之送存通告之日後三個月發生效力。但送存之批准書或加入書已指定其後發生效力之日者，不在此限。在此情形，第22條至第38條在該國於批准書或加入書指定之日發生效力。

第29條（不屬於同盟之國家的加入）

1.同盟以外之國家得加入本公約，並為本公約之締約國及為同盟之構成國。該加入書應送存於事務局長。

2.(a)依第(b)款之條件，不屬於同盟之國家，本公約於事務局長將其加入
　　書之送存通告之日後經過三個月發生效力。但送存之加入書已指定
　　其後發生效力之日者，不在此限。在此情形，本公約在該國於加入
　　書指定之日發生效力。

(b)如依第(a)款規定效力發生較前條第2項第(a)款規定之第1條至第21條
　　及附屬書之效力發生為前者，第(a)款之國家於其時，應受本公約之
　　布魯塞爾修正公約第1條至第20條規定之拘束，而不受本公約第1條
　　至第21條規定及附屬書之拘束。

第29條之2（WIPO與公約第14條第2項之關係）

不受本公約之斯德哥爾摩修正條款第22至第38條規定拘束之國家，其批
准或加入本公約在設立機關公約第14條第2項規定之適用上，視為批准或
加入該斯德哥爾摩修正條款，而受該修正條款第28條第1項第(a)款第①目
之限制。

第30條（保留）

1.除依本條第2項、第28條第1項第(b)款、第33條第2項及附屬書之例外情
　形外，本公約之批准或加入，當然承諾本公約之所有條文及享有本公約
　之利益。

2.(a)批准或加入本公約之同盟國，依附屬書第5條第2項之規定，如於寄
　　存批准書或加入書之時為保留之聲明者，得維持從前保留之利益。

(b)不屬於同盟之國家加入本公約，依附屬第5條第2項之規定，得聲明
　　意圖代替（至少暫時）本公約第8條關於翻譯權之規定，而適用1886
　　年公約第5條（1896年巴黎補充）之規定者，當然被瞭解為該規定在
　　該國僅適用於在一般使用上的語言的翻譯。依附屬書第1條第6項第
　　(b)款之規定，任何同盟國，就為保留之國家關於其本國著作物之翻
　　譯權，有賦予為該保留之國家所賦予之保護相同保護之權利。

(c)任何同盟國得通知事務局長，撤回該保留。

第31條（領域之適用）

1. 任何國家，得在批准書或加入書上聲明或其後以書面通知事務局長，就其對外應負責之關係上，指定本公約適用於其領域之全部或一部。

2. 為第1項聲明或通知之國家，得隨時通知事務局長，終止本公約適用於該領域之全部或一部。

3. (a)依第1項規定之聲明，於該聲明批准或加入之日的同一日發生效力。為同項規定之通知者，於通知達於事務局長後三個月發生效力。

   (b)依第2項規定之通知，於事務局長受領後十二個月發生效力。

4. 本條之規定，不得解為他同盟國對於同盟國依第1項規定適用公約領域所為之聲明的事實狀態，予以承認或默示的容認。

第32條（新舊公約之關係）

1. 本修正公約，就同盟國相互之關係及其適用之範圍，代替1886年9月9日及其以後修正之伯恩公約。過去實施之公約，就與未批准或未加入本修正公約之同盟國的關係上，其全部或在本修正公約未依前段代替之範圍之部分，仍繼續適用。

2. 不屬於同盟之國家而為本修正公約之締約國者，依本條第3項規定，其與不受本修正公約拘束之同盟國或依第28條第1項第(b)款規定聲明之同盟國的關係，適用本修正公約。該國家承認與上述同盟國之關係如次：

   (a)該同盟國適用受拘束之最新的修正公約。

   (b)依附屬書第1條第6項之規定，該同盟國得選擇合於本修正公約規定之水準的保護。

3. 利用附屬書所規定權能之同盟國，其與不受本修正公約拘束之其他同盟國的關係，得適用利用其權能之附屬書的規定。但其以該他同盟國已經承諾受該規定之適用者為限。

第33條（紛爭解決）

1. 關於本公約之解釋或適用，同盟國有兩國以上互相爭執而無法以談判解決者，除該關係國同意以其他方法解決外，任何一利害關係國，得依國

際司法法院之法令，提交國際司法法院。將該爭執提交國際司法法院之國家，應將其情形通知國際事務局，國際事務局應將其情形，通知其他同盟國。

2. 任何國家於簽署本修正公約或將批准書或加入書送存之際，得聲明不受前項規定之拘束。爲該聲明之國家與其他同盟國之間的爭執，不適用前項之規定。

3. 爲第2項聲明之國家，得隨時通知事務局長，撤回其聲明。

第34條（前公約之排除）

1. 任何國家除有第29條之2規定的適用外，於第1條至第21條及附屬書規定生效後，不得加入或批准本公約之以前的修正公約。

2. 任何國家於第1條至第21條及附屬書規定生效後，不得依斯德哥爾摩修正公約關於開發中國家議定書第5條之規定爲聲明。

第35條（終止）

1. 本公約無限期有效。

2. 各同盟國得通知事務局長終止本修正公約。該終止及於所有以前之修正公約，但僅對於爲終止之國家有其效力，對於其他同盟國家，本公約仍繼續適用。

3. 終止於事務局長受領其通知之日起經過一年，發生效力。

4. 任何國家爲同盟國之構成國未屆滿五年者，不得行使本條所規定終止之權利。

第36條（國內之措施）

1. 本公約之締約國，應依據其憲法，爲確保本公約適用所必要之措施。

2. 任何國家於受本公約拘束之時，應在其本國制定使本公約發生效力之法令。

第37條（簽署等）

1.(a)尙本修正公約應在以英文及法文書寫之一件複本上署名，並依第2項之規定，送存於事務局長。

　(b)事務局長於與有關政府協議後，應以阿拉伯文、德文、義大利文、葡萄牙文、西班牙文及其他總會指定之語文作成官方正式文件。

　(c)各公約之文字解釋如有不同時，以法文本爲優先。

2.本修正公約至1972年1月31日止，開放簽署。迄該日止，第1項第(a)款之複本應送存於法蘭西共和國政府。

3.事務局長對於所有同盟國政府及基於要求之其他國家政府，應致送本修正公約署名之認證謄本二份。

4.事務局長應將本修正公約在聯合國秘書處登記。

5.事務局長對於批准書或加入書之送存，批准書或加入書所爲之聲明，依第28條第1項第(c)款、第30條第2項第(a)款或第(b)款、第33條第2項規定所爲聲明之送存，本修正公約各規定效力之發生，終止之通知，依第30條第2項第(c)款、第31條第1項或第2項、第33條第3項、第38條第1項及附屬書規定所爲之通知，應通知所有同盟國政府。

第38條（經過規定）

1.未批准或加入本修正公約及未受本公約之斯德哥爾摩修正公約第22條至第26條規定拘束之同盟國，至1975年4月26日止，如該同盟國希望，有行使與受上述規定拘束同樣之權利。希望行使此種權利之國家，應將其情形以書面通知事務局長。該通知於事務局長受領之日生效。該國家至1975年4月26日止，視爲總會之構成國。

2.同盟國不成爲機關之加盟國者，機關的事務局，擔任同盟事務局之職務。事務局長擔任同盟事務局的事務局長之職務。

3.所有的同盟國爲機關的加盟國者，同盟事務局的權利、義務及財產，由機關的國際事務局承繼。

附屬書

第1條（強制授權制度之利用）

1.聯合國總會所確立慣行為開發中國家之國家，其批准或加入本修正公約（本附屬書為其不可分之一部分），在斟酌其經濟的情況及其社會或文化的需要後，認為不適宜立即為確保本修正公約所規定權利之保護的處置者，在寄存批准書或加入書之時，或其後，除附屬書第5條第1項第(c)款另有規定外，將聲明書寄存事務局長，得聲明其利用附屬書第2條或第3條之權能，如不利用附屬書第2條、第3條之權能或該二條之權能者，該國家得依附屬書第5條第1項第(a)款之規定為聲明。

2.(a)依本修正公約第28條第2項規定，本修正公約第1條至第21條及附屬書之生效屆滿十年之前，根據第1項所為之聲明，在該期間屆滿之前有其效力。該聲明於十年期間屆滿之前三個月至十五個月，將聲明寄存事務局長者，得將其全部或一部更新十年。

(b)依本修正公約第28條第2項規定，本修正公約第1條至第21條及附屬書之生效屆滿十年之後，根據第1項所為之聲明，在該現經過之十年期間屆滿之前有其效力。該聲明得依前款第二句之規定為更新。

3.已不被視為第1項規定之開發中國家的同盟國，不得依第2項規定更新其聲明。再者，不問其有無正式撤回其聲明，該國家自十年期間屆滿，或該期間屆滿且不被視為開發中國家後滿三年（以較後者為準）者，不得利用第1項之權能。

4.依第1項及第2項之聲明不發生效力之時，依本附屬書賦予授權之複製物尚有庫存時，該複製物至該庫存告罄前，得繼續頒布。

5.受本修正公約拘束之國家，已依本修正公約第31條第1項寄存聲明或通知，該國家有與第1項規定之國家同樣情況之特別的領域者，關於其領域，得為第1項之聲明及第2項之更新。在該聲明或通知發生效力之期間內，本附屬書在該為聲明或通知之領域內，適用之。

6.(a)其他同盟國不得因同盟國利用第1項權能，而對於利用其權能之該同盟國的著作物，賦予較本修正公約第1條至第20條所規定之保護更低之保護。

(b)本修正公約第30條第2項第(b)款第二句規定適用相互主義之權利，至依本條第3項規定適用期間屆滿之日止，對於依附屬書第5條第1項：第(a)款規定之聲明之同盟國的本國之著作物，不得行使。

第2條（翻譯權之強制授權）

1.聲明利用本條所規定權能之同盟國，對於以印刷或類似複製形式發行之著作物，得以依本條所規定之條件及第4條之規定，由有權限之機關賦予非排他的及不可轉讓的授權制度，代替本修正公約第8條規定之排他的翻譯權。

2.(a)根據第3項之規定，著作物自最初發行之日起已滿三年，或該國家本國法令規定更長之期間，該著作物之翻譯在該國家尚未被翻譯權人或其授權之人，以一般使用的語言翻譯發行者，任何該國國民得取得授權將其著作物以該語言加以翻譯，並將其翻譯印刷發行或以其他類似的複製形式發行。

(b)第(a)款規定之語言發行之翻譯已經絕版者，本條所規定之條件的授權，亦適用之。

3.(a)如所翻譯出來之語言非屬於一個或二個以上已開發之同盟國一般使用之語言，以一年期間代替第2項第(a)款所規定之三年期間。

(b)第1項之同盟國，其翻譯而成之語言為已開發同盟國一般使用之語言，經該已開發同盟國全體一致之合意者，以該語言加以翻譯，得依合意所規定更短之期間，以代替第2項第(a)款所規定三年之期間，但該期間不得低於一年。但該語言為英語、法語或西班牙語，前段之規定，不適用之。為該合意之政府，應通知事務局長。

4.(a)本條所規定之授權，其受三年期間屆滿之條件的限制者，非經自左列之日起六個月後，不得賦予，其受一年期間屆滿之條件的限制者，非經自左列之日起九個月後，不得賦予：

①申請許可之人為第4條第1項手續之日，或

②有翻譯權之人不明或有翻譯權之人的住所不明者，自申請授權之人依附屬書第4條第2項向有賦予授權權限之機關，送達授權申請

書副本之日。

(b)或九個月之期間內，有翻譯權之人或得該人許諾之人，發行該申請之語言的翻譯者，本條所規定之授權，不得賦予。

5.本條所規定之授權，僅在教育、學術或研究目的，得爲賦予。

6.著作物之翻譯由翻譯權人或得其授權之人，以同種類之著作物通常合理之價格發行者，對於以同一的語言及同一的內容之翻譯，本條所賦予之授權消滅。但在該授權消滅前尚有庫存未頒布者，得繼續頒布。

7.主要以圖畫作成之著作物，翻譯其本文或將其翻譯發行，以及複製與發行該圖畫之授權，應依附屬書第3條之條件。

8.著作物在頒布中的複製物收回者，不得賦予依本條規定之授權。

9.(a)在依第1項規定之同盟國有主事務所之廣播機關，向該國有權限之機關爲申請者，就以印刷或其他類似的複製形式發行之著作物，亦得賦予該廣播機關翻譯之授權，但應符合左列條件：

　①該翻譯應就依第1項規定之同盟國的法令作成及取得的複製物爲之。

　②該翻譯應專門使用於教育目的或特別職業技術的專門工藝或科學研究的知識之普及目的。

　③該翻譯應在第1項規定之同盟國的領域內，專門以第②目之目的向受信者爲合法的廣播（包括專門以該廣播目的以錄音或錄影爲合法之廣播）。

　④所有翻譯之使用，不以營利爲目的。

(b)在該有賦予授權權限之機關所屬之國家有主事務所的其他廣播機關，依第(a)款所規定之目的及得該廣播機關之同意者，亦得使用依本項規定所賦予授權的廣播機關所爲之翻譯的錄音或錄影。

(c)滿足依第(a)款所規定之標準及條件者，就爲專門教育活動使用目的而作成及發行之視聽覺的固定物內文之翻譯，亦得對於廣播機關賦予許可。

(d)符合第(a)款至第(c)款之條件者，第1項至第8項之規定，適用依本項規定之任何授權之賦予及行使。

第3條（複製權之強制授權）

1. 聲明利用本條所規定權能之同盟國，享有有權限之機關依以下之條件及第4條之規定賦予之非排他性及不可讓與之授權制度的權利，以代替本修正公約第9條規定之排他的複製權。

2. (a)依第7項規定適用本條規定之著作物，該著作物有特定的版本的複製物，於其版本最初發行之日起至以下兩款規定期間屆滿後，有複製權之人或得其同意之人，並未以與第1項規定之同盟國同種類之著作物通常應付之價格之同程度之價格，在該國為一般公眾或教育活動目的之頒布者，該國國民在教育活動使用目的之範圍內，得獲得授權以該價格或更低之價格而複製及發行該版本：

   ①第3項規定之適當期間，自著作物之特定版本最初發行之日開始。

   ②較第1項規定之同盟國法令規定更長之期間，自相同之日開始。

   (b)依第(a)款規定之期間屆滿後六個月內，並未以與第1項之同盟國同種類之著作物通常應付之價格之同程度價格，在該國為一般公眾或教育活動目的，授權為第(a)款規定版本之複製物的頒布者，依本條所規定之條件，得賦予該已經依第(a)款規定頒布之該版本的複製與發行的授權。

3. 第2項第(a)款第①目之期間為五年，但：

   (a)關於自然科學及物理科學之著作物（包括數學及工藝學）的期間為三年。

   (b)小說、詩歌、戲劇、音樂書籍及藝術書籍之著作物的期間為七年。

4. (a)為三年期間屆滿條件限制之授權者，本條規定之授權，非至以下規定之日起六個月期間屆滿止，不得賦予：

   ①申請授權之人，為第4條第1項之手續之日，或

   ②有複製權之人不明或有複製權之人之住所不明，其申請授權之人，依第4條第2項規定，向有賦予授權權限之機關，提出授權申請書之複本的發送之日。

   (b)受三年期間以外之期間屆滿條件限制之授權，並有附屬書第4條第2項規定之適用者，該授權非至申請書複本發送之日起三個月期間屆

滿之日起，不得賦予。

(c)如在第(a)款或第(b)款規定之六個月或三個月之期間內，發生依第2項第(a)款之頒布者，本條規定之授權，不得賦予。

(d)如著作人收回已經申請複製及發行目的授權之版本的所有複製物者，不得賦予授權。

5.有下列情形之一者，不得依本條規定賦予複製及發行著作物之翻譯本的授權：

(a)有翻譯權之人或得其許諾之人，並未發行該翻譯物者；或

(b)被申請授權之國並無一般使用之語言之譯本者。

6.著作物之一版本的複製物，由有複製權之人或得其同意之人，以與第1項規定之同盟國同種類之著作物通常應付之價格之同程度的價格，在該國為一般公眾或教育活動目的之頒布者，如該版本係與依授權發行之版本同一語言及同一之內容者，本條所賦予之授權終止之。

7.(a)除第(b)款另有規定外，適用本條規定之著作物，限定以印刷或其他類似形式發行之著作物。

(b)本條之規定，亦適用於以視聽覺的形式合法作成視聽覺固定物的複製物。包括任何受保護著作物之收錄，及被申請授權之國家通常使用之語言之內文的翻譯物。但該視聽覺的固定物，非以教育活動目的而製作與發行，不得為之。

第4條（強制授權之程序）

1.附屬書第2條或第3條授權之賦予，須申請授權之人對有權利之人要求為翻譯及其翻譯之發行或該版本之複製及發行而被拒絕，或經相當之努力而不能與有權利之人聯絡，且依該國國內之程序申請之。申請授權之人對有權利之人要求許諾之時，應通知任何依第2項規定之國內或國際的情報中心。

2.申請授權之人，無法與有權利之人聯絡者，應對出現在書名上之發行人及發行人被推定為有主事務所所在地之國家的政府所指定之國內或國際的情報中心（該指定以通知寄存事務局長），以航空郵寄對有賦予授權

權限之機關所提出之申請書副本。

3.依附屬書第2條或前條規定賦予授權所爲之翻譯或複製的複製物，其發行之時，應表示著作人之姓名。該複製物並應表示著作物之名稱。著作物爲翻譯者，在該複製物上應表示著作物之原名稱。

4.(a)依附屬書第2條或前條所規定賦予之授權，不及於複製物之輸出，且僅在已被申請國家之領域內之翻譯或複製的複製物之發行，始有效力。

(b)第(a)款規定之輸出，包括從任何國家寄送複製品至依第1項第5款規定爲聲明之國家。

(c)依附屬書第2條規定之以英語、法語或西班牙語以外之語言加以翻譯所賦予授權之國家的政府機關或其他公開的機關，寄送依該授權發行之翻譯的複製物者，該複製物之寄送，如滿足以下之條件，在第(a)款之適用上，不視爲輸出：

①收受人屬於有賦予該授權權限之機關所在之國家的國民，或該國民之團體者。

②該複製物僅使用於教育、學術或研究目的。

③該複製物之寄送及其後收受人之頒布，不以營利爲目的。

④被寄送複製物之國家同意有賦予該許可權限之機關所屬之國家收受或頒布其複製物，或收受及頒布其複製物，並且由有賦予該許可權限之機關所屬之國家的政府，將該同意通知事務局長。

5.依附屬書第2條或第3條規定賦予授權發行之複製物，應以適當之文字記載註明，該複製物之頒布，僅在該申請授權之國家或領域內，有其效力。

6.(a)在國內應有適當之法令，以確保：

①該授權爲有翻譯權或複製權之人之目的，規定公正的補償金，該補償金並符合在二關係國之關係人間，自由地談判在利用之許諾時，通常應支付之使用費的標準。

②補償金之支付及移轉：關於通貨之國內管制存在，有權限之機關應努力並利用國際性之機構，以確保國際可交換之通貨或其相當

之補償金的移轉。

(b)國內法令應有適當之規定，以確保著作物之正確翻譯或特殊版本之正確複製。

第5條（翻譯權之保留）

1.(a)聲明利用附屬書第2條所規定權能之國家，其批准或加入本修正公約之際，得為下列之聲明以代替該聲明：

①適用本修正公約第30條第2項第(a)款規定之同盟國，關於翻譯權，依該規定聲明。

②不適用本修正公約第30條第2項第(a)款規定之國家（包括非同盟以外之國家），依同條第2項第(b)款第一句之規定為聲明。

(b)中止為附屬書第1條第1項開發中國家之國家，依本項規定所為之聲明，自附屬書第1條第3項規定期間屆滿之日起，發生效力。

(c)依本項為聲明之同盟國，於其後不得利用第2條規定之權能。該聲明撤回時，亦然。

2.除有第3項規定之適用外，利用附屬書第2條規定權能之同盟國，於其後不得依第1項規定為聲明。

3.中止為附屬書第1條第1項之開發中國家，在依同條第3項規定之適用期間屆滿二年前，得依本修正公約第30條第2項第(b)款第一句之規定為聲明。非屬於同盟以外之國家，亦同。該聲明，自依附屬書第1條第3項規定適用之期間屆滿之日起，發生效力。

第6條（事前適用）

1.任何同盟國，自本修正公約作成之日起至受本修正公約第1條至第21條之規定及附屬書之拘束之日止，得為以下之聲明：

(a)如該同盟國為受本修正公約第1條至第21條規定及附屬書之拘束而利用依附屬書第1條第1項規定之權能之國家，就依第(b)款之規定承認附屬書第2條或第3條或該二條規定之適用的國家，或受本修正公約第1條至第21條之規定及附屬書拘束之國家的本國之著作物，適用附

屬書第2條或第3條或該第2條之規定。該聲明得適用附屬書第5條規定以代替附屬書第2條之規定。

(b)承認依第(a)款規定或附屬書第1條規定為聲明之國家，就著作物本國之著作物，適用附屬書之規定。

2.任何依第1項之聲明，應以書面寄存事務局長。該聲明自寄存之日起，發生效力。

各簽字代表經充分授權簽署本修正公約。

1971年7月24日在巴黎作成。

後記：本譯文原載大學雜誌，第133期至第136期，民國78年7月曾作修正。

伯恩公約締約國一覽表 ── 至1988年1月1日止

國名	為成員國之生效日	批准或加入修正條款之生效日
阿根廷	1967年6月10日	布魯塞爾：1967年6月10日
澳大利亞	1928年4月14日	巴黎：1978年3月1日
奧地利	1920年10月1日	巴黎：1982年8月21日
巴哈馬群島	1973年7月10日	布魯塞爾：1973年7月10日
巴貝多	1983年7月30日	巴黎：1983年7月30日
比利時	1987年12月5日	布魯塞爾：1951年8月1日
貝南	1961年1月3日	巴黎：1975年3月12日
巴西	1922年2月9日	巴黎：1975年4月20日
保加利亞	1921年12月5日	巴黎：1974年12月4日
布吉納法索	1963年8月19日	巴黎：1976年1月24日
喀麥隆	1964年9月21日	巴黎：1974年10月10日
加拿大	1928年4月10日	羅馬：1931年8月1日
中非共和國	1977年9月3日	巴黎：1977年9月3日
查德共和國	1971年11月25日	布魯塞爾：1971年11月25日
智利	1970年6月5日	巴黎：1975年7月10日
哥倫比亞	1988年3月7日	巴黎：1988年3月7日
剛果共和國	1962年5月8日	巴黎：1975年12月5日
哥斯大黎加	1978年6月10日	巴黎：1978年6月10日
賽普勒斯	1964年2月24日	巴黎：1983年7月27日
捷克共和國	1921年2月22日	巴黎：1980年4月11日
丹麥	1903年7月1日	巴黎：1979年6月30日
埃及	1977年6月7日	巴黎：1977年6月7日
斐濟	1971年12月1日	布魯塞爾：1971年12月1日
芬蘭	1928年4月1日	布魯塞爾：1963年1月28日
法國	1887年12月5日	巴黎：1974年10月10日
加彭	1962年3月26日	巴黎：1975年6月10日

國名	為成員國之生效日	批准或加入修正條款之生效日
東德	1887年12月5日	巴黎：1978年2月18日
西德	1887年12月5日	巴黎：1974年10月10日
希臘	1920年11月9日	巴黎：1976年3月8日
幾內亞	1980年11月20日	巴黎：1980年11月20日
羅馬教廷	1935年9月12日	巴黎：1975年4月24日
匈牙利	1922年2月14日	巴黎：1974年10月10日
冰島	1947年9月7日	羅馬：1947年9月7日
印度	1928年4月1日	巴黎：1984年5月6日
愛爾蘭	1927年10月5日	布魯塞爾：1959年7月5日
以色列	1950年3月24日	布魯塞爾：1951年8月1日
義大利	1887年12月5日	巴黎：1979年11月14日
象牙海岸	1962年1月1日	巴黎：1974年10月10日
日本	1899年7月15日	巴黎：1975年4月20日
黎巴嫩	1947年9月30日	羅馬：1947年9月30日
利比亞	1976年9月28日	巴黎：1976年9月28日
列支敦斯登	1931年7月30日	布魯塞爾：1951年8月1日
盧森堡	1888年6月20日	巴黎：1975年4月20日
馬達加斯加	1966年1月1日	布魯塞爾：1966年1月1日
馬利	1962年3月19日	巴黎：1977年12月5日
馬爾他	1964年9月21日	羅馬：1964年9月21日
茅利塔尼亞	1973年2月6日	巴黎：1976年9月21日
墨西哥	1967年6月11日	巴黎：1974年12月17日
摩納哥	1889年5月30日	巴黎：1974年11月23日
摩洛哥	1917年6月16日	布魯塞爾：1952年5月22日
荷蘭	1912年11月1日	巴黎：1986年1月30日
紐西蘭	1928年4月24日	羅馬：1947年12月4日
尼日	1962年5月2日	巴黎：1975年5月21日

國名	為成員國之生效日	批准或加入修正條款之生效日
挪威	1896年4月13日	布魯塞爾：1963年1月28日
巴基斯坦	1948年7月5日	羅馬：1948年7月5日
菲律賓	1951年8月1日	布魯塞爾：1951年8月1日
波蘭	1920年1月28日	羅馬：1935年11月21日
葡萄牙	1911年3月29日	巴黎：1979年1月12日
羅馬尼亞	1927年1月1日	羅馬：1936年8月6日
盧安達	1984年3月1日	巴黎：1984年3月1日
塞內加爾	1962年8月25日	巴黎：1975年8月12日
南非共和國	1928年10月3日	布魯塞爾：1951年8月7日
西班牙	1887年12月5日	巴黎：1974年10月10日
斯里蘭卡	1959年7月20日	羅馬：1959年7月20日
蘇利南	1977年2月23日	巴黎：1977年2月23日
瑞典	1904年8月1日	巴黎：1974年10月10日
瑞士	1887年12月5日	布魯塞爾：1956年1月2日
泰國	1931年7月17日	柏林：1931年7月17日
多哥	1975年4月30日	巴黎：1975年4月30日
北非共和國	1887年12月5日	巴黎：1975年8月16日
土耳其	1952年1月1日	布魯塞爾：1952年1月1日
英國	1887年12月5日	布魯塞爾：1957年12月15日
烏拉圭	1967年7月10日	巴黎：1979年12月28日
委內瑞拉	1982年12月30日	巴黎：1982年12月30日
南斯拉夫	1930年6月17日	巴黎：1975年9月2日
薩伊	1963年10月8日	巴黎：1975年1月31日
辛巴威	1980年4月18日	羅馬：1980年4月18日

附錄二
世界著作權公約

一、簡介

　　聯合國在其通過之「世界人權宣言」（Universal Declaration of Human Right）第27條規定：「任何人有權利自由地參與共同的文化生活，有權利享有藝術及分享科學的發展及其帶來的福祉。任何人有權利享有其為科學、文學或藝術作品的著作人帶來的人格上與物質上之利益所為之保護。」

　　因此，聯合國教育、科學及文化組織（UNESCO）乃於1947年開始舉行一連串之會議，1951年開始起草公約，1952年9月6日國際政府間會議在瑞士日內瓦召開，簽署通過世界著作權公約（Universal Copyright Convention）。1971年7月24日公約條文又在巴黎修正，本譯文係根據1971年7月24日巴黎修正之公約條文所翻譯。世界著作權公約至1988年共有80個國家參加，主要的參加國家有澳洲、加拿大、法國、西德、義大利、日本、蘇俄、英國、美國等。

二、大綱

前言
第1條（標的）
第2條（保護之原則）
第3條（保護之條件）
第4條（保護之期間）
第4條之2（基本之權利）
第5條（翻譯權）

三、內容

　　締約國希望確保所有國家文學、科學及藝術著作物之著作權的保護，深感適於全世界而表現於世界性公約，以及未損害國際現行體制的著作權保護制度，將確保關於個人的權利，並促進文學、科學及藝術的發

展。相信此世界性的著作權保護制度，將易使人類智慧的創作更廣泛地傳播，並促進國際的瞭解。茲已議決修正1952年9月6日在日內瓦簽訂的世界著作權公約，並同意下列條款：

第1條（標的）

各締約國對於包括文字著作的、音樂的、戲劇的、電影的著作物及繪畫、版畫、雕刻等在內之文學、科學及藝術的著作物之著作人及著作權人的權利，應有合宜而有效的保護規定。

第2條（保護之原則）

1. 任何締約國國民已發行之著作物以及在該國第一次發行之著作物，在其他締約國享有該他締約國本國國民第一次在其領域內發行之著作物所賦予相同之保護，以及依本公約所賦予之特別的保護。
2. 任何締約國國民尚未發行之著作物，在其他締約國享有該他締約國國民其本國國民尚未發行之著作物所賦予相同之保護，以及本公約所賦予之特別的保護。
3. 各締約國爲達到本公約之目的，得依其國內法之規定，對於在該國領域內有住所之任何人，賦予與其本國國民相同之待遇。

第3條（保護之條件）

1. 締約國依國內法之規定，要求送備樣本、註冊、標示、公證人之證明、註冊費之支付，或在國內製造或發行等手續以作爲著作權保護之條件者，對於依本公約應受保護之外國人之著作物而在本國領域以外第一次發行者，如係由原著作人或其他著作權人授權而發行之任何版本，自第一次發行時即刊有©標記、著作權人姓名及第一次發行之年者，應視爲已符合國內法之要件。但該標示、著作權人之姓名及發行之年，爲保留著作權之標示，應以適當的方法刊印於適當之地方。
2. 第1項之規定，不妨礙締約國在其領域內第一次發行之著作物，或其本國國民不論在任何地方發行之著作物，爲取得及享有著作權，要求某種

手續或其他條件。

3.第1項之規定，不妨礙締約國規定，尋求司法上救濟之人，於提起訴訟之時，應符合某些程序上之要件。諸如：原告應委託國內之律師，或將有關訴訟之著作物向法院或行政機關，甚至同時向上述二機關呈送等。此要件之不履行，於著作權之效力並無影響。又如對某國國民不要求上述之要件者，不得要求其他締約國國民應履行上述要件。

4.各締約國對於其他締約國國民尚未發行之著作物，應有無須履行任何形式的法律保護規定。

5.締約國如允許二個以上之著作權保護期間，而第一次之期間長於本公約第4條所規定之最短期間時，其第二次以後之著作權保護期間，不適用本條第1項之規定。

第4條（保護之期間）

1.著作物之保護期間，依本公約第2條及本條之規定，由被要求保護之締約國以法令定之。

2.(a)依本公約受保護之著作物的保護期間，不得短於著作人之終身及其死亡後二十五年。但任何締約國，於本公約在該國生效之日已經限定，某種著作物之保護期間，係從第一次發行之日起算者，得保留例外規定並將其規定適用於其他著作物。有關此類著作物之保護期間，不得短於自最初發行之日起二十五年。

(b)任何締約國於本公約在該國生效之日，其保護期間之計算不依著作人之生存期間者，得自著作物第一次發行或如註冊在發行之前自註冊之日起計算保護期間。但該保護期間自第一次發行之日或註冊在發行前自註冊之日起計算，不得短於二十五年。

(c)如締約國法律允許二個以上之連續的保護期間時，第一次之期間不得短於上述第(a)款與第(b)款規定之最短期間。

3.前項之規定，於攝影著作物及應用美術的著作物，不適用之。但保護攝影之著作物或將應用美術之著作物視為美術類之著作物而予以保護之締約國，關於此類著作物之保護期間，不得短於十年。

4.(a)各締約國對於他國人民之任何著作物，不得賦予較他國法律所規定保護期間更長之保護期間。他國法律所規定之保護期間，就未發行之著作物而言，係指著作人依其本國法律所規定之保護期間；就已發行之著作物而言，係指依第一次發行所在地之締約國法律所規定之保護期間。

(b)如某一締約國之法律允許二個以上之連續的保護期間時，關於第(a)款規定之適用，該締約國之保護期間應視爲各期間之總和。但關於特定著作物在經過第一次保護期間以後因其他原因不受該國之保護時，其他締約國在第一次保護期間後即無義務再保護該著作物。

5.關於第4項之適用，締約國國民之著作物在非締約國第一次發行者，應視爲與該著作人在本國國內第一次發行者同。

6.關於第4項之適用，在二個以上之締約國同時發行之著作物，應視爲在保護期間較短之國家第一次發行。從第一次發行之日起計算如未超過三十日，而在二個以上之締約國發行者，應視爲在此等締約國內同時發行。

第4條之2（基本之權利）

1.第1條之權利，應包括確保著作人經濟利益之基本權利。包含以任何方式之授權複製、公開上演、公開演奏及播送之排他權利。本條之規定，及於依本公約對於原著作物形式或由原著作物派生之可辨識形式之著作物之保護。

2.任何締約國，得根據其國內立法，在與本公約之精神及規定不相衝突之範圍內，對於本條第1項規定之權利，設有例外之規定。但任何有上述立法之國家，對於例外規定之各種權利，應賦予合理程度之有效保護。

第5條（翻譯權）

1.第1條規定之權利，包括受本公約保護之著作物翻譯的製作與發行，及該翻譯著作物的授權翻譯與授權發行。

2.締約國如依照下列規定，得依國內法之規定，限制文字著作之翻譯權：

(a)文字之著作自第一次發行之日起屆滿七年期間，有翻譯權之人或得其授權之人對於該文字著作之翻譯未以締約國一般使用之語言在締約國發行者，該締約國之國民得由該國有權限之機關獲得非排他性之授權，以該國之語言翻譯該著作物並發行該翻譯本。

(b)該國民應依該國之程序證明已向有翻譯權之人要求授權翻譯及發行該翻譯本而被拒絕，或經相當之努力而未能發現有翻譯權之人。如以締約國一般使用之語言之已發行的翻譯本爲絕版時，仍得依上述同等之條件賦予此項授權。

(c)如未能發現有翻譯權之人時，申請許可之人應將申請書之副本寄送原著作物之發行人，如已知悉有翻譯權之人的國籍時，並應寄送該國之外交代表或領事代表，或該國政府所指定之主管機關。非自申請書副本寄送之日起二個月後不得賦予授權。

(d)國內法應有適當之規定，確保對於有翻譯權之人給與公平而符合國際標準之補償金額，確保該補償金之支付與移轉，以及確保著作物有正確的翻譯。

(e)原著作物之名稱及原著作人之姓名應刊印在所有翻譯本上。該授權僅於申請該授權之締約國領域內發行翻譯本始有效力。如該締約國一般使用之語言與已翻譯而成之語言相同，且該國國內法亦應有上述授權之規定而未禁止其輸入與銷售者，該發行之翻譯本得輸入至另一締約國並在該國銷售。如上述條件不存在，翻譯本之輸入與銷售，依該締約國國內法及協定之規定。被授權之人不得轉讓其授權。

(f) 著作人收回所有著作物頒布中的複製物者，不得賦予授權。

第5條之2（例外之利用）

1.締約國爲由聯合國總會確立慣行之開發中國家者，於批准、承諾或加入之時或其後，以通知寄送聯合國教育、科學及文化機關之事務局長（以下稱「事務局長」），得利用依第5條之3及第5條之4所規定之例外的全部或一部。

2.該通知自本公約生效之日起十年期間有效，或自通知寄存之日起在該十年期間之剩餘期間有效。如該通知在該十年期間屆滿前三個月至十五個月間寄存事務局長者，並得全部或一部更新十年。依本條之規定，最初之通知亦得在更新的十年期間中寄存。

3.不問前項之規定如何，締約國已經停止為第1項之開發中國家者，不得享有第1項及第2項規定更新通知之權利。又不問該國通知撤回與否，該國家在現存十年期間屆滿或停止為開發中國家滿三年者（不問十年期間屆滿與否），不得利用依第5條之3及第5條之4例外之例外規定。

4.依第5條之3及第5條之4規定的例外作成的著作物，於本條之通知有效期間屆滿後，如其複製物尚有庫存，仍得繼續頒布。

5.締約國已經依第13條之規定寄存通知，在特定之國家或領域適用本公約，而與本條第1項所規定之國家相類似者，得就該國家或領域依本條之規定寄存通知及更新通知。在該通知有效之期間內，第5條之3及第5條之4的規定，在該國或該領域內適用之。自該國或該領域寄送複製物至締約國者，視為第5條之3及第5條之4所規定之輸出。

第5條之3（翻譯權之例外）

1.(a)適用第5條之2第1項之締約國，得依其國內法之規定，以三年或更長之期間，代替第5條第2項之七年期間。但所翻譯之語言非為本公約或1952年公約之已開發國家一般使用之語言者，該期間得以一年代替三年。

(b)適用第5條之2第1項規定的締約國，經本公約締約國或僅為1952年公約締約國之已開發國家全體一致之協定，並以一般使用之相同語言加以翻譯者，關於其翻譯，得以該協定所決定之期間，代替第(a)款規定之三年期間，但該期間不得短於一年。本款之規定於英語、法語或西班牙語，不適用之。本款之協定，應通知事務局長。

(c)授權之賦予，非由該申請之人依該國之程序，證明已向有翻譯權之人要求授權翻譯而被拒絕，或經相當之努力而未能發現有翻譯權之人時，不得為之。申請授權之人，要求授權之同時，應通知聯合國

教育、科學及文化機構設置之國際著作權情報中心，或發行人被認為有主事務所之國家的政府寄存事務局長通知上所記載之國內的或地域的情報中心。

(d)不能發現有翻譯權之人時，申請許可之人，應將申請書副本以航空郵寄於著作物上記載之發行人及第(c)款所規定之國內或地域的情報中心。如無上述之情報中心，申請許可之人，應將申請書副本寄送聯合國教育、科學及文化機關設置之國際著作權情報中心。

2.(a)經三年後方得授權者，非再經六個月之期間，不得依本條規定賦予授權；經一年後方得授權者，非再經九個月之期間，不得依本條規定賦予授權。該追加期間，自前項第(c)款規定要求翻譯之授權之日起算；在不能知悉有翻譯權之人或不能知悉有翻譯權之人之地址者，自前項第(d)款所規定授權申請書發送之日起算。

(b)上述六個月或九個月之期間中，有翻譯權之人或得其授權之人，已經翻譯發行該翻譯本者，不得賦予授權。

3.依本條所賦予之授權，僅於教學、研究或調查之目的內，方得為之。

4.(a)依本條所賦予之授權，不及於複製物之輸出，並在申請授權之締約國的領域內發行，始有效力。

(b)依本條賦予之授權而發行之複製物，應以適當之語言記載該複製物僅在賦予授權之國家頒布有其效力。依第3條第1項規定應在著作物上所為之標示，該複製物應為同樣之標示。

(c)第(a)款所規定輸出之禁止，不適用於依本條已經賦予授權之國家的政府機關或其他的公共機關，以英語、法語或西班牙語以外之語言將著作物加以翻譯，並將其翻譯的複製物寄送其他國家。倘如：

①收受人為賦予授權之締約國的國民，或由其國民成立之團體。

②該複製物僅於教學、研究或調查之目的被使用。

③該複製物之寄送及其後對收受人之頒布，不以營利為目的；及

④複製物被寄送之國家與締約國達成協定，允許收受、頒布，以及締結該協定之政府之一已經將該協定通知事務局長。

5.為確保以下各款之目的，締約國國內應有適當之處置：

(a)該授權應規定符合兩關係國之關係人間自由商定之授權通常應給付之使用費標準的公平的補償金；及

(b)補償金之支付及移轉。如有國內通貨管制存在，有權限之機關應利用國際機構努力確保國際交換可能之通貨或其相等物之移轉。

6.如該著作物之翻譯，有翻譯權之人或得其授權之人已有與賦予授權之版本同一之語言及實質同一之內容，在該國以與同種類之著作物通常應付之價格之合理價格而發行者，締約國依本條所賦予之授權終止之。但在授權終止前已經作成之複製物尚有庫存者，仍得繼續頒布。

7.主要以圖解組成之著作物，翻譯其本文及複製圖解之授權，僅於滿足第5條之4的條件，方得賦予之。

8.(a)在適用第5條之2第1項之締約國有主事務所之廣播事業組織，依其申請並符合下列要件者，對於以印刷或其他類似的複製形式發行而受本公約保護之著作物之翻譯，亦得被賦予授權：

①該翻譯應自依締約國法律作成與取得之複製物為之；

②該翻譯僅在專用於教學或特定職業之專家的特別技術或科學研究之成果的普及所為之廣播上使用；

③該翻譯專用於在該締約國之領域內以第2款規定之使用目的向受信者合法的廣播（包括專用以上述廣播目的合法作成之以錄音或錄影為媒體之廣播）；

④翻譯之錄音或錄影僅在賦予授權之締約國有主事務所之廣播事業組織間，得為交換；及

⑤所有翻譯之使用，不以營利為目的。

(b)符合第(a)款之標準及條件，以關係的教育活動的使用為唯一的目的而作成及發行之視聽覺的固定物插入本文的翻譯，亦得對於廣播事業組織賦予授權。

(c)符合第(a)款及第(b)款規定之條件，本條之其他規定於授權之賦予及行使，適用之。

9.依本條規定之條件，基於本條規定之授權，應受第5條規定之規律，即使依第5條第2項規定七年期間屆滿後，仍然繼續受第5條及本條規定之

規律。但該期間屆滿後，被授權之人得要求以專門受第5條規定之規律的新授權以代替該授權。

第5條之4（複製權之例外）

1.有第5條之2第1項適用的締約國，得採擇下列之規定：

(a)①第3項所規定之文學、科學或藝術的著作物的特定版本最初發行之日起至第(c)款所規定之期間屆滿之時，或

②締約國之國內法令所規定更長之期間屆滿時，有複製權之人或得其授權之人，未以相當於該國同種類之著作物通常給與之價格及關於一般公眾或有系統的教育活動目的，在該國就該版本之複製物頒布者，該國國民得以關係有系統的教育活動使用之目的及該價格或更低之價格，受有權限之機關非排他性的授權，而發行該版本。申請授權之人依該國之程序，證明對有權利之人要求授權發行該著作物而被拒絕，或經相當之努力而不能發現有著作權之人者，亦得被賦予授權。申請授權之人，於要求授權之同時，應通知聯合國教育、科學及文化機關設置之國際著作權情報中心或第(d)款所規定之國內的或地域的情報中心。

(b)得該版本之授權的複製物，在六個月之期間內，未以相當於同種類的著作物通常之價格在該國以一般公眾或有系統的教育活動目的販賣者，得以同一之條件被賦予授權。

(c)第(a)款規定之期間，除下列情形外，爲五年：①自然及物理科學（包括數學及工藝學）之著作物的期間，三年。②小說、詩、演劇、音樂著作物及藝術書籍的期間，七年。

(d)不能發現有複製權之人時，申請授權之人，應將申請書副本以航空，郵寄於著作物上記載之發行人及發行人被推定爲有主事務所所在之國家向事務局長寄存之通知上所載明之國內或地域之情報中心。如無上述之情報中心，申請授權之人，應將申請書副本寄送聯合國教育、科學及文化機關設置之國際著作權情報中心。上述之授權，於申請書副本寄送之日起三個月內，不得賦予。

(e)三年後方得取得授權者，如有下列情形，不得賦予該授權：

①自第(a)款規定要求授權之日起六個月之期間內，或有複製權之人本身或其住所不能知悉者，第(d)款之授權申請書副本寄送之日起六個月內：

②在該期間中，依第(a)款規定之條件，該版本的複製品已經頒布者。

(f)已發行之複製物的複製品上應以印刷標明著作人之名稱及該著作物特定之版本的名稱，授權不及於複製物之輸出，並僅在已申請授權之締約國的領域內發行始有效力。受授權之人不得轉讓其授權。

(g)為確保該版本正確之複製，在國內之法令上，應有適當之措施。

(h)有下列之情形者，著作物之翻譯的複製與發行，不得依本條之規定賦予授權：

①該翻譯非由有著作權之人或得其許諾之人發行者。

②該翻譯非由得賦予授權之國家授權以該國一般使用之語言加以翻譯者。

2.本條第1項規定之例外，適用以下之規定：

(a)依本條賦予授權而發行之複製物，應以適當之語言記載該複製物僅在賦予授權之國家頒布有其效力。依第3條第1項規定應在著作物上所為之標示，該複製物應為同樣之標示。

(b)為確保以下各項之目的，締約國國內應有適當之處置：

①該授權應規定符合兩關係國之關係人間自由商定之授權通常應給付之使用費標準的公平的補償金；及

②補償金之支付及移轉。如有國內通貨管制存在，有權限之機關應利用國際機構努力確保國際交換可能之通貨或其相等物之移轉。

(c)有複製權之人或得其授權之人，在締約國以相當於同種類之著作物通常應給付之價格，將該著作物之版本的複製物在締約國以一般公眾或有關有系統的教育活動目的加以販賣者，基於授權而發行之版本與該販賣之版本為同一之語言及同一實質之內容者，本條所賦予之授權消滅。但在授權終止前已經作成之複製物尚有庫存者，仍得

繼續頒布。

　(d)著作人收回所有該版本頒布中的複製物者，不得賦予授權。

3.(a)依第(b)款規定之條件，本條適用之文學、科學或藝術的著作物，僅限於以印刷或其他類似的複製形式發行之著作物。

　(b)本條之規定，亦適用於以視聽覺之形式合法作成之固定物，包括收錄其內之受保護之著作物及以得賦予授權之國家一般使用之語言對附屬之本文加以翻譯。但該視聽覺的固定物，應以關於有系統教育活動之使用為唯一之目的而作成及發行。

第6條（發行之定義）

本公約所稱之「發行」，係指將著作物以有形的形式複製，並普遍供應大眾，以資閱讀或其他視覺感知之謂。

第7條（不溯及）

本公約對於在被要求保護之締約國生效之日，於該締約國係屬永久公共所有之著作物及其權利，不適用之。

第8條（署名、批准及加入）

1.本公約應載明1971年7月24日之日期，送交事務局長，並在上述日期之一百二十日內開放由1952年公約之所有締約國簽署，本公約應獲得各簽字國之批准或承認。

2.任何未簽署之國家得加入本公約。

3.批准、承認或加入，應俟有關文書送達事務局長即行生效。

第9條（效力之發生）

1.本公約應於有十二個國家之批准、承認或加入之文書送達後三個月生效。

2.本公約應於各該國家送達批准、承認或加入之文書三個月後，在各該國生效。

3.非爲1952年公約之當事國加入本公約，同時視爲加入1952年之公約。但
　在本公約效力發生前送交加入書之國家，得以本公約之生效爲加入1952
　年公約之條件。本公約效力發生後，任何國家均不得再加入1952年之公
　約。

4.本公約之締約國及僅爲1952年公約之締約國之間的關係，應受1952年公
　約之拘束。但僅爲1952年公約之締約國，得以通知送交事務局長，聲明
　其承認就該國之國民的著作物或第一次在該國發行之著作物，本公約之
　所有締約國適用1971年之公約。

第10條（國內之措施）

1.本公約之締約國，應依照其憲法之規定，保證採取實施本公約之必要措
　施。

2.本公約在各締約國效力發生之日，各該締約國其國內法應具備實施本公
　約各條款之條件。

第11條（政府間之委員會）

1.爲達成下列任務，應設立一個政府間之委員會：
　(a)研究有關世界著作權公約適用與效果之問題。
　(b)準備本公約定期之修改。
　(c)與有關之國際組織，如聯合國教育、科學及文化組織、伯恩公約組
　　織及美洲國家組織等合作，研究有關著作權之國際保護等問題。
　(d)將其本身之活動情形通知世界著作權公約之各締約國。

2.委員會應由本公約之締約國或僅1952年公約之締約國共十八個國家的代
　表組成。

3.委員會委員之遴選，應以地理位置、人口、語言及發展階段爲基礎，在
　各國家利益的公平均衡之間作合理之考慮。

4.聯合國教育科學文化組織之事務局長，世界智能所有權組織之事務局長
　以及美洲國家組織之秘書長，或該代表，得列席該委員會以備諮詢。

第12條（修正會議）

政府間之委員會，於認爲必要時或本公約十個以上之當事國的請求時，應召集修正會議。

第13條（領域之適用）

1. 任一個締約國於送達批准、承認或加入之文書時，或於其後之任何時間，得以通知送交事務局長，聲明本公約得適用於全部或任一與其具有國際宗主性關係之國家或地區。本公約第9條規定之三個月的期間屆滿後，本公約即適用於上述通知列舉之國家及地區。如無前述之通知時，本公約即不適用任何該等國家及地區。
2. 本條不得解爲各締約國默示承認或接受其他締約國依本條規定適用本公約之國家或地區的事實狀態。

第14條（廢止）

1. 各締約國得以自己名義或以前條規定通知之國家或地區之全部或一部之行爲，通告廢止本公約。該廢約應以通知寄送事務局長。本廢約之效力亦及於1952年之公約。
2. 該廢約通告僅對通告之國家或地區有效，並應於上述通知收受之日起屆滿十二個月後發生效力。

第15條（爭議解決）

兩個以上之締約國對於本公約之解釋或適用發生爭議，不能藉談判以資解決時，除由爭端國協議其他之解決方式外，應提請國際法院裁決。

第16條（正文）

1. 本公約分英文本、法文本及西班牙文本，均應予以簽署，並具有同等效力。
2. 本公約於關係國政府協議後，應有由事務局長作成之阿拉伯文、德文、義大利文及葡萄牙文之本公約正式文書。

3.任何一個或多個締約國，有權與事務局長協議，請其製成所選擇語文之正式文書。

4.上述該等正式文書應附加於本公約經簽署之正本。

第17條（與伯恩公約之關係）

1.本公約不得影響關於文學及藝術的著作物保護之伯恩公約規定之各項條款，或該公約之會員國地位。

2.為適用前項之規定，本條附加一項聲明，係為1951年1月1日伯恩公約簽約國或爾後業已或將簽約之國家所作之聲明，該聲明為本公約整體之一部。各該國對於本公約之簽署，亦構成對於上述聲明之簽署。該等國家之批准、承認及加入，應包括本公約及該聲明。

第18條（與美洲條約之關係）

存在於二個以上之美洲國家間業已生效，或可能生效之多邊或雙邊著作權條約或協定，不因本公約而廢止。如該等既存條約或協定之條款與本公約條款相牴觸，或本公約條款與本公約生效後二個以上之美洲國家間訂定之新條約或協定之條款相牴觸時，該新訂之條約或協定在各該訂約國間優先適用。在締約國依本公約在該國生效前之既存條約或協定所取得之著作物之權益不受影響。

第19條（與其他條約之關係）

在二個以上締約國間生效之多邊或雙邊條約或協定，不因本公約而廢止。如該等既存之條約或協定之條款與本公約之條款相牴觸時，本公約條款應優先適用。在締約國依照本公約在該國生效前之既存條約或協定所取得著作物之權益，不受影響。本條不影響本公約第17條及第18條之規定。

第20條（保留）

本公約不承認任何保留。

第21條（副本之寄送）

1. 事務局長應將本公約證明無誤之副本寄送各有關國家，並送請聯合國秘書長登記。

2. 事務局長並應將已寄存批准、承認或加入之文件、本公約之生效日依本公約規定之通告及第14條規定之廢止，通知所有關係國。

關於第17條之附屬宣言（與伯恩同盟之關係）

關於文學及藝術的著作物保護之國際同盟（以下稱「伯恩同盟」）的會員國及本公約之簽字國，希望以伯恩同盟為基礎加強雙方之關係，並避免由於伯恩公約與世界著作權公約之並存，所可能發生之任何衝突；由於認識到若干諸國為適應文化、社會及經濟發展階段上著作權保護水準暫時上的需要，經共同協議，接納左列各約定：

(a) 除第(b)款另有規定外，依照伯恩公約著作物之本國自1951年1月1日以後退出伯恩公約者，則該著作在伯恩公約之國家，不受世界著作權公約之保護。

(b) 締約國為被聯合國總會所確立慣行之開發中國家，其在退出伯恩公約之際，已經寄送聯合國教育、科學及文化組織之事務局長通知其為開發中國家者，如該國家得利用本公約第5條之2的例外規定，第(a)款之規定不適用之。

(c) 世界著作權公約對於依伯恩公約規定伯恩公約國家著作物本國之著作物保護範圍內的伯恩公約締約國間的關係，不適用之。

關於第11條之決議（政府間委員會）

世界著作權公約修正會議，茲考慮本決議所附屬之本公約第11條所規定關於政府間委員會之若干問題，特決議：

1. 首先委員會應包括依1952年公約第11條及附屬於同條之決議所設立之政府間委員會的十二個委員國代表及包含下列國家的代表：阿爾及利亞、澳洲、日本、墨西哥、塞內加爾、南斯拉夫。

2.非1952年公約之當事國，以及於本公約效力發生之後迄第一次之委員會通常會期時尙未加入本公約之國家，得由依第11條之2及第11條之3的規定第一次通常會期之委員會選出之國家代替之。

3.本公約效力發生之時，第1項之委員會，依本公約第11條之規定，即視爲成立。

4.委員會第一次之會期應於本公約效力發生之後一年內舉行；其後委員會在每兩年內舉行一次常會。

5.委員會應選出一名委員長及兩名副委員長。爲確保以下原則之實施，委員會應制定內部之規則。

(a)委員國之通常任期爲六年，每兩年應改選三分之一。即最初任期之委員國中三分之一在本公約效力發生後委員會之第二次常會終了時屆滿；其次三分之一之任期在第三次常會終了時屆滿；最後三分之一之任期在第四次常會終了時屆滿。

(b)委員國名額欠缺補充之手續，任期屆滿之順序，被再選之資格以及規律選舉手續之規定，應基於委員國地位之繼續性所必須及代表之輪流所必須所爲之衡量，以及依第11條第3款所規定之因素。

本委員會並表示其願望，由聯合國教育、科學及文化組織成立秘書處以處理經常業務。

各簽字代表經送達其各自之全權證書，並經簽署本公約。

1971年7月24日訂於巴黎。

第一議定書

附屬於世界著作權公約1971年7月24日巴黎修正公約關於無國籍人民及難民之著作物本公約之適用。

1971年7月24日在巴黎修正之世界著作權公約（以下稱「1971年公約」）之締約國又爲本議定書之締約國，同意下列規定：

1.常居住於本議定書締約國之無國籍人民，關於1971年公約之適用，視同該締約國國民。

2.(a)本議定書與1971年公約第8條之規定同樣需要簽署、批准或承認，或得加入。

(b)本議定書之生效日爲各國將批准、承認或加入之文書送達之日或1971年公約於該國生效之日，以其日期較後者爲準。

(c)本議定書於非屬於1952年公約之第一附屬議定書之當事國生效之日，1952年公約第一附屬議定書視爲在該國發生效力。

下列簽字之人經充分授權簽署本議定書。

1971年7月24日在巴黎以均爲正本且具有同等效力之英文、法文、西班牙文作成本議定書一份。本議定書存放於聯合國教育、科學及文化機關之事務局長處。該事務局長應將簽證之副本抄送簽約國及送請聯合國秘書長登記。

第二議定書

附屬於世界著作權公約1971年7月24日巴黎修正之第二議定書，關於某些國際機構之著作物適用本公約之規定。

1971年7月24日巴黎修正之世界著作權公約（以下稱「1971年公約」）之締約國又爲本議定書之締約國，同意下列規定：

1.(a)1971年公約第2條第1項規定之保護，對於聯合國、與聯合國有關之專門機構及美洲國家機構第一次發行之著作物適用之。

(b)1971年公約第2條第2項之規定，於上述組織或機構，亦適用之。

2.(a)本議定書與1971年公約第8條之規定同樣應簽署、批准或承認，或得加入。

(b)本議定書之生效日爲各國將批准、承認或加入之文書送達之日，或1971年公約於該國生效之日，以其日期較後者爲準。

下列簽字人經充分授權簽署本議定書。

1971年7月24日在巴黎以均爲正文且具有同等效力之英文、法文及西班牙文作成議定書一份。本議定書存放於聯合國教育、科學及文化機關之事務

局長處。該事務局長應將簽證之副本抄送簽約國及送請聯合國秘書長登記。

後記：本譯文原載大學雜誌，第137期，民國69年7月出版，民國78年7月曾作修正。

世界著作權公約締約國一覽表 —— 至1988年1月1日止

國名	1952年日內瓦規定之生效日	1971年巴黎規定之生效日
阿爾及利亞	1973年8月28日	1974年7月10日
安道爾	1955年9月16日	
阿根廷	1958年2月13日	
澳大利亞	1969年5月1日	1978年2月28日
奧地利	1957年7月2日	1982年8月14日
巴哈馬群島	1976年12月27日	1976年12月27日
孟加拉共和國	1975年8月5日	1975年8月5日
巴貝多共和國	1983年6月18日	1983年6月18日
比利時	1960年8月31日	
貝里斯	1982年12月1日	1982年12月1日
巴西	1960年1月3日	1975年12月11日
保加利亞	1975年6月7日	1975年6月7日
喀麥隆	1973年5月1日	1974年7月10日
加拿大	1962年8月10日	
智利	1955年9月16日	
哥倫比亞	1976年6月18日	1976年6月18日
哥斯大黎加	1955年9月16日	1980年3月7日
古巴	1957年6月18日	
捷克共和國	1960年1月6日	1980年4月17日
薩爾瓦多	1979年3月29日	1979年3月29日
丹麥	1962年2月9日	1979年7月11日
多明尼加	1983年5月8日	1983年5月8日
厄瓜多	1957年6月5日	
高棉	1955年9月16日	
斐濟	1970年10月10日	
芬蘭	1963年4月16日	

國名	1952年日內瓦規定之生效日	1971年巴黎規定之生效日
法國	1956年1月14日	1974年7月10日
東德	1973年10月5日	1980年12月10日
西德	1955年9月16日	1974年7月10日
迦納	1962年8月22日	
希臘	1963年8月24日	
瓜地馬拉	1964年10月28日	
幾內亞	1981年11月13日	1981年11月13日
海地	1955年9月16日	
教廷	1955年10月5日	1980年5月6日
匈牙利	1971年1月23日	1974年7月10日
冰島	1956年12月18日	
印度	1958年1月21日	
愛爾蘭	1959年1月20日	
以色列	1955年9月16日	
義大利	1957年1月24日	1980年1月25日
日本	1956年4月28日	1977年10月21日
肯亞	1966年9月7日	1974年7月10日
南韓	1987年10月1日	1987年10月1日
寮國	1955年9月16日	
黎巴嫩	1959年10月17日	
賴比瑞亞	1956年7月27日	
列支敦斯登	1959年1月22日	
盧森堡	1955年10月15日	
馬拉威	1965年10月26日	
馬爾他	1968年11月19日	
模里西斯	1968年3月12日	
墨西哥	1957年5月12日	1975年10月31日

國名	1952年日內瓦規定之生效日	1971年巴黎規定之生效日
摩納哥	1955年9月16日	1974年12月13日
摩洛哥	1972年5月8日	1976年1月28日
巴德蘭	1967年6月22日	1985年8月30日
紐西蘭	1964年9月11日	
尼加拉瓜	1961年8月16日	
奈及利亞	1962年2月14日	
挪威	1963年1月23日	1974年8月7日
巴基斯坦	1955年9月16日	
巴拿馬	1962年10月17日	1980年9月3日
巴拉圭	1962年3月11日	
秘魯	1963年10月16日	1985年4月22日
菲律賓	1955年11月19日	
波蘭	1977年3月9日	1977年3月9日
葡萄牙	1956年12月25日	1981年7月30日
聖文森及格瑞那丁群島	1985年1月22日	1985年1月22日
塞內加爾	1974年7月9日	1974年7月10日
蘇聯	1973年5月27日	
西班牙	1955年9月16日	1974年7月10日
斯里蘭卡	1984年1月25日	1984年1月25日
瑞典	1961年7月1日	1974年7月10日
瑞士	1956年3月30日	
突尼西亞	1969年6月19日	1975年6月10日
聯合王國	1957年9月27日	1974年7月10日
美國	1955年9月16日	1974年7月10日
委內瑞拉	1966年9月30日	
南斯拉夫	1966年5月11日	1974年7月10日
尚比亞	1965年6月1日	

附錄三
著作鄰接權公約

一、簡介

　　傳統的著作權保護制度，原則上只限於文學及美術的著作物，有關演奏、歌唱、表演之本身則不在保護之列。但實際上，演奏、歌唱及表演之本身，具有相當的獨創性，尤其在錄音、錄影及傳播技術十分發達的今天，尤有加以保護之必要。然而，著作物的表演、錄音及傳播與作為材料而使用的原著作物不同，因而產生著作鄰接權（Neighboring Right）制度。換言之，原著作物之使用，屬於著作權保護之範圍，著作物之表演、錄音及傳播本身之使用，屬於著作鄰接權保護之範圍。

　　著作鄰接權保護制度，始於1926年國際勞動局（International Labour Office）對表演家保護之研究，其後各國漸漸重視，1961年10月26日，有39個國家正式在羅馬締結表演家、發音片製作人及傳播機關保護之國際公約（International Convention for the Protection of Performers, Producers of Phonograms and Broadcasting Organization），西德1965年修正著作權法，日本1970年修正著作權法，均根據本公約制定著作鄰接權保護制度。我國在錄音、錄影及傳播技術已發達至相當程度，惟在著作權法上尚未承認著作鄰接權保護制度，即易釀成糾紛。著作鄰接權公約之締約國迄1984年3月止，共26國。

二、大綱

第1條（與著作權之關係）
第2條（內國國民待遇之規定）
第3條（定義）

第4條（表演家之保護）

第5條（發音片製作人之保護）

第6條（傳播機構之保護）

第7條（表演家之權利）

第8條（集體表演）

第9條（藝術家之保護）

第10條（發音片製作人之權利）

第11條（發音片保護之方式）

第12條（發音片的第二次使用）

第13條（傳播機關之權利）

第14條（保護期間）

第15條（保護之例外）

第16條（保留之聲明）

第17條（固定標準之適用的聲明）

第18條（聲明之撤回）

第19條（在電影上被固定之表演）

第20條（不溯既往）

第21條（其他之保護）

第22條（特別之締約）

第23條（署名）

第24條（批准、承認及加入）

第25條（效力之發生）

第26條（國內措施）

第27條（領域之適用）

第28條（通知廢止）

第29條（修正）

第30條（紛爭處理）

第31條（保留）

第32條（政府間委員會）

第33條（正本）
第34條（通知）

三、內容

　　締約國希望保護表演家、發音片製作人及傳播機構之權利，茲同意以下條款：

第1條（與著作權之關係）

本公約所賦予之保護、對於文學及美術的著作物之著作權的保護，不加以變更及影響。因此，本公約之規定，不得作損害此著作權保護之解釋。

第2條（內國國民待遇之規定）

1.本公約適用上之內國國民的待遇，依以下規定之被要求保護之締約國的國內法令定之：

　(a)對於表演家為其國民，而於其本國領域內為表演、廣播或最初固定者。

　(b)對於發音片製作人為其國民，而於其本國領域內最初固定或最初發行者。

　(c)對於在其本國有主事務所之傳播機關，而其為傳播之傳播設備設於其本國者。

2.內國國民之待遇，本公約應作明確保障及明確限制之規定。

第3條（定義）

本公約之適用上：

(a)稱「表演家」者，謂演員、歌星、音樂家、舞蹈家以及其他將文學或美術的著作，加以上演、歌唱、演述、朗誦、扮演或以其他方法加以表演之人。

(b)稱「發音片」者，謂專門以表演之音或其他之音為對象之聽覺的固定物。

(c)稱「發音片製作人」者，謂最初固定表演之音或其他之音的自然人或法人。

(d)稱「發行」者，謂向公眾提供相當數量之發音片的複製物。

(e)稱「複製」者，謂對於固定物製作一個或一個以上之複製物。

(f)稱「傳播」者，謂以公眾受信爲目的，而用無線通信方法，將音或音及影像，加以傳送。

(g)稱「再傳播」者，謂一個傳播機構，將其他的傳播機構之傳播，同時加以傳播。

第4條（表演家之保護）

每一個締約國，於有左列情形之一時，應對於表演家賦予內國國民待遇之保護：

(a)在其他締約國爲表演家。

(b)表演被併入受本公約第5條保護之發音片者。

(c)表演並未被固定於發音片上，而被放入受本公約第6條保護之傳播中者。

第5條（發音片製作人之保護）

1.每一個締約國，於左列情形之一時，應對於發音片製作人賦予內國國民待遇之保護：

(a)發音片製作人爲其他締約國之國民者（以國籍爲標準）。

(b)音的最初固定係在其他締約國者（以固定爲標準）。

(c)發音片的最初發行係在其他締約國者（以發行爲標準）。

2.發音片最初在非締約國發行，而在該最初發行後三十日內亦在締約國發行者（同時發行），視爲該發音片在該締約國最初發行，

3.任何締約國，得以通知書寄送聯合國秘書長，聲明不適用發行標準或固定標準。該通知書得於批准、承諾或加入，或其後之任何時間內寄送；依最後標準時間之寄送，在寄送後六個月生效。

第6條（傳播機構之保護）

1.每一個締約國，於有左列情形之一時，應對於傳播機構賦予內國國民待遇之保護：

(a)傳播機構之主事務所設於其他締約國者。

(b)為傳播之傳播設備設於其他締約國者。

2.任何締約國得以通知書寄送聯合國秘書長，聲明傳播僅就傳播機構之主事務所設於其他締約國，以及為傳播之傳播設備設於其他締約國，始受保護。該通知書得於批准、承諾或加入，或其後之任何時間內寄送；依最後標準時間之寄送，在寄送後六個月生效。

第7條（表演家之權利）

1.本法所賦予表演家之保護，應包括左列可能性之防止：

(a)未經表演家之同意，將表演傳播及向公眾傳達，但該表演之傳播向公眾傳達係為已經傳播之表演或固定物者，不在此限。

(b)未經表演家之同意，將未經同意之表演，加以固定。

(c)未經表演家之同意，將其表演之固定物加以複製，如：

①最初之固定，其本身未經表演家之同意者。

②複製之目的與表演家同意之目的不符者。

③依第15條規定最初固定，而複製並非依該條規定之目的者。

2.(a)表演家同意傳播者，關於再傳播、傳播目的之固定以及為傳播目的而將此固定物加以複製之保護，依被要求保護之締約國的國內法令定之。

(b)傳播機關為傳播目的之固定物，其使用之期間及條件，依被要求保護之締約國的國內法令定之。

(c)本項第(a)款及第(b)款之國內法令，不得有害於表演家與傳播機關之間的契約之表演家的運作操縱能力。

第8條（集體表演）

如若干表演家參與同一之表演，締約國得以國內法令規定表演家依其權利之行使之決定代表者的方法。

第9條（藝術家之保護）

任何締約國得以國內法令擴展本公約之保護至未將文學及美術著作物加以表演之藝術家。

第10條（發音片製作人之權利）

發音片製作人就其發音片直接或間接享有授權複製或禁止複製之權利。

第11條（發音片保護之方式）

締約國之內國的國內法令要求某種方式之履行為發音片製作人或表演家或其兩者之權利保護的條件時，如已發行之商業性發音片或其包裝上印有P符號之標記，並附有最初發行之年月日，而以此方法作為保護要求之適當標記者，此標記之記載視為該條件之履行。又如複製品或其包裝上未能確認製作人或得製作人授權權利行使之人（附有姓名、商標或其他專用名稱）者，其標記之記載，應包括有發音片製作權利之人的姓名。再者，如複製品或其包裝不能確認主要表演人者，其標記之記載，應包括發音片固定完成之國家擁有表演人權利之人的姓名。

第12條（發音片的第二次使用）

以商業目的發行之發音片或此種發音片之複製物，直接使用於廣播或為其他公開傳達者，使用人應對於表演人或發音片製作人或其二者給付單一之適當報酬。當事人間未協議者，其報酬之分配，依國內法令定之。

第13條（傳播機關之權利）

傳播機關享有左列授權或禁止之權利：
(a)對於傳播之再傳播。

(b)對於傳播之固定。

(c)左列之複製：

　①未得傳播機關之同意所作傳播之固定物的複製。

　②如複製非爲依第15條規定目的，依該條規定傳播之固定物的複製。

(d)在應支付入場費之公眾場所演出之電視傳播的公開傳達。但決定此權
　利行使之條件，依此權利被要求保護之國家的國內法令定之。

第14條（保護期間）

本公約所賦予之保護期間，自左列所規定事項之翌年起算，至少不得短於
二十年：

(a)關於發音片或表演被固定於發音片者，發音片被固定之年。

(b)關於表演未被固定於發音片者，表演演出之年。

(c)關於傳播者，傳播播放之年。

第15條（保護之例外）

1.締約國得以國內法令，就左列事項，規定本公約保護之例外：

　(a)個人之使用。

　(b)時事報導之片段的使用。

　(c)傳播機構利用自己之設備，就自己之傳播所爲簡短之錄音。

　(d)專門爲教育或科學研究目的之使用。

2.前項情形，締約國得以國內法令規定表演家、發音片製作人及廣播機構
　之保護，與依其國內法令所規定文學及美術的著作物的著作權保護，作
　相同的限制。但有關強制授權之規定，不得牴觸本公約。

第16條（保留之聲明）

1.爲本公約締約國之各國，應負擔本公約之所有義務及享有本公約之所有
　權益，但締約國得以通知書寄存聯合國秘書長，聲明：

　(a)關於第12條：

　　①不適用同條之規定。

②不適用同條之若干使用。

③發音片製作人非其他締約國之國民者，關於該發音片，不適用同條之規定。

④發音片製作人爲其他締約國之國民者，得依同條規定對於該爲聲明之國家的國民最初被固定之發音片所賦予之保護加以限制，但發音片製作人爲其國民之締約國並未賦予如同聲明之國家對於受益人相同之保護者，在保護之範圍上，不視爲有差異。

(b)第13條之規定，於同條第(d)項不適用之。如締約國爲上述聲明，其他締約國則無義務依第13條第(d)項規定，對於在該國有主事務所之傳播機構，賦予權利。

2.依前項規定之通知，於批准、承諾或加入之文件寄存之日後爲之者，該聲明於寄存後六個月發生效力。

第17條（固定標準之適用的聲明）

在1961年10月26日以國內法令僅賦予發音片製作人固定標準之國家，得在批准、承諾或加入之時，以通知寄存聯合國秘書長，聲明其僅適用第5條之固定標準，以及適用第16條第1項第(a)款第③目及第④目之固定標準，以代替依國籍之標準。

第18條（聲明之撤回）

依第5條第3項、第6條第2項、第16條第1項或第17條規定寄存通知之國家，得另以通知寄存聯合國秘書長，縮小原通知之範圍，或撤回之。

第19條（在電影上被固定之表演）

不問本公約之規定如何，表演人已經同意其表演結合在視覺或視聽覺的固定物者，第7條之規定，不再適用。

第20條（不溯既往）

1.本公約不得有害於在本公約生效之日前任何締約國在該國取得之權利。

2.締約國在本公約生效之日前所爲之表演、傳播或發音片之固定，不適用本公約之規定。

第21條（其他之保護）

本公約之保護，不得損害對於表演人、發音片製作人及傳播機構之其他保護。

第22條（特別之締約）

締約國於不違反本公約之範圍內，得在締約國與締約國間，締結特別之協定，賦予表演人、發音片製作人或傳播機關較本公約所賦予更廣泛的權利或若干其他規定。

第23條（署名）

本公約應寄存聯合國秘書長。世界著作權公約之締約國或文學及美術著作物之保護的國際同盟之加盟國，而被表演家、發音片製作人及傳播機關之國際保護的外交會議邀請之國家，在1962年6月30日前，均得自由署名參加。

第24條（批准、承認及加入）

1.本公約經簽約國批准或承諾，方能生效。
2.世界著作權公約之締約國或文學及美術著作物保護之國際同盟之加盟國，而受第23條之外交會議邀請以及爲聯合國之會員國者，得自由加入本公約。
3.批准、承認或加入，應將該文件寄存聯合國秘書長。

第25條（效力之發生）

1.本公約於第六個批准、承認或加入之文件寄存之日起三個月後生效。
2.其後，本公約於其他各國在其批准、承認或加入之文件寄存之日起三個月後生效。

第26條（國內措施）

1.各締約國應依其本國憲法之規定，為確保本公約適用之必要措施。

2.各締約國於存送其批准、承認或加入之文件時，應在其本國法令規定實施本公約之情形。

第27條（領域之適用）

1.任何國家於批准、承認或加入之時，或其後任何時間，得以通知寄送聯合國秘書長，聲明本公約應擴大至本國在外交關係上負有責任之領域的全部或一部，但該領域非世界著作權公約或文學及美術著作物保護之國際公約適用之領域者，不在此限。本通知於其通知受領之日後三個月內發生效力。

2.第5條第3項、第6條第2項、第16條第1項、第17條及第18條之通知，得擴展至包括前項之所有領域或任何領域。

第28條（通知廢止）

1.任何締約國，得以其本國之目的，或前條領域之全部或一部之目的，通知廢止本公約。

2.該廢止應以通知書寄送聯合國秘書長。在該通知書受領之日後十二個月發生效力。

3.締約國自本公約生效之日起屆滿五年以前，不得廢止本公約。

4.締約國自其非世界著作權公約之當事國，亦非文學及美術著作物之保護的國際同盟之加盟國時起，即非本公約之當事國。

5.第27條規定之領域，自世界著作權公約以及文學及美術的著作物保護之國際公約均不適用於該領域時起，於本公約不適用之。

第29條（修正）

1.自本公約的生效五年後，任何締約國得以通知書寄送聯合國秘書長，要求召開修正公約之會議。聯合國秘書長應通知所有為此要求之締約國。如於聯合國秘書長通知之日起六個月內，至少有締約國總數二分之一以

上之國家通知其贊同為修正公約之要求，聯合國秘書長應通知國際勞動局之事務局長、聯合國教育、科學及文化機關之事務局長，以及文學及美術的著作物保護之國際同盟之事務局長，召開第32條之政府間委員會之共同修正會議。

2.本公約修正通過，應經修正會議出席國家三分之二以上之贊成投票。但該贊成投票數亦須達於修正會議之時公約當事國總數之三分之二以上。

3.如將本公約全部或一部加以修正，除修正公約別有規定外：

(a)本公約自修正公約生效之日起，停止開放批准、承認或加入。

(b)本公約於未為修正公約之當事國的締約國相互間之關係，以及與未為修正公約之當事國的締約國之關係，仍然有效。

第30條（紛爭處理）

任何兩個或兩個以上之締約國間關於公約之解釋或適用所引起之爭議，而未以談判解決者，除相互同意以其他方法解決外，經爭議當事國之一方要求，應提付國際法庭裁判以解決之。

第31條（保留）

除第5條第3項、第6條第2項、第16條第1項及第17條之規定外，本公約不承認任何保留。

第32條（政府間委員會）

1.政府間委員會之設置，有左列任務：

(a)研究關於本公約之適用及運作之問題。

(b)為本公約可能之修正而蒐集各種提案及準備參考資料。

2.委員會由各締約國按照公平之地理分配適當選出之代表組織之。委員會委員之數額，如締約國在十二國以下者六人，十三國以上十八國以下者九人，十九國以上者十二人。

3.委員會應於本公約生效後十二個月成立，依所有締約國過半數通過之規則，由國際勞動局事務局長、聯合國教育、科學及文化機關事務局長，

以及文學及美術著作物保護之國際同盟事務局長管理，每一締約國各有一票選舉組織之。

4. 委員會應選出主席及職員，並應制定其程序規則。此規則應特別規定將來委員會之運作及將來選舉委員會以確保在締約國間之輪流交替的方法。

5. 委員會由國際勞動局、聯合國教育、科學及文化機關，以及文學及美術的著作物保護之國際同盟等三機關之事務局長指派其所屬職員組成秘書處。

6. 委員會會議如委員國過半數認為有必要時，應在國際勞動局、聯合國教育、科學及文化機關，以及文學及美術的著作物保護之國際同盟之總部輪流召開。

7. 委員會委員之經費，由該委員之政府負擔之。

第33條（正本）

1. 本公約以英文、法文及西班牙文作成，該三種文書均為正本。
2. 此外，本公約之公定本文，應以德文、義大利文及葡萄牙文作成。

第34條（通知）

1. 聯合國秘書長對於被邀請參加第23條會議之國家、聯合國之會員國、國際勞動局之事務局長、聯合國教育、科學及文化機關之事務局長，以及文學及美術的著作物保護之國際同盟之事務局長，應通知左列事項：
   (a)批准、承認或加入文書之存送。
   (b)本公約生效之日。
   (c)本公約規定之所有通知、聲明及通報。
   (d)任何第28條第4項及第5項情況發生時其情況。
2. 聯合國秘書長遇有依第29條，應向其通報之要求以及任何締約國關於公約修正之通報，應通知國際勞動局之事務局長、聯合國教育、科學及文化機關之事務局長，以及文學及美術的著作物保護之國際同盟之事務局長。

下列簽字之人，經充分授權簽署本公約。

1961年10月26日在羅馬以英文、法文及西班牙文作成本公約一冊。經簽證之副本，聯合國秘書長應抄送所有被邀請參加第23條會議之國家，聯合國之各會員國、國際勞動局之事務局長、聯合國教育、科學及文化機關之事務局長，以及文學及美術的著作物保護之國際同盟之事務局長。

後記：本譯文原載大學雜誌，第141期，民國69年12月出版。

國家圖書館出版品預行編目資料

著作權法研究／蕭雄淋著. －－三版.－－
臺北市：五南圖書出版股份有限公司,
2025.01
面；　公分
ISBN 978-626-393-957-8（第1冊：平裝）

1.CST：著作權法　2.CST：論述分析

588.34　　　　　　　　　113017879

4U36

著作權法研究(一)

作　　　者 ─ 蕭雄淋（390）

編輯主編 ─ 劉靜芬

責任編輯 ─ 呂伊真

文字校對 ─ 吳肇恩、許珍珍

封面設計 ─ 封怡彤

出 版 者 ─ 五南圖書出版股份有限公司

發 行 人 ─ 楊榮川

總 經 理 ─ 楊士清

總 編 輯 ─ 楊秀麗

地　　　址：106臺北市大安區和平東路二段339號4樓

電　　　話：(02)2705-5066

網　　　址：https://www.wunan.com.tw

電子郵件：wunan@wunan.com.tw

劃撥帳號：01068953

戶　　　名：五南圖書出版股份有限公司

法律顧問　林勝安律師

出版日期　2025年 1 月三版一刷

定　　　價　新臺幣580元

經典永恆・名著常在

五十週年的獻禮 —— 經典名著文庫

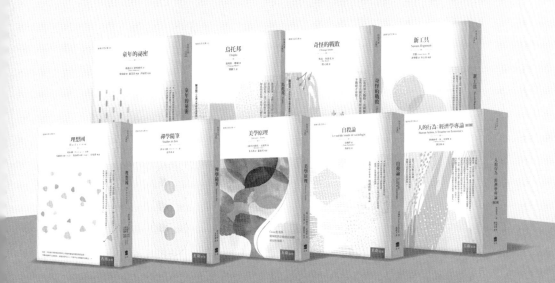

五南，五十年了，半個世紀，人生旅程的一大半，走過來了。

思索著，邁向百年的未來歷程，能為知識界、文化學術界作些什麼？

在速食文化的生態下，有什麼值得讓人雋永品味的？

歷代經典・當今名著，經過時間的洗禮，千錘百鍊，流傳至今，光芒耀人；

不僅使我們能領悟前人的智慧，同時也增深加廣我們思考的深度與視野。

我們決心投入巨資，有計畫的系統梳選，成立「經典名著文庫」，

希望收入古今中外思想性的、充滿睿智與獨見的經典、名著。

這是一項理想性的、永續性的巨大出版工程。

不在意讀者的眾寡，只考慮它的學術價值，力求完整展現先哲思想的軌跡；

為知識界開啟一片智慧之窗，營造一座百花綻放的世界文明公園，

任君遨遊、取菁吸蜜、嘉惠學子！